JIAOYU QIANYAN

教育前沿

我国高等职业院校
双师型人才队伍培养的实践研究

WOGUO GAODENG ZHIYE YUANXIAO
SHUANGSHIXING RENCAI DUIWU PEIYANG DE
SHIJIAN YANJIU

赵慧 著

人才培养

中国原子能出版社

图书在版编目（CIP）数据

教育前沿：我国高等职业院校双师型人才队伍培养
的实践研究 / 赵慧著 . -- 北京：中国原子能出版社，
2022.8
ISBN 978-7-5221-2053-9

Ⅰ.①教… Ⅱ.①赵… Ⅲ.①高等职业教育 – 师资队
伍建设 – 研究 – 中国 Ⅳ.① G718.5

中国版本图书馆 CIP 数据核字 (2022) 第 145046 号

内容简介

本书属于高职教育方面的著作，全书从内容上可划分为以下几部分，即，聚焦与探索：高职院校教师人才概述、理清与把握：高职院校"双师型"教师人才、建设"进门口"：高职院校"双师型"人才队伍培养之认定标准、搭建"发展桥"：高职院校"双师型"人才队伍培养之校本培训、激发"行动力"：高职院校"双师型"人才队伍培养之激励体系、练就"真本领"：高职院校"双师型"人才队伍培养之校企合作、严把"质量关"：高职院校"双师型"人才队伍培养之评价体系。本书从实际出发，从多角度对加强"双师型"人才队伍培养进行了探讨，对相关研究具有借鉴意义。

教育前沿：我国高等职业院校双师型人才队伍培养的实践研究

出版发行	中国原子能出版社（北京市海淀区阜成路 43 号　100048）
责任编辑	王　蕾
装帧设计	河北优盛文化有限公司
责任校对	冯莲凤
责任印制	赵　明
印　　刷	北京天恒嘉业印刷有限公司
开　　本	710 mm×1000 mm　1/16
印　　张	15.5
字　　数	260 千字
版　　次	2022 年 8 月第 1 版　　2022 年 8 月第 1 次印刷
书　　号	ISBN 978-7-5221-2053-9　　定　价　88.00 元

前　言

　　高等职业教育属高等教育范畴，同样也是高等教育的一部分，拥有高等教育的特性。如何发展好高职教育是摆在我们面前的重要课题。高等职业教育要更好更快地发展，关键还是在于高等职业教育的人才培养目标、人才培养模式等方面能凸显职业教育特色，培养的高等职业教育人才能适应社会经济产业的融合发展，而其中起到决定作用的还是高等职业教育教师所发挥的作用。为了适应职业教育人才培养目标，彰显职业教育特色，"双师型"教师应运而生。加快构建一支"双师型"人才队伍，不断提高"双师型"人才队伍的建设质量，已成为职业教育深化发展，提升高等职业教育人才培养质量，促进职业院校内涵发展的重要目标。

　　本研究就是基于这样的现实背景，从多维度对我国高等职业院校"双师型"人才队伍培养与实践进行深入研究与分析。

　　本书共分为七章，具体内容包括：

　　第一章为聚焦与探索：高职院校教师人才概述。阐述了高职院校教师人才的内涵、特点、地位、作用、任务、使命、能力、素质等，高职院校"双师型"人才队伍的培养与实践研究奠定了理论基础。

　　第二章为理清与把握：高等职业院校"双师型"教师人才。主要从理论角度分析"双师型"教师人才的内涵，并梳理了国家在"双师型"人才培养过程中所制定的一系列政策决议。

　　第三章至第七章为高职院校"双师型"人才队伍培养过程中的认定标准、校本培训、激励体系、校企合作以及评价体系等。从上述五个角度分析了高职院校在"双师型"人才队伍培养过程中的相关策略，力求客观深入地分析当下"双师型"人才队伍培养的现状，并以此为基础，进行实质性的改进与完善，促进高职院校"双师型"人才队伍的培养，也为完善"双师型"人才队伍培养提供有益的借鉴。

本书采用了多维视角，以如何培养高质量的"双师型"人才队伍为旨归，不空谈理论，也不用没有代表性的案例，只选用能够给广大高职院校带来理论和实践震撼的内容。在撰写本书的过程中，难免有所疏漏，真诚地欢迎各位读者对本书提出宝贵的意见和建议。

目　录

第一章 聚焦与探索：高职院校教师人才概述

教育大计，教师为本，要推动我国教育的改革和发展，就要努力建造一支师德高尚、业务精湛、充满活力的高素质、专业化的教师队伍。教师是知识文化的传播者，是人类灵魂的设计师，教师履行教书育人的职责，在培养人的活动中发挥了主要作用。如果没有教师在传承文明进程中的创造性劳动，人类文明就不会延续发展到今天。教育的目标就是培养人才，教师是完成这个目标的中坚力量，通过教师系统地传授知识，讲解实践技能，可以提高受教育者的实践能力，为社会培养大批人才，实现对生产技术的支持。本章深入研究了教师职业的演变历程，分析了教师的作用、角色和地位，以及劳动特点，探讨了教师职业和教师专业的关系，研究了在学校发展视野下的教师专业发展，从而为教师的价值反思与专业发展研究奠定理论基础。

第一节 高职院校教师人才的内涵与特点

一、高职教师职业的演变历程

（一）教师职业在古代社会

在古代社会，受到农耕经济的影响，我国古代教师在身份、培育以及任用等方面都具有独特性。

1. 兼职教师

（1）原始社会

人类处于原始社会的时间比较长，这一阶段，人类的生产力处于最低水平，人们基本都是依靠最原始的劳动工具来进行生产劳动。原始的生产方式迫使人们联合起来共同行动，比如，共同狩猎、采摘等，否则就无法生存。

在劳动的过程中，一些具有生产经验的年长者就会有意识、有步骤地将制造和使用劳动工具的方法与技能，以及生产知识、生活经验、风俗习惯、行为准则等传给年轻一代。

在原始社会，由于人们无法解释很多自然现象，于是便出现了给族群占卜预知祸福，替人消灾减难的巫师。慢慢地，巫师脱离了生产劳动而专职从事迷信活动，成为脱离具体劳动生产的原始教师，平时以巫术为生，培养弟子只是兼职。

（2）奴隶社会

奴隶社会生产力水平得到进一步提高，出现阶级分化以及文字，学校应运而生，从而制定了学在官府、官师合一的教育制度。发展到西周时期，官学体系不断完善，一些有学问的政府官吏就成了学校里的教师。

在官学中设有专门教育的官师，有大师、小师。官师属于兼职老师，除了教学，还要担任官职。政教合一、官师一体的教育体制从奴隶社会一直延续到封建社会。

（3）封建社会

秦朝是我国历史上第一个封建中央集权的朝代。为了加强统治，秦朝实施以法治国，以吏为师，官师合一。

汉代以后，官学中设立博士、祭酒、助教、直讲、典学，聘请德才兼备的教师，虽然他们从事的是教育工作，但是以官员身份自居。

唐代是我国封建社会教育体制最完备的时期，教师具有鲜明的等级划分，形成官、道、师三位一体的格局。这些教师同样也具有双重身份，一种是学校教师，一种是政府官员。教师职位的大小和他们在政府中职位的高低相关，越是官职高的人，学识就越是渊博，越受人尊敬。

在古代西方国家中，教师也同样是兼职的身份，宗教教育占有主导地位，学校都以神父、牧师为师，教学以传授宗教内容为主，基本确立僧师一体的教师职业体制。

我国古代一直处于以农耕经济为主导的农业社会，这一时期生产劳动都靠手工劳作，生产劳动的技能基本都是在劳动现场直接进行动作的示范和矫正，并不需要进行专门的劳动力培养和训练。在这种经济结构中，统治阶级占有大量土地，通过土地牢牢控制人民，对人民进行盘剥。为巩固自己的利益，统治阶级在实现专政的同时，往往诉诸教育，促进教化。

同样在欧洲封建社会，教育的目的是传递上帝的福音，保证社会的稳定，教士就成为教师的第一人选。可见，无论是东方还是西方，古代社会都是以吏为师或以教士为师，教师还都以兼职为主，没有形成一种独立的职业。

2. 教师的不同来源

"师"最早出现于夏朝，但是当时不是教师的意思，而是指军士官，任务是管理国家的军事事务，统帅军队，帮助君王征讨四方。随着社会生产的进步，师的任务发生了变化，变成了兼管教育的官师，官师一边担任官职，一边负责教学。学校教育自夏朝以来就已经出现，但是夏、商、西周都没有专门的教师。

春秋时期，社会一直处于动荡的状态，官学废弃、私学兴起，奴隶主贵族已经不再享有文化教育的特权，学在官府的格局被打破，之前接受过"六艺"教育的没落贵族子弟等"文化人"流落民间，组成了一个新的社会阶层——士阶层。

士阶层具有一定的文化知识和技能，把自己的文化和学识作为谋生的手段，是当时社会上最为活跃的群体。他们游说于各诸侯国，寻求进身之阶和生存的空间，同时还招揽弟子，聚众讲学，率先成为私学中的教师。

他们将"书"和"器"引入民间，成为私立教育中的教材和教具，这些流亡到民间的"文化官员"就成为以教育为谋生手段的专职教师的前身。秦统一六国以后，建立了中央集权制的国家，实行"以法为教""以吏为师"的文教政策，特别是"焚书坑儒"以后，私立教师的数量锐减，学校几乎都是"以吏为师"。

到了汉初，为了安抚历经战争的民众，统治阶段实行"休养生息"的政策，鼓励文教事业发展，恢复私学和官学，两种教育都呈现出繁荣的景象，教师的来源更加多元化，主要是退休官员或私学中培养出来的读书人。

魏晋南北朝时期，社会又一次动荡不安，教育几乎处于停滞状态，由于官学废弃，读书人基本只能向私学求助，教师主要由厌恶官场的读书人构成。由于社会不稳定，很多读书人也不愿意走仕途，选择安心教书。此时，私学不断发展，教师的来源也相对稳定。

隋唐以后，诞生了科举制度，教师的来源又多了科举落第的知识分子，他们考试失败后转而创办私学，担任私学教师。

两宋到元明清时期，教师的来源基本都是科举落第的知识分子。

在整个古代时期，都没有将教学看作是一门职业，也没有出现针对教师的训练。在古代，教育的内容比较单一，传授的知识也有限，能够接受到学校教育的人并不多，人们对教师的需求无论是数量还是质量都不高，教师的知识和技能也是自己通过在教育实践中模仿和学习前辈的经验而获得的。

因此，古代没有针对教师的专门培训和教育，儒家一些经典包含丰富的教育理论知识，论述了教育的目的、作用、内容等，是中国最早的教育学，但是这些思想都包含在其他学问之中，没有专门针对教师的培养。

3. 教师的任用方式

对教师的任用，主要包括教师任用的条件和任用方式，尽管选拔和任用教师的条件因时代背景不同而有所变化，但是基本上都是围绕教师的"德"与"才"两个方面展开。

由于古代教师没有完全从官僚集团的士阶层以及其他知识群体中分化出来成为一门独立的职业，因此教师的任用方式主要表现为教师的任用与官吏的任用相结合。

中国古代夏、商、周时期，学在官府，官师不分，教育机构与行政机构官师合为一体，在职官员或辞职退休的官员兼任教师。秦朝统一六国以后，政教合一，在朝为官者兼职教师，任用教师的过程和其他官吏没有任何区别。两汉时期，博士这个官职才正式转变为教师的角色，统治者主要采取推荐的方式聘用博士。到魏晋时期，对官吏的选拔方式是九品中正制，对官学教师也采用这种方式选拔。之后，官学教师一直都是由官府直接任命。

私学教师的任命比较简单，主要是私立学校直接聘用，只有一部分层级比较高的私立学校的教师才由官府来选拔任命。先秦以后，我国就存在官学与私学并存的局面。随着社会的发展，教师的任用条件和任用方式也在发生着变化，但是无论是公立学校还是私立学校，对教师的要求都强调"德"与"才"。

（二）教师职业在近代社会

1. 专职教师

19世纪末20世纪初，我国出现了制度化的教师职业。鸦片战争以来，清廷洋务派开展了一场洋务运动，目的是"自强""求富"，但是洋务运动没能拯救中国人民。甲午战争失败后，中国出现了空前的民族危机，救亡图存成为中国人亟待解决的问题。这一时期资产阶级维新派开始倡导"开民智"的维新教育，希望通过普遍设学、大规模办学来提升整个民族的素质。基础教育的规模不断扩大，从小规模逐渐转向了大规模教育，师资需求量增加，师范教育作为一种新的师资培养方式应运而生，这影响了教师的职业发展道路。师范学校的毕业生成为各类学校教师的主要来源，教师职业正式进入制度化的发展阶段。

伴随中华人民共和国的成立以及其后的社会主义改造完成，学校也完成了单位制度的重建，成为国家机构中的一个重要组成部分。在学校工作的教师，享有国家公职人员的政治待遇和经济待遇，教师是工人阶级的一部分，同其他各项建设工作一样都是革命工作。

2. 师范教育

我国师范教育开始于清末盛宣怀创立的南洋公学师范馆。1902 年，清廷洋务派创办高等师范——京师大学堂师范馆，标志着我国高等师范教育正式诞生。《钦定学堂章程》的提出使师范教育体系逐渐形成。

1904 年初，按照日本模式制定的《奏定学堂章程》，修订了师范教育章程，对师范教育进行了明确的规定，分为优等师范学堂和初级师范学堂，与其他教育机构相独立。

1912 年，师范教育改变原来以日本为师的价值取向，谋求多元化发展道路，将师范教育分为师范学校和高等师范学校，制定了《壬子癸丑学制》。之后，教育部将全国划分为六个高等师范区，每个师范区都建设一所高等师范学校，每所高等师范学校的校长不仅要管理好本校校务，还要兼管这个地区的中等教育，这推动了中国师范教育的近代化进程。

第一次世界大战以后，欧美国家兴起"进步主义教育"运动，发起了一场全球性的教育改革。这场运动也影响了中国教育的发展，大批留美的学生返回国内，将美国的教育思想和教育体制传播到国内，对中国的师范教育产生了深刻的影响。

1922 年，我国改变了之前独立设置的师范教育体制，授予普通大学中等教育师资教育权，发起了"高师改大""师中合并"的运动，普通大学与独立设置的师范学院共同承担中等师资的培养任务。这种制度一直延续到中华人民共和国成立。

中华人民共和国成立之初，我国的教育改革以苏联为模板，对师范学院的教学进行了规定，每个大行政区至少建立一所健全的师范学院，各省和大城市也应当设置师范专科学校；整顿巩固原来独立设置的师范学院；独立设置教育学院，增设数理科系；成立独立的师范学院。我国高等师范院校基本都是独立设置，大体上形成了"定向型"教师教育体系。

1956年后，我国在政治、经济、文化各个领域开始探求具有中国特点的发展模式，师范教育逐渐脱离了原先以外化为主、内生为辅的发展道路，过于追求形式和数量上的突飞猛进，这是师范教育发展的深刻教训。师范教育在之后一段时间因特殊原因而被取消。

3. 制度化任用方式

教师任用制度化分为两种，教师资格认证制度化和教师任用方式制度化。

（1）教师资格认证制度化

我国的教师资格认证始于清末，将教师分为正教员和副教员两类，要获得这一职位需要具备相应的学历和资格。民国时期由于政局不稳，教师的资格认证没有形成完整的制度体系。新中国成立后，开始着重发展教育事业，师范毕业生供不应求，不过还没有对教师进行专业资格认证。但是这不等于对教师职务没有要求，根据职务的相关规定，教师任职需要满足职业道德要求，另外对低一级职务的任职时间和工作业绩也有具体的要求。

（2）教师任用方式制度化

我国正式教师任用制度开始于清末民初。清末时期，地方教育行政部门将师范学堂毕业生直接分配到学校任教。民国初期，初等和高等学校教员由县署委派。1929年起，教师聘用开始实行校长聘请制，校长直接聘用合格的教师，再报县教育局备案。1934年，校长提名填写教员简历表报请主管机关批准，规定聘用期，期限为一学期，可以连聘连任。

新中国成立后，教师任用实行任命制。1956年，下放教师管理权限，县文教科调配中小学教师。1958年，小学民办教师交由各公社管理任用，县文教局备案。1968年，县革命委员会政工组统一调配中小学公办教师。1972年，公办教师实行县、社两级管理任用。1981年，考试审查县民办教师，合格者颁发任用证书，不称职者脱离教师队伍。这样的教师任命方式使教师职业较为稳定，保证了教师为我国社会发展建设培养大批人才。

（三）教师职业在当代社会

1. 专业化

我国从 20 世纪 80 年代后期开始推进教师专业化教育制度改革。1985 年，教育改革与发展将重点放在解决中小学的师资问题上，教育改革的一项重要举措就是推动中小学教师的专业发展。1986 年，将教师列入"专业技术人员"类别中。2000 年，教育部颁布《教师资格条例实施办法》，促进了教师的专业化发展，保证了教师的专业人员地位，体现了教师的专业性。

2010 年，我国推出《国家中长期教育改革和发展规划纲要（2010—2020 年）》，要求对教师的资质进行严格审核，提高教师队伍的整体素质，努力建设一支高素质、专业化的教师队伍。

2018 年 1 月，中共中央国务院颁布了《关于全面深化新时代教师队伍建设改革的意见》。《意见》指出，到 2035 年，教师综合素质、专业化水平和创新能力大幅提升，培养造就数以百万计的骨干教师、数以十万计的卓越教师、数以万计的教育家型教师。

2. 培养模式转型

我国制度化的师范教育已经走过了一个多世纪的历程，封闭的教师教育体系推动了我国基础教育的发展。随着经济的发展，我国基础教育师资供求关系也发生了巨大变化，对教师的需求已经不仅仅局限于数量上的满足，同时转向质量上的保障，我国的教师教育体系从封闭逐渐走向了开放。

1999 年，我国大范围调整了师范院校的层次和布局，鼓励综合性高等学校和非师范类高等学校参与培养、培训中小学教师的工作，尝试在综合性高等学校中试办师范学院。这些举措突破了原先师范院校教师培养一统天下的局面，我国教师教育体系逐渐走向开放，对原先的高师院校来说，教师教育逐渐丧失了国家政策的"保护领地"，为了能在高等教育体系中占有一定的地位，高师院校需要进行转型改革。

2001 年，"教师教育"的概念被首次提出，代替了长期使用的"师范教育"，很多非师范学校纷纷参与教师教育，形成了高校共同参与，培养培训相衔接的开放的教师教育体系。

培养模式上，我国一直以来都实行共时性培养。该模式虽然推动了我国教育发展，但同时也存在一定的问题，一些院校学习和借鉴欧美等国的

"A+X"模式，将学科教育与专业教育分离开，师范类学生先在专业院系接受 A 年的学科教育，获得学士学位，再分流到教育学院接受"X"阶段的教育教学理论和实践的培养。

2019 年，《职业技能提升行动方案（2019—2021）》提出推动职业院校扩大培训规模，鼓励支持社会培训和评价机构开展职业技能培训和评价工作，加强职业技能培训基础能力建设。

3. 教师任用转型

（1）认证条件

1993 年，我国颁布《中华人民共和国教师法》，对教师的资格进行了明确的规定。1995 年，《中华人民共和国教育法》首次以国家法律的形式明确规定了国家实行教师资格制度，对教师的考核、奖励、培养和培训提出了要求，加强了教师队伍的建设。2000 年颁布的《教师资格条例实施办法》规定了教师资格制度的性质、地位以及其他细则，从法律上保证了教师资格制度在我国的全面实施。2001 年，全国教师资格认定工作首次进入实际操作阶段。2010 年，启动教师资格准入制度改革试点，实行教师资格考试，制定教师资格定期登记制度，构建完善的教师资格准入制度和管理体制。

2019 年 10 月，教育部等四部门印发的《深化新时代职业教育"双师型"教师队伍建设改革实施方案》中明确提出："推动各地结合实际，制定'双师型'教师认定标准，将体现技能水平和专业教学能力的双师素质纳入教师考核评价体系。"

（2）教师聘用

我国实行教师聘任制度，《教师法》中对我国教师任用进行了明确规定，由学校和教师签订聘任合同，在聘任过程中，根据国家有关规定和学校教学科研需要，学校或教育行政部门可以自主确定教师的结构比例。受聘教师也可以根据自己的知识水平、业务能力选择适合自己的职位。

聘任双方都是独立的个体，以"平等自愿、双向选择"为原则，签订聘任合同，以聘书的形式规定了双方的权利、义务和责任，如果要变动，需要提前和当事人商量，意见达成一致后可以变更或解除聘任合同。

教师聘任制突破了传统的教师任用终身制，有助于教师合理流动，调整教师队伍的结构，实现人尽其才，才尽其用，创建更加公平、公正的竞争环境，激发教师教学和研究的热情，保证教师队伍朝着高素质的建设方向发展。

二、高职教育对教师人才要求

高职教育在层次上属于高等教育，在类型上是职业教育，有别于普通教育。它与普通高等教育的主要区别在于，后者强调有较强的系统理论基础，培养的是学术型、工程型人才，而前者强调要有较强的实践技术和专门技能，培养的是技术型和技能型人才。因此，高职教育作为一种类型，既有高等教育的共性，更有自己的特色。主要表现在：以培养高等技术应用性专门人才为根本任务，以适应社会需要为目标，以培养技术应用性能力为主线，设计学生的知识、能力、素质结构和培养方案，毕业生具有基础理论知识适度、技术应用能力强、职业素质高等特点；以"应用"为主旨和特征构建课程和教学内容体系；实践教学的主要目的是培养学生的技术应用能力，并在教学计划中占有较大比重；"双师型"人才队伍建设是提高高职教育教学质量的关键；校企合作和工学结合是人才培养的必经之路；以就业为导向，注重敬业、就业和创业教育，等等。与高职教育的特色相对应的是，高职教育对教师人才提出了特殊的要求，具体可以概括为以下两个主要的方面：

（一）特定的教育目标对教师人才的要求

一般认为，本科院校举办职业技术教育，其突出优势之一就是师资力量雄厚。本科院校教师的理论水平和科研水平对培养学术型人才、研究型人才、工程型人才是合适的。但是职业教育，是面向职业岗位群的技术技能培养教育，其目标是为生产第一线和基层培养高级技术人才和管理人才，这就要求突出所学知识的应用性，突出学生的实践能力培养，使学生具备较强的操作技能和现场解决实际问题的技术应用能力及岗位创新能力。高职院校教师人才配备要求明显区别于本科院校，高职教育教师人才应以双师素质为标准，要求教师具有一定的理论水平和熟练的技术技能，强调专业技术和实践经验，这是职业技术教育特定的教育目标对师资的要求。

（二）高职人才培养工作水平评估对教师人才要求

根据特定的教育目标，教育部制订了高职高专院校人才培养工作水平评估方案。根据该方案的指标要求，主要有两方面的内涵：一是对教师的理论水平的要求，如师资队伍中副高以上职称的比例，青年教师中研究生或硕士学位的比例；二是对教师具备双师素质的要求，如教师中拥有实践工作经历，拥有除教师专业技术职务以外的技术职务、行业资格证书、专业技能培训证书的比例，或在本专业企业第一线实际工作时间人数的比例。教育部高职高专人才培养工作水平评估对师资的要求，反映了高职院校的教师既要有一定的理论水平，又要有较强实践技能的双师素质，这是高职教育师资队伍建设的目标和方向。

三、高职院校教师人才的内涵

在日常语境中，对"教师"一词好像人人都懂，然而仔细深究，就会发现人们对其理解不过停留在"教书的人"这样一个表面的层次。这一粗浅的理解不仅会误导实践，而且在很大程度上制约了教师的发展。人们需要拨开层层迷雾，真正理解教师的深刻内涵。

1. 不同取向下的教师界定

通过研究有关文献和分析人们日常生活话语，可以发现人们对于教师的理解大概有四个取向：职业取向、身份取向、个人取向、理想角色取向。每一个取向都从特定的角度对教师作出理解，不仅让人们明白了教师界定的多种可能性，也反映了不同界定者的教育立场。至于每一种取向的优劣如何，则需要深入辨析。

从职业取向而言，教师就是一种职业。所谓职业，从其最初的意义上来说，就是人们用来交换自己生活和发展所需而必须从事的某种工作。教师作为职业，和工人、农民、公务员一样，都是社会机体正常运转所需要的，他们也都通过自己的工作来换取生活所需要的物质和精神产品。因此，教师只要完成好应该做的工作，也就履行了自身的职责，获得了在社会生存的权利。从身份取向来说，教师不仅是一种职业，也是一种社会身份。该思想由来已久，在中国传统文化中，教师和"天、地、君、亲"同为"五尊"，实际上指的就是教师相对高贵的社会身份。作为一种身份，教师必须具备和这种身份相适应的言行，"学深为师，品高为范"是对这种言行和品质的形象描述。

不管是职业取向，还是身份取向，实际上都倾向于把教师置入社会情境中进行理解，而且具有"类"的倾向。教师个人取向则认为，教师是一个"具体个人"，具有自己的情感和意志。在这个意义上，必须从教师是"有血有肉"的人这一角度来看待教师及其行为，而非用社会统一的标准和形象去要求每个教师个体。

理想角色取向是近年来兴起的一种取向。这种取向以当前教学发展和改革的需要为方向，提出教师要扮演新型角色才能够完成新时代教育的使命。比如，教师应该由知识的传授者转化为学习的促进者，由教材的奴隶转化为教材的主人，由教学任务的执行者转化为教学问题的思考者，等等。

2. 对教师内涵的辨析

尽管从不同取向出发对教师进行界定，可以让人们认知教师内涵的多样性，然而，这并不意味着任何一种对教师的界定在现代教学背景下都具有积极意义。我们要进行较为深入的辨析，提出最符合现代教学论思想的教师内涵。

从社会功能上看，教师的确是一种职业，和医生、律师乃至公务员一样服务于社会，共同维护社会的正常运转。可以说，"教师作为职业"是人们对教师最为简单、最为纯朴的理解。然而，教师职业和其他职业相比，并非单纯地用教师自己的劳动换取生活资料，相反，它要求教师有高度的责任心和道德感，能够担负起社会所要求的教育下一代的重任。此外，教育是一种长期性的工作，短时间内难以见其效，因此教师工作的成效在短时间内也是难以评价的。这种工作特性，一方面使教师在短期内很难做出令自己满意的成绩，其成就感较低；另一方面也会使一些教师沉湎于平庸之中，以完成知识的传授为自己唯一的目标，忽略了教学所具有的深刻意义。因此，教师并不能仅仅把自己的工作视为一种职业，相反，应站在专业乃至事业的高度来认识自己所从事的工作。从专业的高度来说，教师需要充分认识到"教育无小事，事事教育人"这样的专业特征，充分唤醒自己的责任心和责任感。从事业的高度来看，教师不仅要能够认识到专业的特殊性和重要性，而且能够全身心投入其中，把教育作为实现人生价值最为重要的载体。可以说，只有站在事业的高度，教师才真正成为"人师"，完成人类赋予的神圣使命。

把教师理解为一种社会身份，在一定程度上强化了教师所担负的社会责任，因为教师的社会身份之所以被看得如此崇高，原因就在于人们对此赋予了重要的意义。人们在理解"身份"的同时，实际上把某些外在的标准强加给了教师，而教师在通过种种途径接受这种外在标准之后，开始在教学中扮演这种"身份"，无论言行均受这种"身份"的影响。但是，教育者如果仅仅为适应教师的"身份"，便容易失去一个活生生的生命所应该具有的活力和真诚。教师的教学工作就是"以生命培育生命、以真爱培育真爱"的事业，过度固着于身份，在一定程度上压抑了教师的生命，从而限制了学生生命的发展。只有将教师从"身份"中解放出来，恢复其作为人的真诚和善意，才能够真正避免对生命的压抑 ①。

把教师视为一种理想的角色，明确了在当前形势下教师所应具有的功能和发展方向，对教师具有一定的指导意义。然而，这些不同的角色并没有内在的逻辑统一性，很难作为教师的本质内涵。

上述三种取向都有一定的局限，从教师个人取向出发进行界定的一个重要问题，就在于忽略了教师是社会中的教师，必须遵守社会对教师的类的规定性，只有在类的规定性中，教师个体的价值才能够真正体现。在这个意义上，教师的本质应是具体个体与类的规定性的辩证统一。教师类的规定性必须通过个体来实现，而教师的个体也需要在类的规定性中完成。

同时，也必须认识到，由于种种原因，人们对教师的类的规定性的强调大于对于具体个体的强调，对于教师社会功能的强调大于对于教师人性本身的强调，以至于在对教师的认识上出现了种种偏差。如果我们把现代教学视为师生特殊交往的过程，便会发现教师作为具体个体的重要性，因为交往以个体之间的关系为基础，而且个体所具有的目的、动机、情感、人格魅力等，对于沟通、交往有着不可替代的作用。现代教学须克服传统教学论对教师形而上学的规定，承认教师个体的具体存在，关注教师个人的成长。

三、高职院校教师人才的特点

作为我国科技创新重要主体之一的高职院校教师人才，肩负着为国家科技创新体系建设培养高层次应用型创新人才的重要使命。同时高职院校教师自身也是优秀的人力资本，他们普遍具有较高的知识水平与综合素质，其劳动具备创新性、可再生性、不可替代性、激励性等特点，是教育创新的主力军。

教师是指在一定范围内推动整个社会和经济发展的具有智力与体力劳动效率的人的总和，是在劳动力资源的基础上进行创造性劳动的群体，是社会经济发展的关键。1954 年德鲁克（P F Drucker）在其著作《The Practice of Management》中首次提出"教师"概念，用于区别传统"人事"概念，并指出与其他资源相比，教师的特殊性在于：开发利用教师资源时必须使用有效的激励机制，才能够为组织赢得可见的经济价值。教师范围对于高校而言较为广泛，囊括了全体从事高职院校教学、科研、管理和后勤工作的教职工

---

① 侯荣增.高职院校"双师型"教师立体化培养体系构建与探索 [J].教育与职业,2022（6）: 76-79.

的劳动效率总和，这其中最为突出的是教师产生的价值，高职院校教师的数量、质量决定着高职院校的活力和发展水平，充分调动广大教职员工的积极性、主动性和创造性，不仅是高职院校自身发展的需要，也是我国经济发展和社会进步的必然要求。高职院校教师不同于一般的劳动者，他们的劳动更具有创造性和不可替代性，是高职院校最宝贵的资源。教师的数量与规模一定程度上制约着高职院校整体工作效能，决定着高职院校的教学科研水平、教育质量和办学效益等诸多方面。

高职院校教师除了具有一般教师的特征以外，还有其特殊性，集中表现为高职院校教师是具有较高文化教育背景与良好素质的群体，是国家科技创新的主体，高职院校教师的特殊性见表1-1。

表 1-1　高职院校教师人才的特殊性

特征	描述
主观能动性	有强烈的自我意识，追求自我价值的体现
自主创造意识	在教学、实践活动中从事创造性劳动
可再生性	通过不断学习积累，注入人力资本存量
流动性	主动寻求发展机遇、流动性强
两重性	既培养人力资本，又消费人力资本

（一）主观能动性

高职院校的教师人才队伍是一支具有高技能水平、强素质效率的队伍，作为知识型与实践型双重融合的高职院校教师与企业一般员工有所不同，他们拥有较强的主观能动性，不愿被烦琐的制度所约束进而被动地适应组织和环境，高职院校教师人才更倾向于以自己的方式在一个民主、宽松的组织环境中进行教学和科研活动，这表现出高职院校人才厌倦了制度和环境的束缚，强烈渴望在宽松的组织环境中工作，希望能够在灵活自由的工作场所中，拥有宽松的工作时间，充分发挥自身的主观能动性。因此更应该加强对这些具有特殊属性群体的规范化管理，进而有效契合教师的自主化管理，在规范的制度范围内，允许教师获得更大的自主权以及更多的自我表达机会，从而形成管理有序、学术自由的良好组织氛围。

（二）自主创造意识

根据马斯洛的五层次需要论可知，由于教师具有的特质及其难以替代性，高职院校人才的心理需求中精神需求占主导地位。高职院校教师与一般员工的区别为：高职院校教师人才强调主观能动性，以及工作氛围和时间的宽松与灵活；而一般员工则是被动地适应环境。具体表现在以下两方面：一是社会承认和尊重教师的劳动成果和价值；二是教师将实现挑战性工作视为满足自我需要的方式，进而产生持久稳定的巨大进取精神。作为高职院校教师人才主体的教师拥有良好的教育背景，具备专业特长和积极的民主参与意识，因此在实现个体自我价值方面，教师之间存在着激烈的竞争。在教师队伍中，各式各样的激励办法均会产生积极的影响，例如提升职务、晋级职称、争取科研项目、获得进修机会等。

（三）可再生性

科技发展随知识经济时代的到来而日新月异，高职教师人才为能够更好地从事教学和科研，需要通过不断学习来充实自身实力，应对即将到来的机遇与挑战，进而不断注入人力资本存量，为自身打下坚实的基础。作为传道、授业和解惑的导师，高职教师人才面对的是一群自身具备一定知识储备量的高校学生，他们急切地想了解和学习新鲜、实用的知识，高职教师人才应当担负起培养人才的历史使命。因此，高职教师人才对知识的渴望十分强烈，终身学习的愿望也十分强烈。

（四）流动性

人力资本与物质资本相比更具流动性，教师人力资本通过教师的流动得以实现，高职教师人才在市场经济条件下被认为是理性"经济人"，即追求利益最大化，教师工作的独特优势来源于他们的人力资本，他们更多地着眼于自己事业的发展，加盟高校仅仅是教师自身需要的选择，所以，高职教师人才在遇到不公的对待，或遭遇妨碍自身发展需求的境况时，往往会选择流动。然而，教师人力资本的可共享性是教师流动性的本质，多家单位可以同时共有或者重复使用同一个教师的知识、技能等人力资本，因此，许多单位都已建立起新人才使用制度，即"不求所有，但求所用"的制度，意在吸引人才。在知识经济时代，高校越来越多的科研和教学工作采用的是团队协作的方式，其中整个团队的核心是骨干教师，因此他们的流失对学校科研和教学活动的影响是极为不利的。

第二节　高职院校教师人才的地位与作用

一、高职院校教师人才的地位

（一）职业特征决定高职院校教师具有较高的社会地位

"振兴民族的希望在教育，振兴教育的希望在教师。""百年大计，教育为本。教育大计，教师为本。"可见，高职教师在社会系统中尤其在高等学校中具有重要的地位和作用。

高职院校教师是一种职业。一般地，衡量一种职业在社会上的地位如何，人们通常以经济待遇、社会权益和职业声望为评价标准。三者之中，又首重经济待遇。

但从教师本人方面讲，"教师的社会地位取决于教师的学术水平、教育专业水平和教育成就"。学术水平高、专业能力强、教育成就卓著、贡献突出的教师，应该而且必须享有优越的待遇、拥有较高的地位，非此，则无法体现出社会的公正。衡量大学教师的社会地位，也不外乎以上几个方面的标准。

中华民族历来有"尊师重教"的良好传统。人民对于教师，怀着朴素的崇敬感情，博学鸿儒，有着更高的社会地位，因为他们代表着学问道德。目前，我国高职院校教师的地位相比较而言，无论是经济待遇、社会权益，还是职业声望都是较高的。

我国改革开放以来，人民生活水平逐步提高，党和国家十分重视提高教师的物质待遇。《教师法》第二十五条规定：教师的平均工资水平应当不低于或者高于国家公务员的平均工资水平，并逐步提高，建立正常晋级增薪制度，具体办法由国务院规定。我国教师还享有各种应有的权利，国家依法保护教师的各种合法权益。《中华人民共和国教育法》第三十三条明文规定：国家保护教师的合法权益、改善教师的工作条件和生活条件，提高教师的社会地位。教师的工资报酬、福利待遇，依照法律、法规的规定办理。

另外，在社会群体中，高职教师的能力水平、职业道德水平是比较高的，这是人们的共识。在我国，不管是过去还是现在，我国教师的职业声望都比较高。所谓职业声望是社会公众对某一职业的意义、价值及声誉的综合评价，具体体现在职业形象的优劣，职业吸引力的大小，职业的稳定性等方面。教师的职业声望是其社会地位的综合体现，直接影响着教师群体的职业权利实现及教师个体的心理状态。职业声望的高低取决于教师对社会所做的贡献、教师的教育程度和经济收入的高低、职业道德和辛勤程度，此外还受到社会发展水平，传统文化的影响。

从上述分析可以看出，高职教师的地位基本符合其职业特征，高职教师的职业是一个比较被看好的职业，从总体上看，高职教师的地位是比较高的。当然，对于大学教师来说，既要看到经济地位与社会地位有一定的关系，更要认识到教师的社会地位最终取决于自己对社会的作用和贡献。要忠于职守，出色地完成教师的任务，才能得到社会的尊重。

（二）双师能力的实现使高职院校教师具有较高的经济地位

高等职业教育培养的是生产、建设、管理、服务第一线的高技能人才，它与普通高等教育的最大区别在于要紧密结合实际，强调产学结合。学生专业实践技能的提高和立业、创业思想的培养，除了课内的教育和校内实践基地的锻炼外，更需要在真实的企业环境中锻炼。因此，高职教师不仅需要具有本专业扎实的理论知识和丰富的教学经验，还必须具有从事本专业实际工作的能力，要特别重视教师实践经验的积累及教师的技术应用和开发能力的提高，教师的产业背景应作为高职院校专业教师的重要任职条件。无论在美国，还是在德国或澳大利亚都规定职业教育专业课教师至少要有多年在相关产业工作的经验，到学校任教后，还必须通过各种活动与产业界保持密切联系。在新加坡，许多专业教师本身就是企业技术项目的负责人[①]。

目前，高职院校对建设"双师型"人才师资队伍的重要性已有明确认识，许多院校在这方面也做了不少努力，但总体情况还不尽如人意。

"双师型"人才既具有高等职业学校教学的专业技术职称，如讲师、副教授，同时又具有与从事专业教学相一致的技术职称，如工程师、会计师、经济师、高级技师等。在目前的高职院校中，同时具备上述两种相关专业技术职称的教师数量并不多。在两种相关专业技术职称打通尚有困难的情况下，把尚未取得技术职称，但有较长时间实际工作经验（一般在两年以上），

---

① 黄莺，贾雪涛.双师型教师的专业发展研究[M].北京：中国书籍出版社，2019：10-19.

且具备较强的专业技术水平的或已具有中级以上专业技术职称，经学校考核已具备基本素质的教师都称为"双师型"人才。

"双师型"人才是提高学生就业竞争力的示范者、引领者。学生在学校学习期间对职业能力的认识和培养主要是通过教师的示范及引导。因此，教师的职业能力尤其是实践动手能力的高低直接影响学生职业能力的高低，学科型、理论型的教师难以培养出职业能力强的学生；相反，没有相应的理论知识，仅靠传授技能和经验那只能称为师傅带徒弟，对学生职业能力的培养同样不利。因此，"双师型"人才是学生职业能力提升的关键因素。

以上分析可以看出，具备双师能力和素质的教师，在教育教学实践中付出的劳动价值高于一般教师。因此，教师双师能力的实施绩效影响着高职院校教师的经济地位。

二、高职院校教师人才的作用

（一）高职院校教师人才的社会作用

高职教师人才的劳动具有巨大的社会价值，高职教师对个体的成长，对人类社会的延续、发展和进步起着无可替代的作用。高职教师的社会作用具体表现在下述三个方面。

1. 高职教师是人类文化的继承者与传递者

在任何社会，人们总是要把所积累和创造的社会文明继承和传递下去，并使之不断得到丰富和发展。这一工作是由高职教师完成的，如果没有高职教师的劳动，人类文明就要中断，新生一代就要事事直接经历，总是从头做起，社会也必然会停滞不前。所以，高职教师劳动对人类社会的延续与发展起着承前启后的作用，对人类文化科学知识、社会意识的继承与发展起着纽带和桥梁作用。高职教师是社会发展的"中介人"，它连接着人类的过去、现在和未来。正如俄国教育家乌申斯基所说，高职教师是"过去历史上所有崇高而伟大的人物跟新一代之间的中介人"，是"过去和未来之间的一个活的环节"。

2. 高职教师是精神财富和物质财富的创造者

纵观人类社会发展的历史，不难看出高职教师劳动的重要作用。一个社会与民族进步程度的重要标志，就是物质文明与精神文明的发展水平。物质文明与精神文明的发展水平，取决于人的素质，而人的素质培养主要取决于高职教师的劳动 [1]。

从一般意义上讲，社会上各行各业的成员都是社会物质财富和精神财富的创造者，但他们不是自然成长起来的，都必须首先通过教育的培养和训练。现代生产表明，个体只有受到一定程度的教育，掌握一定的生产知识和科学技术，才能进入生产领域，成为物质财富的创造者。尤其是随着科学技术进步和生产力发展水平的提高，高职教师生产个体劳动能力的社会作用日益突出。高职教师的劳动是进行物质生产劳动、创造物质财富的前提和基础。从这种意义上说，高职教师也是物质财富的间接创造者。

从精神财富的创造发展来看，它也是同高职教师的劳动紧密联系在一起的。所谓精神财富的建设主要包括两个方面：一是科学文化建设，一是思想建设。科学文化建设是指科学、教育、文学、艺术、新闻、出版、广播、电视、体育、卫生等各项文化事业的发展与人民群众知识水平的提高，此外，还包括开展健康愉快、生动活泼、丰富多彩的群众性娱乐活动。思想建设是指统治阶级的思想意识、人生观和世界观，以及统治阶级所需要的品德的宣传和教育等。对于社会主义社会来说，就是马克思主义的世界观和科学理论，共产主义理想、信念和道德，同社会主义公有制相适应的主人翁思想和集体主义思想，同社会主义政治制度相适应的权利与义务观念、组织纪律观念等的宣传和教育。

精神财富的建设是由低级向高级、由简单到复杂的一个不断发展的过程。在精神财富发展过程中，起关键作用的还是各方面的专门人才。其中包括文学家、艺术家、科学家、教育家等。正是通过他们的创造性劳动，社会的精神文明才得以不断向新的高峰迈进。而这些人才都是高职教师培养训练的，所取得的成就也总是同高职教师联系在一起的。所谓"天才"，如果离开高职教师的劳动，必然一事无成。高职教师不仅通过培养人间接丰富社会精神文明的宝库，高等学府的高职教师还通过科学研究直接创造精神财富。

3. 高职教师在宣传、教育、组织群众方面，在社会环境的优化及社会变革中，发挥着先锋与桥梁作用

高职教师是知识分子队伍的重要组成部分，他们运用自己的知识才能

---

[1] 吕淑芳. 高职"双师型"教师的角色定位及其专业化发展——职业社会学的视角 [J]. 现代教育科学，2022（1）：84-90.

为社会服务。高职教师是社会的重要成员，他们具有高尚的精神、敏锐的思想、丰富的学识，他们最关心祖国的前途、民族的命运。因此，高职教师在宣传党的方针政策、教育组织群众克服社会上的腐朽思想和传统意识、共同参加社会主义现代化建设事业中具有重要作用。任何社会变革总是以思想变革为先导，高职教师就是先进思想的创造者与宣传者。历史上无数事实表明，在任何社会的变革与进步中，高职教师都是重要的促进力量。

总之，社会的发展进步离不开高职教师的劳动，社会文明每前进一步，都包含着高职教师的贡献。在科技高速发展的现代社会，高职教师劳动的社会作用日益重要。但高职教师劳动的重要社会价值主要是通过培养人而实现的，其效果在学生毕业后进入社会实践领域才被证实。正可谓：现实的高职教师劳动，未来的社会效果；现实的教育投入，未来的社会产出。高职教师的劳动价值具有滞后性。古人曾讲："一年之计，莫如树谷；十年之计，莫如树木；终身之计，莫如树人。"所以说，高职教师所从事的事业，从表面看虽然很平凡，却是历史上最伟大的事业之一。

（二）高职院校教师人才的教育作用

高职教师的巨大社会作用主要是通过培养人实现的，在学校教育过程中高职教师的作用主要表现为三个方面。

1. 开发学生的智力

开发智力，是指高职教师在教学过程中对学生智慧的培植和挖掘，以及对吸收知识、运用知识能力的启发与培养。学生智力开发，是当今世界普遍重视和关心的问题。这是因为科学技术飞速发展，知识不断更新，人们再也不能一劳永逸地获取知识，而只有终身学习，建立一个不断演进的知识体系才能适应不断发展和迅速提高的新科学技术的需要。所以，用现代教育观点来看，衡量高职教师的教学质量，主要的不是看高职教师给了学生多少现成的知识，更重要的是看他是否教会了学生学习，是否使学生获得了解决实际问题的能力，是否在最大程度上开发了学生的智力与创造力。当然，重视智力开发，并不是不要系统的科学文化知识的传授。知识是智力的基础，没有知识，发展智力就成了无源之水、无本之木。但我们也必须同时认识到，发展智力是学生进一步获取知识和形成技能的重要条件。所以，高职教师在教学过程中，在传授知识的同时，要发挥对学生智力的开发作用。

2. 塑造学生的心灵

塑造心灵，是指高职教师在教学过程中对学生的思想、德行等方面的培养和影响。高职教师在教育教学过程中，不仅发挥着传授知识、开发智力的作用，更具有塑造学生心灵的职责。教书育人是高职教师的天职，教书的目的在于育人，育人的重要方面之一是培养人的思想品德，塑造人的心灵。苏霍姆林斯基说高职教师是创造未来人的"特殊雕塑家"。高职教师对学生心灵塑造之所以具有重要的、其他事物所不能比拟和替代的作用，其原因不仅在于高职教师具有丰富扎实的知识，具有良好的思想品德修养，掌握了教育、塑造人的科学艺术，在学生的心目中具有较高的威望，同时也在于青少年的生活目标、道德信念、思想觉悟还比较朴素，人生观、世界观尚未形成，可塑性大。所以，高职教师在教育教学过程中必须抓住有利时机，坚持不懈地塑造学生的心灵。

3. 发展学生的体质

发展学生体质就是指高职教师在教育教学过程中对学生身体素质的全面培养和训练。教育的目的在于造就全面发展的人，身体是人的物质基础，是全面发展的重要内容。正如毛泽东早年所说："体者，乃载知识之车而寓道德之舍也。"没有一个健康的身体和良好的身体素质，不仅会阻碍、影响人各方面的发展，也必然难以适应现代社会的激烈竞争与快节奏的生活。所以，高职教师在教育教学过程中，必须适应青少年学生的身体发展规律和特点，促进学生体质的发展。

高职教师在学校教育过程中的作用是统一而不可分的，高职教师总是同时发挥着发展学生智力、塑造学生心灵与增强学生体质的作用。这是全面培养造就人所必需的，高职教师切不可重此而轻彼。

第三节 高职院校教师人才的任务与使命

一、高职院校教师人才的任务

（一）奠定学生扎实的文化知识基础

教师对人类的延续和发展起着桥梁和纽带作用。人类社会长期以来所积累的社会精神财富，包括科学文化知识、文学艺术及社会道德、思想、哲学观念等，它之所以能够世代相传、保存并发展下去，主要就是依靠教师的作用。而且社会越文明，科技越进步，知识门类和总量越增加，教师的作用就越重要。如果没有教师，人类积累起来的科学文化知识和思想观念就会中断，年轻一代的教育和培养就无法进行，人类社会就会退回到愚昧、原始的时代。职业教育教师的主要任务就是通过对文化知识的传播，培养学生的共产主义道德品质和社会主义觉悟，对学生进行四项基本原则教育、法治教育、爱国主义和国际主义教育、前途理想教育和世界观、人生观、价值观教育，使学生树立正确的阶级观点、劳动观点、群众观点、辩证唯物主义观点，培养和引导学生的情感、意志、性格、行为、习惯等向健康的方向发展，形成学生健康、完整的个性[1]。同时，为学生智力的发展、技能的形成、未来的工作和学习等综合素质的培养奠定理论基础。从目前企业发展变化的状况来看，文化的价值以及人们的工作态度、责任感对一个企业来说甚至比设备更重要。因此，职业院校的教师在传授文化知识的同时，要通过文化渗透、榜样示范、言传身教等措施，培养学生成为一个高素质的公民，这是职业教育教师的首要任务。

（二）传授学生必备的专业技术知识

专业技术知识是社会生产实践和科学基本原则的总称，包括具体的生产过程、方法、环境、条件、标准和规范等，是人们从事职业活动所必需的专门知识体系。在职业活动中，专业技术知识决定着人们的工作能力和工作质

---

[1] 王珏.高职院校"双师型"教师队伍建设研究[J].产业与科技论坛，2022，21（6）：277-278.

量。一是专业技术知识来源于科学的理论应用和实验结论,因此,掌握专业技术知识可以更深刻地了解和认识相关科学技术领域的客观规律和原理,形成自觉遵守科学规律的工作态度,提高工作效能。二是由于专业技术知识大多来源于社会生产实践,是对以往生产劳动经验的总结,是对生产环节的进一步优化,使人们的职业行为更符合经济发展和生产的具体要求。特别是对以经营、管理、服务为主要工作内容的职业来说,专业技术知识已经成为影响人们工作成效的关键。三是由于专业技术知识有自身的科学性,要求人们在学习和使用知识的过程中,要用实事求是的科学精神和科学态度,才能取得成功,这种科学性与实践精神的有机统一,有利于形成人们的创新能力和创新意识。因此,人们对专业知识学得越全面、深入,其职业行为就越熟练、规范,越有利于创新。因此,让学生掌握完整的专业技术知识是职业院校教师的重要任务之一。

(三)形成学生专门的职业能力

专门职业能力是从事某种职业时专用设备、专用工具及专门管理等方面具体工作的综合技能体系,是成功完成职业活动的先决条件。对从业者来说,熟练掌握和运用这些技能不仅有利于迅速解决工作中出现的种种问题,而且可以提高其在本行业、本领域的职业形象和职业声誉。需要进一步明确的是,当今社会科技飞速发展,高新技术已经渗透到生产、经营和管理的全过程,要在未来的职业生涯中立于不败之地,只有具体的技术是不行的,必须具备创新的意识和能力。因此职业院校教师的重要任务之一就是培养学生专门的职业能力和创新能力。

(四)养成学生良好的职业道德

职业道德是指从事一定职业的人在履行职责的过程中所必须遵循的道德规范和行为准则,它既是对本行业从业人员在职业行为中的道德要求,又是从业人员对社会所负的道德责任和义务。职业道德不仅表现为一种外在的行为规范,而且还是影响人们的职业情感、职业态度、职业意志和职业行为习惯的强大精神力量,是人们克服困难、自强不息的动力源泉。如果说职业技能是人们从事职业活动的显性因素的话,那么职业道德就是从事职业活动的隐性力量。一个具有爱岗敬业、精益求精、团结协作、艰苦奋斗等良好职业道德、职业品格的人,在职业活动中就会把职业技能发挥到极致,产生出巨大的创造力量;而一个职业道德水平低下的人,再高的职业技能也难以发挥作用。另外，良好的职业道德对克服陈腐的思想观念，正确认识生产活动的合作与作用，提高从业人员的劳动积极性和创造性具有十分重要的作用。职业院校是培养具有一定专业技能、从事特定职业活动的人才重要阵地，学生的素质不仅包含职业技能，而且包含职业道德，因此，养成学生良好的职业道德是职业院校教师的又一重要任务。

（五）开展教育教学研究

职业院校的教师必须重视和加强教育教学研究。因为只有加强教育教学研究工作，通过筛选信息、实践检验、教研同步等方式，逐步形成明晰的研究目标，然后才能通过举例说明、描述比较、逻辑推理等多种方法总结教育教学工作，归纳教育教学经验。经过理论和实践的方法交叉才能形成教师特有的职业素质，才能准确地把握学生的特点，因材施教；才能吃透教材，深入浅出地讲解，从而提高教学效果。实践证明，教学与科研是相辅相成的，通过科研可以进一步更新教育观念，改进教学内容，通过教学方法的不断探索和掌握最新信息，提高教学质量。作为教师，如果不懂得教学规律和有目的地进行教育改革实践，就不会成为一名合格的教师。

（六）推广实用科学技术

职业院校的教师利用学校的人才、技术、设备等优势，加强应用技术研究和服务，实现职业学校在当地经济发展的科技辐射、人才辐射等功能，发挥职业教育推动经济发展的作用，才能在产生人才效益的同时产生经济效益和社会效益，这是职业院校教师区别于普通高职院校教师的根本所在，也是职业院校办学宗旨和特色的体现。职业院校教师在完成教书育人的传道、授业任务的同时，对当地产品的研制、开发，新技术的应用等方面都负有不可或缺的责任。

（七）进行职业指导

随着我国经济体制、教育体制和劳动人力资源使用制度的改革，双向选择的人才流动机制已经形成。用人单位可以根据生产和工作需要自主选择劳动者，劳动者也可以根据国家、社会需要，结合自己的特长和兴趣，在一定范围内自主选择职业。因此，开展职业指导是新形势对职业教育的新要求。职业指导是一项系统工程，是帮助学生根据自身特点和社会需要，沟通教育与职业、学校与社会的桥梁，其目的在于帮助学生树立正确的职业观，提高对所学专业的认识，培养学生的职业素质，指导学生正确选择职业岗位，充分发挥学生的特长。职业院校是为各行各业培养专门人才的教育机构，职业指导具有更为突出的意义和作用。正确的职业指导可以帮助学生选择与自己的兴趣、特长、个性特征相适应的专业或职业，提高教育的社会效益，减少人力和物力资源的浪费；可以促进学生个性发展与完善，形成正确的职业观。所以，职业院校教师应结合自己的教学工作实际，认真研究职业发展变化规律及其趋势，研究学生的个性差异和职业适应性，采取有效措施，加强职业指导工作，提高人才质量。

二、高职院校教师人才的使命

对于"什么样的教师才是好教师？"这一问题的追寻，已成为全球教育改革，尤其是教师教育改革关注的焦点。部分学者逐渐从外在的教师职业技能关注转向对教师内在的自我、教师的专业精神的探查。"教师使命"作为教师专业精神最核心的层次，于 20 世纪 90 年代末被帕尔默（Palmer）等人所提及，2004 年荷兰教师教育学者科尔塔根（Fred A J Korthagen）在其提出的一个"好教师"的特质的洋葱模型（onion model）中正式提出教师使命的概念（teacher mission），并初步进行阐述。西方对于教师使命的研究目前仅处于萌芽时期，相关研究与探讨正在逐步开展，而我国在这方面的研究几乎没有。毋庸置疑，教师使命研究对于研究教师专业精神，丰富教师专业发展理论具有极为重要的价值，而国内对使命、教师使命的认识与理解较多地含有浓厚的政治历史意味，更多地停留在宏观叙述层面。

（一）使命概念的内涵

使命，辞海中有三种解释：

（1）使者所奉之命令。《北史·魏收传》："李谐、卢元明首通使命，二人才器并为邻国所重。"

（2）奉命出使之意。《宋史·田景咸传》："每使命至，唯设肉一器，宾主共食。"

（3）任务。在现代汉语中指"派人办事的命令，多比喻重大的责任"。

首先，主体动力上：被动性与主动性之别。现代汉语中"使命"多为"命令，任务"。所谓的职务、责任或任务，更多是"被给予的"，即多为国家、社会、组织、团体等外部力量赋予、给予个体的某种责任。因此，在个体与外部的关联中，个体处于"奉""接受""肩负""牢记"的状态，多处于被动。

其次，意义指向上：外向与内向之异。汉语中的"使命"是国家或团体等外部力量赋予个体的某种任务或者责任，是需要主体去实现、去完成，这种意义的指向上是外在的，是"为了"外部的某种有形的利或无形的名。

第三，对象取向上：群体与个体之差。中国文化中，使命均用来给群体的某种目标和任务贴上标签，在期刊网以题名为"使命"精确查询，有上万篇文献，篇名或体现某一群体的时代责任，如"科学工作者"；或描述出某一行业的发展趋势，如"出版业"；或展示某个区域的建设方向，如"河东区"；或展现某一组织或机构发展目标，如"环保集团"。80%以上题名有国家意志、政治色彩和政策方针导向，如"共产党人""白衣战士"等，60%左右反映宏观时代背景，如"新世纪""十二五"等。可见，使命在中文语境里带有浓重的政治、时代的色彩，是强烈的群体、集体主义表达。有一小部分文章，如"履行青年使命，用行动回报社会——访××大学党委副书记××"，其内容多为歌颂成绩、宣传事迹等，虽为个体指向，但其最终目的并非针对个体而是教化群体。

综合我国对使命概念的理解，广义的使命概念具有宏观、中观、微观多层面的内涵，如表1-2所示。

表1-2　"使命"的概念内涵

层次	含义所指	举例
宏观层面	国家政治和政策目标、时代发展需求、区域发展战略、特定大群体义务与责任	"国家使命""时代使命""省发展使命""青年使命"
中观层面	机构组织建设目标、特定行业和特定某群体发展诉求	"大学使命""钢铁工业发展使命""出版人使命"
微观层面	个体内在的自觉意识和自我实现，具有主动性、内向性	"使命驱动"

本研究中的使命概念特指微观、个体层面的内涵，植根于主体自觉意识，是主体自身出于自觉、自主而内生的一种对人生或社会、他人的责任感知，对自我意义的追寻和对自我实现的努力。

（二）教师使命的内涵与特征

1. 教师使命的内涵

教师使命是使命的下位概念，具有使命的一般特征，即主动性、内向性与个体性。但同时教师作为一种特殊的职业，是正在形成中的专业。因此，教师使命有其特殊之处，对其内涵进行深入探讨，教师使命概念包含职业使命感与超越性使命两个层次（图1-1）。

图 1-1　教师使命内涵的层次图

　　首先，教师是一种职业，因此，教师使命最外层是一般职业所具有的职业使命感。职业使命感，起源于新教，美国新教宣称任何人类职业跟牧师的神职一样都具有神圣性，是被冥冥之中的神所召唤、所安排的任务。新教主张人们必须把职业视为人生的目的、使命和价值所在，必须尽一切努力，履行上帝赋予的世俗责任。在宗教的影响下，西方人能够做到"信仰上帝一样信仰职业、热爱生命一样热爱工作"。正如马克斯·韦伯所说的："职业思想便引出了所有新教教派的核心教理：上帝应许的唯一生存方式，不是要人们以苦修的禁欲主义超越世俗道德，而是要人完成个人在现世里所处地位赋予他的责任和义务。这是他的使命。"因此，任何事业背后必然存在着无形的敬业精神。敬业精神本质上是一种信仰，西方人相信自己从事的工作是神圣事业的一部分，即使是最卑微的工作，也会从中获得某种人生价值。因此，职业使命感逐渐摆脱宗教束缚，转而被认为与工作意义有着强烈的联结，研究认为当工作被视为有意义的，并且相信工作能够完成人生目标时，使命感也就被建构出来了。霍尔（Hall）与钱德勒（Chandler）认为使命感是一个人将工作视为自己生命的意义。德雷尔（Dreher）、霍洛威（Holloway）与舍恩菲尔德（Schoenfelder）则加入个人对工作的态度来定义使命感，认为使命感是人们与工作联结的意义。职业使命感是个人知觉到他所从事的是一份特殊而有意义的工作。当个人将工作视为一种使命时，个人会专注于工作，认为他所从事的是可以为社会增添福祉并且有贡献的工作。因此，教师如果感知到自己所从事职业的意义，工作的目的不是获得物质、金钱、名誉这些外在报偿，更重要的是内心的满足感和自我价值实现，这种含有寻求生命意义的成分在内，便会拥有职业使命感。

其次，教师使命核心层次，即内核是超越性使命。教师作为一类走向专业化的职业，具有其职业特殊性：一是教师工作对象的人本性。教师工作的对象是活生生的人；二是教师的工作的育人性，教师不仅要教书，而且要育人；三是教师工作的非工具性，教师不用工具而是要用自己的知识、智慧、人格魅力去影响学生，用心灵影响心灵。教师职业的特殊性正是其"专业性"所在，教师工作具有强烈的"人是目的"的色彩，更要求"去工具化"的手段。而体现教师专业特殊性的专业精神的核心部分，教师使命应有超越"工具"的意义，即超越性使命。当前研究教师超越性使命的学者较少。帕克·帕尔默（Parker J. Palmer）探讨在好的教学中是否存在"精神"这一维度，他提出"integrity"这一概念，他认为好的教学来源于"identity and integrity"，这对我们理解教师使命内涵有极大的启发。"integrity"在法语和拉丁语中的含义是"使成为整体"和"完整"。帕尔默（Palmer）提出教师"integrity"可以理解为教师精神的自身完整。"即无论怎样我都是一个整体，这种整体特点能够在朝着一定方向形成和再形成我的生活模式时的内在联系中发现。"虽然他并未清晰阐述自身完整的内涵到底为何，正如他自己所说"我不能将其含义完全准确地表达出来。"但是，他指出了教师专业精神的最高境界：对精神自身完整的追求，追求超越职业的一种自我内部精神圆满。从这个角度提出教师使命概念的是荷兰教师教育学者科尔塔根（Fred. A.J.Korthagen）。他在其中提出了一个"好教师"的特质的洋葱模型，见图1-2。好教师最基本的特质共有6层，由外而内依序为从可直接被观察的环境、行为到专业能力、专业信念、专业认同、教师使命。洋葱模型中最核心、最深层的就是教师使命。

由于这一领域研究并不多，学者也在尝试探讨教师使命内涵（mission或spirituality）。科尔塔根（Korthagen）特别强调他并不企图提出限定性的解答，而旨在提供一个思考的架构。他认为教师教育应该以心理学为基础，教师教育发展新方向应该与心理学及精神治疗相结合。科尔塔根洋葱模型的建构借鉴了超个人心理学家罗伯特·迪尔茨（Roberts Dilts）的思维逻辑层次，即NLP（Neuro-linguistic programming）（表1-3），逻辑层次之间也是同心圆，最核心为"精神和灵性"。

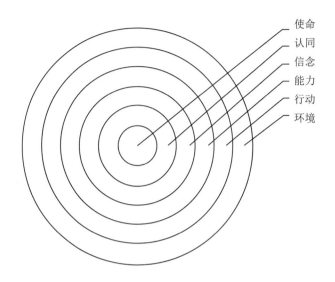

图 1-2　好教师特质的洋葱模型

表 1-3　NLP 水平解释

思维逻辑层次	相对应的问题	
·　精神、灵性	·　人生目的？	
·　身份、认同	·　谁？	·　我，我是谁
·　价值、意义	·　为什么？	·　重要性
·　信念	·　为什么？	·　我知道，我相信
·　能力	·　怎么做？	·　能，能够
·　行为	·　做什么？	·　做，行动
·　环境	·　在哪里？在何时？	·　这、这里、哪里

　　科尔塔根认为使命关注比任何层次都更高且深入的问题，即从事教职的目的。试图回答"我为何存在？""个人心灵深处是什么样子？"等问题。其涉及的范围比"认同"要广，包括家庭、社会团体、文化乃至宇宙秩序等超个体层次，致力于发掘个人在整体大环境中存在的意义。简而言之，赋予个体存在的意义，其核心的追问是"我为何存在？"他认为教师超越性使命与积极心理学所强调的个人正向特质和 Ofman 所谓的核心特质有关。积极心理学强调的个人正向特质，包括创造力、信任、关怀、勇气、敏感、果断、自发性和灵活性等。而 Ofman 提出的核心特质与积极心理学的正向特质大同小异，包括感恩、正直、创造性等积极品质。

　　可见，帕尔默的"integrity"和"wholeless"和科尔塔根提出的"mission"

"meaning"都是关涉人类精神的探寻和超越性需求的满足。因此，深层的使命是教师对"为何而教""意义""信仰"等的探求，是一种超越性使命，含有生命存在的意义感和对教育的深度信仰，是"不教而教"，是为不以自我实现为目的的自我实现。

综上所述，教师使命概念内涵分为两个层次，教师职业使命感和超越性使命。第一个层次是"职业使命感"而非"职业使命"，第二个层次为"超越性使命"而非"超越性使命感"。教师使命第一层次是低层次专业精神的初步提升，此时使命尚未形成习惯化和自动化，教师还需要去知觉和感知，感知职业的目的、意义和价值所在，追求生命价值的"自我实现"，因此使命的第一个层次是"职业使命感"。教师使命的第二层次已经再次升华，形成精神的内核，是一种高级的心理能量，是强大的精神力量之源。因此，超越性使命具有极强的内在主动性，不需要教师去感知它，甚至教师并未知觉到它的存在，它却已经深深影响教师的行为表现，渗透在教师日常教育教学实践的方方面面，这是一种"不以自我实现为目的的自我实现"。

2. 教师使命的特征

教师使命作为教师专业精神的核心层次，具有区别于其他层次的特征，包括超越性、实践性和动态性。

（1）教师使命具有超越性

无论是教师职业使命，还是超越性使命，都是对个体价值的追问，要去回答的是"我是什么？"而不是"我是谁？"这个具有终极归宿和意义的问题。

对这个问题的探询本身就体现了超越现实社会，去追求与对象、宇宙、大自然融为一体的价值理念。虽然人不可能完全脱离现实，教师在职业生涯中不可能完全离开教学、摆脱课堂，但是人应该有一种宏大的宇宙观，把自己视为宇宙的一分子，教师使命就是教师超越职业本身，能够超越各种现实的偏见和观念，如性别之差、种族之异，甚至家庭社会经济条件、学生的学习成绩等过于狭隘的评判，超越分类和界别，而能更具有民主的精神、高水平的意识，站在一种人类关怀的高度去重新认识和体验教育对于学生、对于自身价值成长的重要性。教师使命具有超越性，但是并不意味着教师脱离现实，脱离了课堂和学生，超越现实是为了更好地回归现实、反思现实，为了现实的和谐美好作出更多的努力。单纯追求超越，不顾客观现实，就会陷入虚无的境地。

（2）教师使命具有实践性

使命意味着被召唤，是被个体内在、外在的力量，甚至是"上帝召唤"。帕尔默认为教师使命感是"来自教师内心的声音，正是教师内在真实自我的本性。"对这种内心声音的回应，能感受到一种强烈、深刻的幸福感。而这种来自内心的声音与教师的教学实践密不可分，是在教师的教育教学互动过程中萌发并形成的。教师寻找其使命的过程就是"真正地、自然而然地投入教学"的过程。教师在教学的经历中寻求意义，寻求教学给他们带来的个人和社会的价值。强烈的职业使命感包括教学实践的理念，这种理念让个体的教学工作与他的生活价值紧密相连。克利福德（Clifford）和帕尔梅拉（Palmela）对20名师范生深度访谈后发现，他们认为教学实践增强了他们的精神使命，一名师范生谈到"当我和孩子们在一起的时候，我意识到丰富和改变一个人的生命是多么有意思，这让我更加坚定了我的信仰。"因此，当一个教师拥有使命感，从字面上，她是一名教师，她所作的是教学，但这时的教学已经成为教师的一种生活方式，通过这样的方式经历深层次的精神洗礼和对生活意义的确认。所以说，拥有使命感的教师，教学真正地成为他们"所热爱的工作"。

（3）教师使命具有动态发展性

教师使命具有动态发展性（图1-3中的虚线表示层次间不是截然分界，而是动态过渡）。教育心理学教授弗兰西丝·富勒（Frances Fuller）提出教师发展三阶段论，认为教师发展阶段可以由关注任务的焦点来划分：自我关注期、任务关注期、学生关注期，显示出"由内及外"的教师发展倾向。许多学者曾反驳过富勒的观点。康韦（Conway）和克拉克（Clark）通过对实习教师的研究，指出教师"关注事项"的转变，尤其是教师自我的转变是复杂的、多向度的，并不只固着在"自我生存"的层面，也会呈现"由外及内"的转变：关注学生→关注教学任务→关注自我。在新手教师成长的过程中，成长的阶段在生存层面上由内而外，而在教师内在自我的形成上是由外而内的。随着对自我关注越来越多，对学生和教学任务的反思也越来越深，教师内在专业精神、教师使命也随之发生变化。几乎与教师认同、教师美德形成的同时，逐渐形成教师职业使命感，并在实践与反思过程中不断地升华和转化较为稳定的教师超越性使命。教师的两种层次的使命处于动态变化发展过程中，在理想状态下，从职前教师到新手教师再到专家教师，构成教师使命核心，自主性强的超越性使命逐渐生成并且稳固，成为教师使命、教师专业精神的内核，而自主性弱的职业使命感则逐渐弱化。

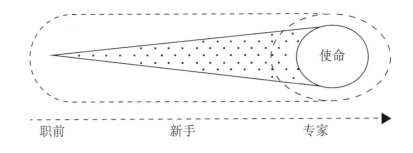

图 1-3　教师使命动态发展理想模型图

（三）新时代赋予高职教师的使命

1. 从立足课堂走向扎根中国

教师从教的初衷是事关教师使命的首要问题，也是新时代能否成为高质量教师的前提和基础。关于教师的使命和责任，中国古人有很多论述，如"教之以事而喻诸德者也""师者，所以传道授业解惑也"等，这些经典论述长期以来对中国教育产生了持续广泛影响，不仅涌现出了一大批教学名师，也培养了大量各个领域的杰出人才。在此过程中，不少教师把学校、班级当作工作场域，把学生发展视作主要任务，把课堂教学作为立身之本，在三尺讲台奉献了自己的灼灼才华，谱写了人生的教育春秋，成为新时代教师学习的榜样和楷模。今天，立足于新时代再审视教师的职业使命，不仅要弘扬立足课堂的优良传统，更要把这一传统与国家命运、民族兴衰、社会发展、人民幸福联系起来，深深扎根中国国情、中华文明、中国体制、中国大地，实现自身职业人生与家国情怀的高度统一，不断推动中国特色社会主义教育事业的发展。作为新时代的高质量教师，要扎根中国，就要做到以下四点。

（1）高质量教师应扎根中国大地

扎根中国大地办教育最早是 2018 年习近平总书记在全国教育大会上提出的。习近平总书记明确强调，扎根中国大地办教育，走中国特色社会主义教育发展道路。对于高质量教师来说，就是要扎根中国大地做教师，就是要本着国家视野、人民视野和时代视野，做"中国的教师"、做"中国人的教师"、做"新时代中国人的教师"。做"中国的教师"是指教师应自觉扎根基层和一线，努力做中华文化的守护者、中华文明的传承者和民族精神的建构者。习近平总书记曾给支教毕业生寄语："到基层和人民中去建功立业，让青春之花绽放在祖国最需要的地方，在实现中国梦的伟大实践中书写别样精彩的人生。"做"中国人的教师"是指教师应本着人民至上的宗旨，心系人民，自觉践行"为人民而教""为人民的美好生活而教"的理念，不断开创人民满意教育的新篇章。做"新时代中国人的教师"就是要勇立时代潮头，勇挑时代重任，敢于直面教育改革，不断破解教育问题，努力做时代精神的宣传者、教育改革的奋进者和学生成长的引导者。

（2）高质量教师应坚守中华文化

扎根中国不只是扎根中国大地，更要扎根中华文化。中华文化是中华民族共有的精神家园，是国家实力的重要标识，是延续民族血脉、赓续文明薪火的重要内容，更是我国教师安身立命之本和价值使命所在。要实现中华民族的伟大复兴，要求新时代教师应自觉增进文化认同、坚定文化自信、促进文化创生。其中，文化认同是文化自信的心理基础，没有深刻的文化认同，就不可能形成高度的文化自信，文化自信则是文化创生的动力机制；文化认同是人们在一个共同体中长期共同生活所形成的对本民族的肯定性体认，它是凝聚民族共同体的精神纽带。文化自信是"一个国家、一个民族发展中更基本、更深沉、更持久的力量"。文化创生则是让传统文化"重新讲出我们生活的道理。'终始惟一，时乃日新。'只有日新的传统，才有止于至善的生活"。作为高质量教师，就是要"推动中华优秀传统文化创造性转化、创新性发展，继承革命文化，发展社会主义先进文化，不忘本来、吸收外来、面向未来，更好构筑中国精神、中国价值、中国力量，为人民提供精神指引"。可见，教师在凝聚共识、增强自信和创生发展中都具有无可替代的重要使命和责任。

（3）高质量教师应树立崇高师德

高质量教师要扎根中国，就要从中国的历史、文化和传统出发，就要从当下中国社会对教师队伍建设的期盼出发，不断提高道德修养和文化知识水平，以崇高的师德素养引领新时代社会主义精神文明建设，努力成为传统优秀师德的传承者、社会高尚道德的引领者和学生良好品质的示范者。对此，习近平总书记明确提出"四有好老师"的标准，即要有理想信念、要有道德情操、要有扎实学识、要有仁爱之心，其核心是崇高的师德和良好的师风。党的十九大报告明确提出"加强师德师风建设，培养高素质教师队伍，倡导全社会尊师重教"。要加强师德师风建设，教师要带头践行社会主义核心价值观，努力做到"四个相统一"，即"坚持教书和育人相统一，坚持言传和身教相统一，坚持潜心问道和关注社会相统一，坚持学术自由和学术规范相统一"，最终"引导广大教师以德立身、以德立学、以德施教"。换言之，就是以崇高师德彰显对教育事业的忠诚与热爱，体现出"生命对生命的灌溉、精神对精神的濡染"。

（4）高质量教师应投身教改浪潮

高质量教师要扎根中国，就要从中国社会的发展阶段和时代特征出发，紧紧围绕广大人民群众对高质量教育的需求，主动投身教育改革与实践，自觉成为新时代高质量教育体系建设的参与者、亲历者和见证者。当前，我国教育改革已经进入新阶段，2019 年，中共中央国务院颁布的《中国教育现代化 2035》明确指出："到 2035 年，总体实现教育现代化，迈入教育强国行列，推动我国成为学习大国、人力资源强国和人才强国，为到本世纪中叶建成富强民主文明和谐美丽的社会主义现代化强国奠定坚实基础。"要实现这一宏伟目标，就需要广大教师始终坚定改革方向，努力积聚改革动力，积极投身改革浪潮，持续深化改革创新，不断扩大改革成果，自觉成为教育改革的奋进者、拓荒者和开创者。正如习近平在给"国培计划（二〇一四）"北师大贵州研修班参训教师的回信中所说："希望你们牢记使命、不忘初衷，扎根西部、服务学生，努力做教育改革的奋进者、教育扶贫的先行者、学生成长的引导者，为贫困地区教育事业发展、为祖国下一代健康成长继续作出自己的贡献。"这就是说，在新的历史时期，教师应把教书育人融入时代变革和教育改革中，在变革中孕新生，在改革中育新人。

2. 从培养人才走向立德树人

教育是培养人的事业，育人是教师的中心工作和职责所在。我国有着高质量教师队伍建设的优良传统，长期以来，教师一直被视作"社会的良心"和"民众的楷模"。新中国成立以来，特别是改革开放以来，伴随教育改革的不断深化，我们对教师质量的认识经历了从知识质量到教学质量、从个体质量到群体质量、从校本质量到区域质量的变化。今天，当我们站在新的历史方位审视教师的核心使命时会发现，过去说"教书育人"，强调的是"教书"的优先性和基础性，而把"育人"视作第二位的。对此，教育部课题组提出："当前，中国特色社会主义教育既有成功之处，也有不足与短板。我们的'教'可圈可点，我们的'育'还需要健全完善。"针对这一问题，党的十九届五中全会通过的《关于制定国民经济和社会发展第十四个五年规划和二〇三五年远景目标的建议》在"建设高质量教育体系"中明确把"提升教师教书育人能力素质"作为未来教师队伍建设的重要目标，突出了"育人"素养的优先性、基础性和重要性，使其成为新时代高质量教师的核心使命。

（1）高质量教师应增强育德意识

高质量教师要落实立德树人根本任务，首先是要增强育德意识，这就需要立育德之志、厚育德之基、固育德之本。立育德之志是指高质量教师应自觉把育人作为从事教师职业的远大志向。东汉徐干在《中论·治学》中曾说："志者，学之师也；才者，学之徒也。学者不患才之不赡，而患志之不立。"可见，志向对于教师的重要性。习近平也多次强调并勉励广大教师牢固树立中国特色社会主义理想信念，为教书育人、播种未来点亮指路明灯。厚育德之基是指高质量教师应通过夯实专业基础不断提升育德能力，不能"当一天和尚撞一天钟"，心不在焉、敷衍了事。"如果身在学校却心在商场或心在官场，在金钱、物欲、名利同人格的较量中把握不住自己，那是当不好老师的。"固育德之本是指高质量教师应以育德统领一切教育教学活动，真正突出育德中心，不断巩固育德成果，"把立德树人的成效作为检验学校一切工作的根本标准"，实现育德、育才、教学三者的有机统一。

（2）高质量教师应丰富育德内涵

高质量教师要落实立德树人根本任务，还要与时俱进、开拓创新，不断丰富育德内涵。教育的本质是"培养什么人""怎样培养人"的问题，其核心是"育什么德""怎样育德"的问题。这就要求高质量教师应树立科学的时空观和辩证的发展观，主动把传统美德、时代精神和发展愿景融为一体，以育德内涵创新引领育人工作发展。当前，进入新时代，面向新征程，我们既需要新的时代精神，也需要在改革中不断完善、丰富和发展时代精神。党的十九大报告指出："社会主义核心价值观是当代中国精神的集中体现，凝结着全体人民共同的价值追求。"这就要求广大教师必须在继承民族优秀传统美德的基础上树立社会主义核心价值观，并在实践中不断养成。习近平明确指出，引导广大师生做社会主义核心价值观的坚定信仰者、积极传播者、模范践行者。这就是说，广大教师应自觉肩负起弘扬主旋律、传播正能量的神圣使命，以在实践中发展、在发展中完善的魄力不断丰富育德内涵。

（3）高质量教师应提升育德能力

高质量教师要落实立德树人根本任务，关键是要提升育德能力，增强育德素养。当前，我国正在为实现中华民族伟大复兴的中国梦而努力奋斗，要实现这一梦想，学生是主力军，广大教师则是筑梦人，这是今天中国教师所要扛起的历史担当。作为新时代的高质量教师，要育德筑梦，首先要善于学习，特别是把提高自身思想政治素质和职业道德水平摆在首要位置。毛主席说："没有正确的政治观点，就等于没有灵魂。"徐特立也说："学师范，做人民教师的人，他的思想品质的好坏，也就格外显得重要。"其次要躬行实践，就是把社会主义核心价值观贯穿教书育人全过程，不断推动学科育人、活动育人、实践育人的开展，使自己成为"先进思想文化的传播者、党执政的坚定支持者、学生健康成长的指导者"。再次要内心真诚，就是本着对国家、对社会、对人民的高度责任感和使命感，本着对教育的浓厚趣味和特有兴致"在自己的使命中找到真正的教育的最强烈的刺激……把自我教育作为终身的任务"，不断提升自我修养和育德素养。

（4）高质量教师应创新育德路径

高质量教师要落实立德树人的根本任务，最终要落在"如何育德"上，这就需要我们与时俱进，不断创新育德路径，开创德育工作新局面。站在迈向新征程的起点，要实现中华民族伟大复兴，就必须深化文化育人、重塑劳动育人、创新协同育人。其中，文化育人是我国的优良传统，也是当前的时代要求和历史任务，这就要求树立文化自觉、坚定文化自信，通过"加强中华优秀传统文化和革命文化、社会主义先进文化教育"，不断夯实文化根基、厚植爱国情怀、培养一代新人。劳动育人是全面发展教育的重要组成部分，也是社会主义教育的重要特征，面对数字智能时代的劳动转型，亟须重塑劳动育人的时代内涵，"教育孩子们从小热爱劳动、热爱创造，通过劳动和创造播种希望、收获果实"。协同育人是推进教育治理现代化的客观要求，是提高教育质量的必由之路，面对当前德育工作的低效和困境，迫切需要创新协同育人机制，为此，党的十九届五中全会通过的《关于制定国民经济和社会发展第十四个五年规划和二〇三五年远景目标的建议》明确把"健全学校家庭社会协同育人机制"作为建设高质量教育体系的基础性工程。

3. 从传道授业走向专业创造

教师要做好教育工作，离不开扎实的专业素养和精湛的专业技能，这是教师开展教育教学工作的立身之本和发展之基。自从专职教师出现以后，社会就对教师的专业素养提出了较高要求。如孔子曾说："温故而知新，可以为师矣。"《礼记·学记》也指出"师严然后道尊，道尊然后民知敬学"。特别是韩愈囿于当时儒学发展的特定状况，更是明确提出"传道授业解惑"的专业使命，成为关于教师职责的经典表述。今天，我国正在加快推进教育现代化，加速教育强国建设，如果仅仅停留于"传道授业解惑"的专业目标，显然已无法满足建设高质量教育体系和教育强国的需求，这就有必要推动教师专业使命的更新与升级，即从传道授业走向专业创造。

（1）高质量教师应发展专业智慧

专业智慧是教师在教育教学过程中形成的一种高级综合能力，它分为认知与理解、技能与方法、背景与动因、信心与决策、审美与评价等多个层次和系统，包含了感知、记忆、理解、联想、情感、逻辑、辨别、计算、分析、判断等多种能力。在过去的教师专业实践中，我们较为重视教师的专业知识学习、专业技能掌握和专业经验积累，相对忽视了教师专业智慧的提升。今天，面对经济的全球化、社会的多元化和信息的庞杂化，导致"教师在教育中所遭遇、面对的问题越来越复杂，这就要求教师具有教育智慧"。要提升教育智慧，一是促进知识转化。当前，许多教师有知识而无智慧，亟须转识成智，否则"很可能会出现教师越卖力、教得越吃力的状况。在极端情况下，甚至会造成师生之间的矛盾，使师生双方都受到伤害"。二是实现经验再造。经验是智慧的源泉，但它本身不是智慧，这就需要"在践行中不断总结提升，把一线经验完善丰富为教育智慧，在自己的工作领域逐渐成长为专家。"三是推动智慧生成。除了上述两种路径外，智慧增长还可通过创设环境和氛围来实现其主动生成、自觉感悟和亲身体验。

（2）高质量教师应提升专业素养

专业素养是指教师从事教育教学工作所必备的修习涵养，它包括道德素养、教育素养、学科素养和心理素养等。专业素养是专业智慧的结晶，专业智慧是专业素养体现，二者是互为表里的关系。应该说，经过二十多年的教师专业发展，教师的专业素养已经有了很大提升，但与教育强国和高质量教育体系建设对高质量教师专业素养的要求相比，还有一定差距。对此，中共中央国务院《关于全面深化新时代教师队伍建设改革的意见》明确指出："有的教师素质能力难以适应新时代人才培养需要，思想政治素质和师德水平需要提升，专业化水平需要提高。"基于此，在道德素养上，应做到"以德立身、以德立学、以德施教"；在教育素养上，应怀抱对国家民族的热爱、对教育事业的真诚、对学生发展的关心、对教师角色的自信；在学科素养上，应做到开展学科思政、激活学科思想、培养学科思维的统一；在心理素养上，应做到以健全人格引导人、以高尚情操感染人、以优秀品质鼓励人、以高度威信影响人。

（3）高质量教师应开展专业生活

教师既是一种职业，更是一种专业。作为一种职业，它与教师的日常生活紧密相连；作为一种专业，它又体现了教师工作的独特品位。因此，身为教师，应该既让专业充满生活的情趣，也让生活富有专业的品位。换言之，就是引导教师过一种有品质的专业生活。对于新时代的高质量教师来说，应围绕专业的生活化和生活的专业化两个方向去开展专业生活。前者是通过专业交往、专业反思和专业实践来实现专业的生活化，后者指通过专业学习和专业阅读来提升生活的专业性。这就是说，"好老师应该善于不断学习，学会站在大师的肩膀上进行专业阅读，站在团队的肩膀上进行专业交往，站在师生的角度进行专业反思。"此外，开展专业生活还离不开丰富的社会生活，就是"要像海绵一样，从人民中、生活中和科学中吸收一切优良的东西"。唯有如此，教师才能把自身的专业生活融于国家发展、社会进步和民族振兴，把自己视作"过去和未来之间的一个活的环节"。"树立世界眼光、激发创新灵感，确立为人类和平与发展贡献智慧和力量的远大志向"。三是面向基层，就是立足岗位，以创新思维推动专业创造，在平凡的岗位做出不平凡的贡献。正如习近平总书记所要求的，"到基层和人民中去建功立业，让青春之花绽放在祖国最需要的地方，在实现中国梦的伟大实践中书写别样精彩的人生。"

4. 从管理中心走向协同治理

自古以来，教师就承担着重要的社会使命——是文化传承、文明赓续的接力棒；是知识创新、精神引领的主力军；是民众启蒙、社会进步的助推器；等等。直至今天，这些依然是教师最重要的社会责任和历史使命。当前，我国正在全面推进国家和社会治理体系现代化，教育也开始突破传统管理的视域和藩篱，加速治理现代化进程。从这一视角来审视教师的社会责任和使命，不难发现，过去教师在使命践履和责任担当中，富有一种浓厚的管理中心倾向，显然不符合治理现代化的内涵，这就要求新时代高质量教师的社会使命应从管理中心走向协同治理。

（1）高质量教师应树立治理理念

党的十八大以来，我国开始把制度建设摆在更加突出的位置，国家治理体系和治理能力现代化水平明显提高。作为其重要组成部分，教育治理体系和治理能力更是体现着一个国家的教育制度及其执行力水平。今天，在建设教育强国、推动教育制度创新和加快全面实现教育现代化的征程中，深化教育体制机制改革，推进管办评分离，构建政府、学校、社会之间的新型关系，更是深化教育领域综合改革、推进教育治理体系和治理能力现代化的重要内容。为此，就必须引导广大教师走出传统教育管理的误区，积极树立治理理念，始终坚持目标导向、实践导向和问题导向，以对广大人民群众高度负责的态度和精神，努力改革不适应现实要求和发展方向的育人方式、教学样式和办学模式，解决改革中面临的教育热点、难点和焦点问题，推动各级各类教育更加符合教育规律，更加符合学生成长规律，不断满足广大人民群众日益增长的对优质教育的需求，切实办好人民满意的教育。

（2）高质量教师应推动协同治理

治理不同于管理的一个重要特征就是强调多元主体参与，对于教育工作而言，更应如此。党的十九届五中全会明确指出"健全学校家庭社会协同育人机制"。对于新时代的高质量教师来说，就是要实现协同治理。这就需要做到以下三点。一是多元主体联合。要达到协同治理，基础在多元主体的密切配合。对此，习近平总书记强调："基础教育是全社会的事业，需要学校、家庭、社会密切配合。"二是多元主体协同。联合是基础，协同是机制。苏霍姆林斯基曾指出："只有在这样的条件下才能实现和谐的全面发展：两个教育者——学校和家庭不仅要一致行动，向儿童提出同样的要求，而且要志同道合，抱着一致的信念，始终从同样的原则出发，无论在教育的目的上、过程上还是手段上，都不要发生分歧。"这里深刻道出了协同治理的内蕴。三是多元主体共治。要贯彻"五育并举"和"三全育人"，就要推动形成学校、家庭、社会协同育人的良好氛围，"以共建共治共享拓展社会发展新局面"，不断"促进人的全面发展和社会全面进步"。

（3）高质量教师应提升治理素养

治理能力建设状况事关治理体系现代化建设的成败，它不仅是对政府治理能力和水平的考验，也是基层一线人员治理素养的全面展现，对于教育事业同样如此。因此，作为新时代的高质量教师，应自觉提升治理素养，就应从三个方面入手。一是明治理之道，即教师应深谙教育治理哲学，应把握教育治理的目标与方向，体现出发展观、辩证观和大局观。正如清朝钱泳所言："大凡治事，必通观全局，不可执一而论。"二是通治理之术，即教师应通晓教育治理的各种技术和方法，能破解教育改革中的各种问题。白居易曾指出："善除害者察其本，善理疾者绝其源。"意思是治理社会要做到标本兼治。三是固治理之本，就是要厚植职业道德，丰富专业知识，创新育人路径，提高治理能力。总之，就是要为"培养知识创造与传播的贡献者、国际理解与沟通的当事者、社会责任与义务的承担者"而努力，这"是教育的重要使命，也是教育服务中华民族伟大复兴的重要体现。"

（4）高质量教师应创新治理格局

推进教育治理体系现代化，建设教育强国，需要不断创新教育治理思路。对我国来说，虽然历史上不乏丰厚的治国理政思想，但社会治理这一概念的提出却相对较晚。尽管如此，我国在社会治理上仍取得了举世瞩目的成就。今天，立足新起点、面向新征程，特别是面对全面实现教育现代化的诸多挑战，还需要我们不断创新治理路径。对于新时代的高质量教师来说，要"在危机中育新机、于变局中开新局"，就是要稳中思变、准确识变、科学应变、主动求变。稳中思变是指教师应在保证教育教学质量和人才培养质量的前提下，不断思考教育教学改革的优化路径。准确识变是指教师应时刻保持对教育教学的敏感性，持续识别并把握教育改革发展中的有利和不利因素，做到扬长避短，因势利导。科学应变是指教师在面对教育教学过程中的突发事件或不可抗拒的外力时，应讲究方法和艺术，妥善解决相关问题。主动求变是指教师在教育教学改革中应开拓创新、奋发有为，不能故步自封、因循守旧。简言之，就是要在厚立德治教之本、固依法治教之制的基础上，不断开创教育治理新格局。

第四节　高职院校教师人才的能力与素质

一、高职院校教师人才的能力

（一）高职院校教师能力的定义

教师能力是教师在教育教学活动中表现出来的，决定其教学效果，并对学生身心发展有直接而显著影响的思想观念、学识能力和心理品质的总和。

教师作为一种职业，它是以育人为主要目的，而高职院校的教师更是以就业为导向，培养学生获得高技能为己任的。该职业与其他职业相比较而言，具有很强的特殊性。要解决教师职业能力的培养问题，就必须明确教师的职业能力的定位、内涵及发展。它关系到教师的地位，涉及教师队伍的建设，更重要的是影响到教师职业的社会服务对象——学生的成长。教师为学生提供什么样的服务，这一服务的质量如何，都与教师自身的职业能力息息相关。作为高职院校教师除应具备教师职业所有的基本特征外，还应有其独特的内涵，以区别于其他类型教育教师的职业特点。

现代高等职业教育对高职院校教师能力提出的要求是：高职院校教师不仅应具备科学研究的能力，过硬的理论功底，即专业技术能力，同时还必须掌握与工作过程、技术和职业发展相关的知识；不仅要致力于职业专业知识的传授，还要具备从教育学角度将这些知识融入职业教学的能力；不仅必须具备发现问题的能力，而且必须具备制订解决问题的方案和策略的能力；不仅必须熟悉相关职业领域里的工作过程知识，而且必须有能力在遵循职业教学要求的前提下，将其融入课程开发之中，并通过行动导向的教学，实现职业能力培养的目标。

（二）高职院校教师能力的具体表现

工学结合是现代高等职业教育人才培养模式改革的重要切入点，课程建设与改革是提高高等职业教育教学质量的核心。基于工作过程的职业教育，教学过程的设计与实践能力是高职课程和教学改革的基础。高职院校教师要适应现代职业教育的改革与发展要求，在教学设计上要达到两点：第一，必须符合职业工作的结构与完成工作的需要，同时注重学生综合职业能力的培养；第二，教学过程必须符合学生的认知规律。在教学过程的实施方面，要以工作过程为参照系，通过行动学习，行动的过程即为学习的过程，为了行动而学习，通过行动来学习，行动即学习；在心理素质方面，表现为宽厚、真诚、热情、谦逊、果断、勤奋；在品德素质方面，表现为热爱教育、不断进取、完善自我、严于律己、无私奉献、淡泊名利、表里如一。

（三）高职院校教师能力的基本要求

高等职业教育作为一种高等教育，以培养生产、建设、管理、服务第一线需要的高技能人才为根本任务，以满足社会需求为根本目标，要求学生具有较强的实践能力。因而对高职院校教师而言，在师德水平、知识水平、能力水平方面要满足较高的基本要求。

高职院校教师的能力素质主要表现在师德水平、知识水平、能力水平三个方面：

1.师德水平

（1）坚持正确的政治方向，具有高度的责任感教师是人类灵魂的工程师，担负着教书育人的重任，教师的言行影响着学生的世界观、人生观和价值观。因此，高职院校教师应该坚持正确的政治方向，紧密团结在党中央周围，认真学习邓小平的教育理论，努力实践"三个代表"思想，要以发展经济、稳定大局为前提，指导学生坚持正确路线，为祖国的繁荣、发展做贡献。

（2）热爱高等职业教育、敬业爱岗

首先，高职院校教师要热爱教育事业，对教育工作一丝不苟，要把全部知识和心血献给高等职业教育事业，为高等职业教育尽心、尽责、尽力。这是职业对教师的要求，也是每一个有责任感的教师的职业良心对自己的要求。只有热爱教育事业，才能安心教育事业，才能具有做好本职工作的热情和进行创造性工作的激情。其次，高职院校教师必须具有献身精神，这是教师师德的灵魂所在。

（3）热爱学生、诲人不倦

教师对学生的爱是对学生进行成功教育的先决条件，也是人民教师的基本职业道德要求。它包括对学生的了解、信任和尊重。教师热爱学生总是与热爱自己的事业紧密联系在一起的，是热爱事业的集中体现。只有真诚地热爱学生，把自己的全部知识和心血毫无保留地倾注在学生身上，使学生成为教育目标所规定的合格人才，才能称得上对教育事业的热爱。教师对学生的爱和真挚的情感是学生学习与发展的催化剂，对教育目的的实现、学生良好品质的形成等起着重要作用。教师对学生的爱应该是无私的、全方位的，它表现在对学生学习、思想、身体和生活的全面关心，设身处地为学生着想，做学生的知心朋友等方面。

（4）以身作则，为人师表

教师道德风范对于学生的影响，既有直接作用，也有潜移默化的间接作用。教师不仅要向学生传授有关道德规范，对学生的行为规范提出严格要求，还应以自己的模范实践影响学生。作为学生的表率，教师理应是科学的世界观、人生观、价值观的信仰者、传播者和实践者、具有忠于职守，助人为乐、无私奉献的崇高境界。要求学生做到的自己首先要做到，要用自己美好的道德形象来影响、教育学生。

2. 知识水平

（1）深厚的专业知识

实践表明，教师的基础理论深厚，则适应能力强，有利于解决教学、科研、实践工作中出现的问题,有利于自身的提高和发展。当今,知识总量急剧增长,知识更新的周期不断缩短,但基础理论知识却是相对稳定的,有的是长久不变的,它对教师的工作及进修、提高的影响是长期的。基础理论深厚、专业知识丰富的教师,蕴藏着较大的创新潜力,有利于学术思想的开拓,使自己的专业知识产生质的飞跃。现代科学技术和生产的发展,要求高职院校培养的人才具有较强的适应能力和创新能力,要求教学与实践、教学与科研更加密切地结合,因而必然要求教师具有更高的基础理论水平和较强的科研能力、实践能力、创新能力。

(2)宽广的相关学科知识

作为高职院校教师,专业知识不仅要深入精通,而且知识面要宽,应熟悉与本学科有密切关系的相关学科的基本知识。因为当今科学技术的发展呈现出信息化、群体化、知识与技术密集化的趋势,学科发展具有横向关联性、交叉性和综合性的特点,并不断出现新学科。新学科的产生对教师提出了新要求,因为高等职业教育的根本目标是满足社会需求,社会需求什么专业,学校就应开设什么专业,所以更需要教师掌握大量的相关学科的基本知识。

(3)必要的教育理论知识

高职院校教师应具有教育科学理论知识,主要是教育学、心理学的基本知识和高等职业教育的基本规律、基本特征。如果说高职院校教师精通所任课程的理论知识是解决教什么、培养哪些方面的专业人才的问题,那么掌握教育科学基础理论知识,懂得教育教学规律,就是解决如何教、怎么培养人的问题。这就要求教师不仅要有较高的学术水平,而且要有足够的教育理论和教学技能知识,懂得教育规律。教育教学是个十分复杂的过程,要求教师深刻地理解和掌握教学活动的规律、教学和教育的原理与方法,并把这些理论与方法灵活运用到实际工作中去,以使教学和教育工作富有成效。

3. 能力水平

(1)教学能力

教学能力是指高职院校教师组织教学和实施教学的能力,主要包括四个方面:

① 驾驭教材的能力

教材是高职院校教师进行教学的根本依据和工具,教师要用好这个依据和工具就要充分理解教材,合理使用教材,熟练驾驭教材,真正做到教材为教学服务。驾驭教材的能力源于对教材的深入了解,更源于专业知识的广博精深以及精湛的教学技巧。

② 语言表达能力

教师的语言对完成教学任务，履行教育职能有着重要作用，它既是教师教书育人的基本手段，又是一种专业化的创造性艺术。教师恰到好处的教学语言，对培养学生的良好品德、提高教学效率、发展学生的思维能力、陶冶高尚的情操，具有重要的影响和独特的教育功能。

③ 教研能力

教师要具有主持、参与专业教学改革的能力。教师应当在提高基础理论的专业知识水平的同时，不断拓宽自己的知识面，密切注意本学科及相关学科或新的学科领域。其次，教师要具有教育教学理论研究的能力。此外，教师每年要公开发表教研论文。

④ 运用现代教育手段的能力

随着科学技术的发展，现代教育手段已经进入教育当中，掌握现代教育手段应当是高职院校教师必备的能力之一。高职院校教师需要掌握的现代化教育手段主要是计算机技术、多媒体技术、网络技术等。

（2）科研能力

科研能力是高职院校教师必须具备的能力。开展科学研究是提高教师整体素质的重要手段，以科研促进教学，以教学带动科研，在教学中发现问题，在研究中解决问题，可以有效地提高教师的综合素质。

① 高职院校教师要具备一定的科学开发能力

教师要能主持科技项目，能跟踪本学科的发展方向，运用所学知识解决生产建设中遇到的实际问题，为社会和企业服务。高职院校教师科研开发能力主要是指科技服务开发能力。通过科技项目开发，提高教师的学术水平，促进产学研结合。

② 高职院校教师要具有通过科研来提高教学水平的能力

教师要通过科学研究，不断丰富、加深和更新自己的知识，活跃学术气氛，提高学术水平，从而深化、丰富教学内容和提高学生的能力。教师要用自己的科研思想、科研方法，以教学中出现的新课题去激发学生强烈的创新欲望，促进学生科研能力的提高和创造性思维的培养。

③ 高职院校教师要具有撰写学术论文、编写教材、进行学术交流的能力

学术交流、知识贡献是高职院校教师的重要职责之一，学术研究更是高职院校教师生存与发展的一项基本要求。通过撰写学术论文和编写教材可以

达到两个目的：一是能够有效、及时地将自己的科研成果、教研心得归纳总结出来，贡献给社会，推动社会的发展；二是通过撰写学术论文，教师可以阅读大量的科技文献，了解当前学科的前沿和动态，看到自己存在的差距和不足，促进自己学术水平的提高。

（3）实践能力

实践能力是高职院校教师必须具备的重要能力之一。实践能力表现为实际动手能力和指导实践教学能力两部分。

① 高职院校教师要具有本专业要求的职业能力，如专业设计能力、现场解决问题能力、解决疑难（技术）问题能力、组织管理能力等；要能够操作本专业的技术设备，能上岗工作，了解与本专业相关的加工、制造、检测等常规设备及常用现代实验设备的作用与性能。

② 高职院校教师要具备实践教学指导能力。高等职业教育的人才培养目标是生产、建设、管理、服务第一线需要的高技能人才。在教学环节上，强调实践教学，注重提高学生的实践能力；在办学模式上，强调产学合作教育，要求教师能跟踪社会发展变化，把教学工作同解决经济和社会发展中的实际问题紧密结合起来。教师要能够独立指导专业毕业设计、课程设计、专业实习、实验等实践教学环节，毕业设计题目要来源于实践并注重新技术的含量；要能有效组织第二课堂活动，能够指导学生进行社会实践活动。

（4）创新能力

培养创新性人才是高等职业教育的重要目标之一。培养创新性人才首先要求教师创新、教师自身是否具有较强的创新能力，对学生能否获得创新能力将产生决定性的影响，是实施素质教育，培养创新人才的关键。

教师的创新能力包括创新与变革，要求老师树立正确的教育观、质量观和人才观，树立"以人为本"的教育理念，以培养学生的创新精神和实践能力为重点，突出培养学生的综合素质，包括培养学生的人文素质和科学精神、对社会的责任意识和合作精神、创新思维和创新精神，促进学生德、智、体全面发展。

（5）计算机和外语运用能力

高职院校教师必须具备一定的计算机和外语运用能力。在计算机运用方面，首先，教师要熟悉计算机的硬件配置和软件操作。其次，教师要具有利用计算机获取信息的能力。再次，教师要具有使用计算机辅助教学的能力。这种能力内涵丰富、范围广，并有一定难度，但也应该掌握。在外语运用方面，高职院校教师要具有熟练阅读、翻译国外教育资料的能力，具有用外文撰写学术论文的能力，具有与国外同行进行口头学术交流的能力，具有独立讲授专业外语的能力。中国加入WTO（世界贸易组织）以后，职业教育对国外教育市场开放，中国的高等职业教育面临着更大的机遇和挑战。具有一定的外语能力，有助于教师及时了解国外的高等职业教育动态，开展国际学术交流；有利于提高我国高等职业教育的国际竞争力，以便早日融入世界高等教育国际化、一体化的潮流中去。

二、高职院校教师人才的素质

"素质"原来是一个心理学、生理学的概念，后来被人们应用到其他的研究领域，它的外延逐渐扩大。所以，对素质的广泛意义上的解释是指对从事某一职业的人在知识、能力、情感等方面的要求，即指"人在后天通过环境影响和教育训练所获得的稳定的、长期发挥作用的基本品质结构，包括人的思想、知识、身体、心理品质"。

教师职业是专门性职业，教师必须具备多方面的素质才能胜任教育工作。教师素质的高低是直接影响教育事业发展的重要因素。对教师的素质要求，不同的时代、不同的历史条件下有所不同。但众多的专家学者对于教师必须具备一定的素质才能胜任教育教学工作这一点的看法是一致的。高职院校教师应具备的素质包括德、才、能、心理等几方面，即：职业道德素质、职业能力素质、人文素质、专业素质、心理素质。

（一）高职院校教师的职业道德素质

教师是社会主义精神文明建设的一支主力军，教师被称为人类灵魂的工程师。授业教师的职业道德将深深地影响下一代，甚至几代人的成长。一名合格教师，应该树立科学的世界观、人生观、价值观，具有为教育事业奉献终身的崇高理想和高度负责的敬业精神。

首先，要忠诚党的教育事业，具有奉献精神。作为教师必须忠诚于祖国的教育事业，要正确处理国家、社会需要和个人抱负的关系，具有高度的责任感和敬业精神。其次，要淡泊名利。教师职业既没有很高的经济魅力，也没有很高的社会地位魅力，因此教师必须有踏踏实实的作风和任劳任怨的精神，以平常心态对待名利。再次，要有敬业精神。作为教育者，本身必须树立良好的社会形象，成为建设社会主义精神文明，促进社会进步的推动力量。职业本身要求高职教育的教师要有高尚的道德品质，爱岗敬业的精神。爱岗敬业的具体体现是热爱学生。

（二）高职院校教师的人文素质

教师是人类文化的产物，承担着传播人类优秀文化的重要任务。要完成这一历史使命，其前提是要接受文化的熏陶和教育，掌握文化的主要观点，培养民族文化的认同感和归属感。教师这一职业群体成了社会发展的主要推动力量。人文知识的素养是高职院校教师成长的基本条件。高职院校教师的人文知识的素养高低，直接关系到他所培养的学生的文化素养。高职院校教师只有通过大量的人文知识的积累，才能与其自身修养发展相适应。人类优秀的文化传统，通过教育得以继承，通过教师的劳动得以传播[①]。

（三）高职院校教师的专业素质

教育质量的高低在很大程度上取决于教师队伍整体和个体的素质。因此，高职教育改革的重点在于提高高职院校教师队伍的整体和个体的专业素质。高职院校教师应具备以下专业素质：

1. 研究能力

高职院校教师这一群体的专业发展水平是通过每一位教师个体的专业水平体现的。教师职业生涯是一个连续的专业发展过程，也是终身教育的过程，即集职前教育、岗前培训和职后继续教育于一体的教育过程。高职院校教师不仅仅要掌握专业知识，还要有一定的理论研究能力，在自己的专业基础上，能够吸取新的研究成果，丰富自己的专业知识，不断地拓宽知识领域，完善自我。

2. 实践教学能力

实践教学是高职教育的一个重要环节，实践能力也是高职院校的教学目标，在教学中处于重要的地位。职业教育与普通教育的区别就在于职业教育不仅向学生传授知识，而且注重培养学生的实践能力。因此，高职院校教师必须具备较强的动手操作能力，能够指导学生的实践。只有既具备较高的理论知识水平，又有较强的实践教学指导能力的教师，才能适应时代对高职教师的要求。

---

① 何迪.以"双师型"为突破口提升高职教学质量[D].南昌：南昌大学，2012.

（四）高职院校教师的心理素质

1. 健康的人格

人格是人的社会性的集中体现，它带有强烈的职业烙印。不同的职业对人格特质和模式的要求有所不同。教师人格是指教师应具备的优良的情感以及意志结构。高职院校教师的人格首先应该是健康、和谐、全面发展的人格；教师的人格应当高于也必须高于其他行业的人格模式要求；教师的人格应该成为全社会的人格表率。

2. 良好的情感特征

高职院校教师良好的情感特征对学生具有潜移默化的影响。主要表现在以下几个方面：

（1）真诚

作为高职院校教师，要能够真诚地对待学生，以信任、友谊的态度成为学生的知心朋友。另一方面，一旦教师犯了错误，要勇于面对学生，诚恳地承认错误，并迅速改正。

（2）乐观

教师面对挑战和挫折，不但自己要有乐观的态度，而且还要以自己的信心、克服困难的勇气、乐观的情绪和坚强的意志去感染学生，增强学生克服困难的勇气。

（3）进取

教育是一项复杂的、艰巨的、长期的工作。高职院校教师对于人生目标不懈地追求，对教育教学工作不懈地探索和创新的进取精神，将会对学生产生强烈影响，激发他们的求知欲，培养他们的探索和创新精神。

（4）宽容

学生在成长的过程中难免犯一些小错误，有一些过失，作为教师，既要严格要求学生，帮助学生改正缺点，又不可过多地责怪学生的过失，应以宽阔的胸怀宽容学生，严格但不苛刻，宽容但不放纵。

3. 坚强的意志品质

高职教育的教师应该具备坚强的意志品质，才能在困难面前不低头，并以自己的行为感染学生，锻炼学生坚强的意志品质。

4.浓厚的职业兴趣

高职教育的教师，要对自己的职业具有浓厚的兴趣，只有对职业教育事业的无限热爱，对学生的无限挚爱，才能做好教育工作。教师的职业兴趣是推动着教师孜孜不倦地进行教育教学探索、积极工作的动力。高职院校教师要增强责任感，用科学的态度指导学生，密切与学生的交往，爱护学生，使学生的智力潜力得到充分发挥。

（五）高职院校教师的能力素质

教师的职业能力是每一位高职院校教师必须具备的。教师的职业能力包括教学能力、教育能力、班级管理能力。

1.教学能力

（1）高职院校教师的语言表达能力

高职院校教师的教学过程是传播人类文明、科学技术和生产技能的过程。语言是课堂教学最常用的手段，教师通过语言向学生传授知识、讲解道理、排疑解惑。学生往往是通过教师优美、流畅的语言，体会到教师的谆谆教诲，向教师学习知识和技能。教师高超的语言驾驭能力，是使教育教学顺利进行的保证。

（2）书面表达能力

教师在备课过程中要编写教案，批改作业时要写批语，教师的教学和研究活动都离不开书面写作，教师必须掌握一定的书面表达能力，才能清楚准确地表达自己的思想。另一方面，教师教学过程中的板书是帮助学生正确理解教学内容的有效方式，因此要求教师能够以简练的文字、符号、线条和图形等方式向学生呈现教学内容。

（3）掌握和运用教材的能力

高职院校教师必须对自己所任课程的教材非常熟悉，具备驾驭教材和运用教材的能力，能正确理解教材的特点，把握教材的重点、难点，只有做到这些，才能在教学过程中传授正确的知识、技能，实现教育目标。

（4）组织课堂教学的能力

教师要运用科学的方法导入新课，吸引学生的注意力，激发学生学习的兴趣；用生动形象的语言传达教学信息，创设最佳教学环境，使学生更清晰、深入地理解教学内容；要有一定的应变能力，能够处理好突发情况，合理地控制教学进程，灵活运用教学方法，保证课堂教学的正常进行。

（5）实践操作能力

高职院校教师既要传授理论知识，更重要的是指导学生进行实践，在教学中培养学生的操作能力。因此，要求高职院校教师要掌握专业知识，有熟练的专业技能，善于演示、引导，具有把专业知识外化的操作能力。

2. 教育能力

教育的目的是培养和造就对社会有用的人。因此，教育、引导学生树立正确的人生观、价值观是教师应尽的义务[①]。教师要能够正确地指导学生认识新事物，通过丰富多彩的班级活动丰富学生的课余生活，寓教于乐。通过各种有效的途径，使学生们接受教育，提高学生们辨别是非的能力，使学生们的身心健康发展。

3. 班级管理能力

班级是学校的基本单位，学校的教育、教学活动是通过班级实现的。高职院校的班主任一般是由任课教师担任的，因此高职院校教师还应该具备班级管理能力。

班主任要善于发现学生的长处，充分调动每一个学生的积极性，一定要公平、公正地给每一位学生提供为他人服务的机会，培养学生自我管理班级的能力。班干部一旦确立后，班级的活动就要依靠他们开展。一方面，教师要充分支持他们开展工作；另一方面，要严格要求，培养他们的全局观念，使他们团结全班同学，共同进步。

---

① 陶英瑜，徐国超 . 高职院校"双师型"教师保障体系建设探索 [J]. 产业与科技论坛，2022，21（5）：285-286.

第二章　理清与把握：高等职业院校"双师型"教师人才

第一节　高等职业院校"双师型"教师人才培养理论

一、组织防卫与组织困境理论

美国心理学家，哈佛大学教育与组织行为学教授克里斯·阿吉里斯（Chris Argyris）是研究组织心理学与行动科学的先行者之一，他以独特的视角研究组织与个体的关系，系统地阐述了组织防卫与组织困境理论，对组织学习和组织发展过程中出现的问题具有较强的解释力。

（一）组织防卫理论

社会组织运转会遇到各种各样的问题，组织防卫是导致组织陷入困境的主要原因之一。阿吉里斯认为组织防卫现象无处不在，人们对此司空见惯且不以为然，组织防卫已成为人们有意识、下意识甚至无意识的自然而然的行为，它严重地阻碍着组织学习和组织的不断创新发展。

1. 组织防卫的内涵及成因

组织防卫是指当组织面对困难或威胁时所产生的一种自我保护反应，常见的表现形式有诿过于人、言语含糊和话题转移等。组织防卫会阻断人们对困难或威胁的深层探究，压制双路径学习的发生。双路径学习是从根本上解决问题的行为方式，但现实中，组织和个人常常使用单路径学习，而单路径学习不能从根本上解决问题，因为它没有改变影响价值观的主导变量，而引发问题的真实原因往往是行为所遵从的价值观存在问题，这是由人们的防御性推理引发的，所以，阿吉里斯认为组织防卫萌生于人们的防御性推理。当组织和个体行事时，出现采取的实际行动与自身利益不相符的现象，就是防御性推理所导致的自我防卫结果。

2. 组织防卫的表现形式

组织防卫的表现形式有熟练的无意识和熟练的无能，习惯性组织防卫行为，玩弄花样行为和衰弱无力现象。

熟练的无意识和熟练的无能是指当人们运用第一型使用理论处理令人不快的困窘或具有威胁感的问题时，就进入了熟练的无意识状态，其结果是使人变得具有防卫性，而防卫的结果又导致对别人行为的误解、曲解以及采取自我实现和自我封闭的无能行为。如果人们在无意识的防卫心理的支配下，不加思考，出于本能地去做事，并将之视为理所当然，导致违背初衷的效果，那么这种无能行为就是一种熟练的无能。

习惯性组织防卫行为是在组织为避免组织成员、组织各部门陷入尴尬或者面临威胁之境地时采取的行为或策略。它是一种过度保护和自我封闭，具有自保护、自加强和自扩散的属性。习惯性组织防卫行为导致人们陷入进退两难、揣摩彼此意图的矛盾和两难困境，因而严重阻碍了组织的学习和进步。

习惯性组织防卫行为在有些人看来并不是一个很严重的问题，相反他们会觉得自在和安全，以玩弄花样来应对，并呈现出衰弱无力的现象。玩弄花样的行为包括：① 使人们察觉不到其所作所为存在矛盾的做法；② 否认这些矛盾存在的做法；③ 如果既无法掩盖也无法否认矛盾，就将责任推脱到别人身上的做法。玩弄花样导致的衰弱无力现象包括：① 寻找和发现组织存在的问题，但却不承担改正问题的责任；② 夸大负面因素，贬低正面因素；③ 信奉人人皆知却无法践行的价值观，而在行动中表现得好像这些标准能够得到实施一样。

在由人组成的一切大小不等的组织中，普遍地、不同程度地存在着上述各种现象，形成了一种组织防卫模式（如图2-1）。阿吉里斯认为组织本身并不是产生防卫模式的根源，其根源是组织内的成员自孩提时期就学会遵从的那些使用理论及与之相应的社会道德，这些因素共同作用，并彼此相互强化，使组织陷入低效和缓慢的发展困境。

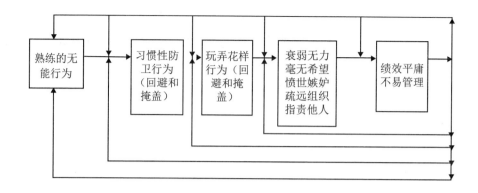

图 2-1 组织防卫模式

（二）组织困境理论

组织困境理论是阿吉里斯继提出组织防卫理论以后，对组织中常见的一些消极行为和困境现象的更深入的理论分析。

1. 组织困境的内涵

组织困境是指当人们遭遇带有威胁性或令人难堪的局面时，为保护自己所在的组织、小团体和个人不出现重大的、破坏性的变化而采用的一种防卫性行为模式使组织陷入困境。组织机构的成员对组织内部的熟练的无能、习惯性组织防卫行为、玩弄花样行为和衰弱无力现象等消极行为司空见惯，对组织的防卫模式习以为常，这种现象使组织发展陷入困境。研究人员和实践工作者发现一个悖论：一方面，人们承认这些困境不利于工作的有效进行；另一方面，人们对如何阻止或消除组织困境又不加以关注。

2. 组织困境的危害

组织困境的危害是导致困境的行为不断自我强化，从而加深自我封闭。行为的自我强化体现在采取的行动强化了最初导致困境问题的组织或个人的防卫心理。例如，掩饰问题的行为导致了更进一步的掩饰，这"更进一步的掩饰"通常是更为复杂的掩饰行为，以防止之前掩饰行为的暴露，这使得掩饰的过程不断自我强化。自我封闭的行为是指行为人只认可与事先的设想一致的行为，行为人认为自己的行为发生在自己无法掌控的行为体系之中，他们以"自身是受害者"为托词，拒绝反思造成组织困境的个人责任。自我封闭的行为阻碍了对组织困境产生根源的理性探究。

（三）组织困境起因的理论解释

阿吉里斯以行动理论解释引发组织困境的原因，应用的行动理论包括：行动理论模式1（第一型使用理论＋防御性推理）和行动理论模式2（第二型使用理论＋创造性推理）。

阿吉里斯认为人们会事先设计自己的行动，明确为达到目的所要采取的行动和策略。这种精心的设计会存储在人们的头脑中，在需要时自动激活。人脑将这种设计区分为两种有效行为的主程序：一种是信奉的行动理论，即人们认为自己的行动所应该奉行的、可以明说的原则；另一种是人们在行动中实际使用的理论。个人的信奉理论和使用理论有可能是一致的，但这种现象不常出现，比如人们宣称自己信奉说真话、为人公正、行为理智，而在实际行动时却往往隐瞒实情、充满偏见、寻求私利。

上述的第二种行为主程序即行动理论模式1。模式1在第一型使用理论的四种价值观主导下，用一种防御性推理思维来解释自己的行动设计，并实施未来的行动。储存在人们头脑中的行为模式1在人们遇到棘手、危害性严重的问题时就会被激活，导致适得其反的、毫无成效的行动结果，使组织陷入困境。更为糟糕的是，人们能够娴熟地应用模式1，他们并没有意识到自己在制造隔阂与矛盾，这种自然而然、不假思索和心照不宣的模式1行为，使人们对此形成的危害不加关注、不被觉察。

与行动理论模式1相对应的行动理论模式2的应用可以防止模式1所导致的事与愿违的结果。模式2中的第二型使用理论是人们的信奉理论，在第二型使用理论的三种价值观主导下，人们会运用创造性推理思维模式，即在透明、公开、公正的推理过程中，充分验证各种主张，探寻有效的信息，提出明智的选择，并乐于仔细核查，随时纠正发现的错误。模式2的主导观念能够帮助创造一个坦诚、透明和相互信任的组织。人们对模式1的熟练运用和对模式2的期望之间存在的差异是导致组织困境的根本原因。

二、工作场学习理论

工作场学习这一概念来源于西方人力资源管理领域。在人力资本理论出现以后，这种理论就为工作场学习确定了产生和发展的基础，正如加里克（Garrick）所言，"对人类自身的投资也是一种资本"。高职院校"双师型"教师的培养需要同时兼顾理论提升和实践强化两个方面，并应偏重专业实践教学能力的培养。虽然高职院校课堂学习是掌握理论知识的传统且重要的途径，但是高职"双师型"教师普遍缺失的专业实践能力则需要在实际岗位工作中获得。因此，最近几年职业教育研究领域引入了工作场学习理论，作为指导"双师型"教师在职培养的重要理论基础之一。在学习型社会逐渐形成和终身学习意识逐渐养成的过程中，人们逐渐会接受并认同这样的观点——工作是学习的必要且重要的组成部分，而学习也相应地无法脱离工作。

（一）工作场学习的涵义

工作场学习，也称为职场学习、工作场所的学习和在工作中的学习等。澳大利亚学者史蒂芬·比利特（Stephen Billett）认为工作场学习是指"在参与真实工作过程中，由富有经验的团队成员直接指导实际工作活动，新手学习者从中获得工作知识和技能的一种途径"。在安德森（Anderson）提出知识可以划分为概念性知识（conceptual knowledge）和程序性知识（procedural knowledge）之后，比利特对工作场学习展开了更为深入的探讨，基于知识划分的视角，他将工作场学习进一步分为三种形式，即获取命题性知识的学习，获取程序性知识的学习和获取意向性知识的学习。在知识观上，比利特采用了社会文化建构主义的观点，从知识观的角度，突出个体经验与其所处知识环境之间的互动，根据社会文化建构理论的主张，比利特提出了"学习就是参与"，学习是人们参与社会实践获得的一个结果。

与比利特关注获得概念性知识不同，英国学者曼斯菲尔德（Mansfield）关注工作场学习中学习者能力的获得。从掌握技能的角度出发，曼斯菲尔德把工作场学习定义为"学习者在工作场所中形成并提高工作能力的一种学习方式"。曼斯菲尔德开发了工作能力分析模型，提出学习者在工作场所中需要学习掌握的四种技能，包括角色与环境技能、任务管理技能、技术性技能和事故管理技能。

比利特和曼斯菲尔德两人主要从学习结果的不同视角对工作场学习进行定义。古宁汉姆（Cunningham）则从社会性互动的视角为工作场学习下定义。在古宁汉姆看来，"工作场学习是人们之间尝试互相帮助时所引发的非正式的系列互动"。工作场学习的实质内容就是新手与专家之间的互动。美国学者麦基罗（Mezirow）则描述了三种形式的工作场学习：即工具性学习、对话式学习和反思性学习。其中；工具性学习指为促进学习者的工作效率和技能提高的学习内容和类型，对话式学习关注学习者个体空间与学习者所属组织的空间，自我反思性质的学习在于提高学习者在实际工作场所中的自我认识，并促进他们对自己身份转化的认同。

上述四位西方学者从不同的视角阐述工作场学习的内涵，其共同之处在于都是从学习的目标着手，把工作场学习定义为"了解并掌握与工作相关的知识或技能的过程"，或为了提高工作成效而开展的学习。高职院校对"双师型"教师进行在职培训，使他们不断提高职业教育教学能力，更新专业技术知识和实践操作技能，符合工作场学习理论所倡导的理念。

（二）工作场学习的认知基础

了解工作场学习的认知基础，对理解工作场学习发生的过程，解释工作场学习出现的各种现象很有帮助。内维尔（Newell）的整体认知理论被认为是工作场学习理论的认知基础理论之一，因为情境性是工作场学习不同于正规学校教育的本质特征。他指出，学习都是在情境中产生和持续的，情境决定了学习目标的确定与任务的落实，学习是目标指导下的具体行动，是各种信息的产生与积聚过程。比利特（Billett）则基于社会文化建构主义集中研究了成人在工作场学习中的认知特点与社会文化因素之间的关系。他认为情境固然是知识迁移和解决问题的决定性因素，但是学习和认知都产生于特定的文化活动之中，社会文化因素对促进人类认知发展极其重要。在成人的工作场学习中，埃里克森（Ericsson）等人的研究发现，元认知理论是其重要的认知基础。他们提出"认知学徒制"的学习模式，即在情境中依赖于外部指导者的支持开展学习。他们认为，认知学徒制与正规学校中的课堂学习模式是不相同的，学习者需要熟练工作者的专门指导，熟练工作者要为学习者搭"脚手架"，在学习者积累了一定的知识基础后，可以逐渐减少帮助。上述三种认知基础分别强调了构成工作场学习的核心要素：工作任务情境、学习者、具体工作任务和熟练工作者组成的"微型"社会，熟练工作者为帮助学习者获得完成任务的能力所给予的指导。学者们关于工作场学习认知基础的观点表明，不同要素的成功组合是保障工作场学习顺利实施的前提条件。

（三）工作场学习的模型构建

Jogense 和 Warring 从员工的学习潜力、组织的技术化学习环境和社会化学习环境三个维度对工作场学习进行了研究，并形成了"在工作场所的学习"模型，这种模型着重阐述了影响工作场学习的三个方面的因素：员工的学习潜力、组织的技术化学习环境和社会化的学习环境。包括三个共同体：工作、文化和政策共同体。

Illeris 在 Jogense 和 Warring 的模型基础上从个体层面和社会层面两个

维度构建了他的"工作生活中的学习"模型。将"员工的学习潜力"归为工作场所学习的个体层面，而将"组织的技术化学习环境"与"社会化的学习环境"进行了抽象概括，形成了与之相对应的社会层面。他以工作实践为工作场所学习的核心进行分析，建构了一个三角理论模型，又从认知角度出发分析了认知、心理动力和环境三个因素的交互作用，建构了一个"学习的三个维度"学习模型，该模型反映出认知和心理动力直接决定着知识经验的获取过程，而环境则在交互过程中对获取过程本身产生了影响。学习模型中认知和心理动力同属于个体层面，而环境则包含了"组织的技术化学习环境"和"社会文化学习环境"两个因素，属于社会层面。Illeris 将两个三角模型进行了合并，最终形成了完整的"工作生活中的学习"模型（图 2-2）。

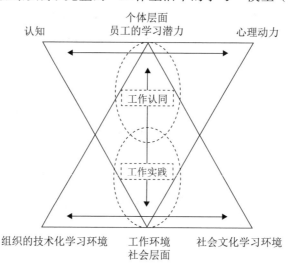

图 2-2 Illeris 的"工作生活中的学习"模型

　　Illeris 所建立的模型解决了个体层面和社会层面的矛盾，从个体和社会两个层面探索了学习在工作场所中产生的过程。在该模型中，认知和心理动力同属员工的学习潜力，属于个体层面；而组织的技术化学习环境和社会文化学习环境则同属于工作环境，属于社会层面。模型简明、直观地呈现了在工作场学习发生的过程中，学习者个体与学习者所处的组织和社会文化环境之间相辅相成的关系，有助于阐述"双师型"教师培养中教师个人与培养环境之间的相互影响。

（四）工作场学习理论应用于"双师型"教师培养

　　"双师型"教师培养的主体内容是教师在组织或社会创设的环境中开展

个人或团队的学习行动。"双师型"教师的工作场学习与其他类型教师的在职学习相比较，既有共性的一面，又有个性的一面。其共性体现在均属于成人学习类型，均是为了事业更好地发展或者说是为了更好地教学而学；其个性的一面体现在"双师型"教师的工作场学习更注重掌握实践性知识，而非理论性或学术性知识，具有明显的技术性、应用性和实践性特征。

根据人类活动的方式，知识可分为科学的知识（也可称为理论知识）和实践的知识（也可称为经验知识）。理论的知识属于认识范畴的公共知识，通常可以通过自主阅读、课堂学习、参加讲座等形式学习获得；实践知识属于实践范畴的个体知识，教师的实践性知识通常可以通过三种渠道获得：一是由理论知识通过行动转化而来；二是通过教师在实际的教育教学过程中总结经验积累而来；三是从以技能为主的实践性教学环节中不断反思而来。相对于普通院校教师而言，职业院校"双师型"教师的区别性特征是，掌握与任教专业相关的行业企业工作岗位上的实践性知识。职业教育的人才培养目标是为行业企业培养技术技能型人才，这决定了职业教育教学（包括文化课教学和专业课教学）要注重与持续变化、不断创新的工作实践保持紧密联系，关注汲取企业工作场所相关的实践性知识，来丰富、更新职业教育教学内容，这些要求决定了职业院校"双师型"教师的在职培养将不以学科知识为主，而以与企业工作岗位相关联的实践性知识为主。

高职院校"双师型"教师的在职培养过程，事实上就是一个漫长的工作场学习过程，教师对学校的教育教学工作不断进行反思总结，持续改进教育教学方法，逐步提高教育教学效果，这是在教学工作场中的学习。教师参加各种在职培训和能力提升学习，如企业实践和企业岗位挂职，则是在企业工作场中的学习。所以，工作场学习理论和"双师型"教师的在职培养，在内容和形式方面是相互兼容的，工作场学习理论作为提高"双师型"教师个人实践性知识和能力的指导理论有其本质上的适切性，尤其是"双师型"教师培养中应用的一些模式和途径，如校本培训（在教学工作中学习）、企业挂职（在企业学习中工作）、顶岗实践（工作场参与式实践）等，都可以看作是工作场学习理论在"双师型"教师培养中的具体应用。

综上所述，组织防卫与组织困境理论和工作场学习理论是本研究依据的主要理论基础。就本研究而言，组织防卫与组织困境理论和工作场学习理论的运用具有内在的关联。首先，组织防卫与组织困境理论帮助解释培养方式运行不畅、培养环境支持不力和教师个人内在动因不足的深层次原因；其次，工作场学习理论能够解释"双师型"教师培养方式和培养环境的设计与选择的合理性和必要性。两个理论的综合运用支撑了本研究的理论分析框架。

三、职业教育跨界理论

1988 年，美国自然科学学会会员西格玛在其出版的《摒除边界：跨学科研究视角》一书中指出，随着学科互涉的加深，不同学科之间的交叉融合呈现出越来越频繁的现象，由此产生了一个概念——跨界（Crossover），并进而形成了跨界思维模式，跨界思维就是打破原有的界限，让不同领域的知识和见解互相交织，产生冲突，激发出新的思想和观点。在跨界思维影响下，在德国"双元制"职业教育模式的启发下，2009 年，姜大源提出了职业教育"跨界"理论。

（一）职业教育"跨界"理论的基本观点

职业教育"跨界"理论认为职业教育跨越了职业与教育、企业与学校、工作与学习的界域，也就跨越了经济与教育界的疆域。"跨界"是职业教育不同于普通教育的本质特征。在中国职业教育不长的发展历程中，逐渐形成了独具特色的"校企合作、工学结合"的跨界人才培养模式。在 2014 年的第三次职业教育工作会议上，习近平还专门指出职业教育要做到"产教融合、校企合作、工学结合、知行合一"。这都体现出职业教育跨越了传统的普通教育范畴，成为一种跨界的、开放的教育。

（二）职业教育"跨界"理论的产生背景

作为研究德国职业教育问题的专家，姜大源在做中德两国职业教育法的比较研究时，提出职业教育立法的基本前提是要进行"跨界"思维，自此，"跨界"理论被应用于我国职业教育研究领域的各个方面。德国"双元制"职业教育被公认为是全球最为成功的职教模式之一，其中的"一元"是由州政府举办和负责管理的职业学校，遵循《州教育法》，隶属于州教育部；另"一元"指的是具有办学资格的企业，遵循德国《联邦职业教育法》，德国行业协会是其主管机构，其主管部门为联邦经济与劳动部。后者不是传统意义上的教育主体，不具有国有学校的形式，不受制于教育部门体制内的法律，它有自己的两个特点：企业作为教育机构挑战了仅以学校作为教育机构的传统概念；企业作为生产机构超出了其经营范围而存在。企业的这两个"跨界"特点赋予了企业承担举办公益性职业教育的社会责任，而这种"校企合作"共同承担职业教育社会责任的办学模式是有法律保障的，且这种法律保障也是"跨界"的。这是德国"双元制"职教模式得以成功的关键所在。

对比德国《联邦职业教育法》和我国 1996 年颁布的《职业教育法》，姜大源提出要根据我国的具体国情，从纵向与横向两个向度上思考"跨界"的角度，修订、完善我国现行的《职业教育法》。我国现行的《职业教育法》是《教育法》的子法，立法权在中央，全国各级各类各层次的职业院校以及各级各类办学主管部门同时受制于《教育法》和《职业教育法》，他们是教育体制内的国家法律，管辖对象基本是具有学校形式的所有教育机构，是主要由各级各类教育主管部门执行的一个"定界"法律，虽然《职业教育法》第六条和第二十条分别规定了政府和行业、企事业组织发展与实施职业教育的基本责任与义务，以及企业实施职业教育的法律义务，但企业并不具备法律意义上的教育机构和办学主体的身份，所以企业在职业教育中的权利与义务并不真正受法律的约束，导致企业即使完全不承担职业院校学生实习和"双师型"教师培养的任务，也不会受到任何法律干预，这也是在我国职业教育"校企合作"办学模式中，"校方热情、企业冷漠"困境长期得不到改善的根本原因之一。因此，姜大源指出，国家有关部门应以"跨界"的视野指导修订《职业教育法》，在法律上强调有资格从事职业教育的行业、企事业组织的权利、责任、义务及其主体地位，从法律层面创设我国职业教育"跨界"运行的校企合作环境，为跨越学校和企业培养学生和"双师型"教师提供法制保障。

（三）职业教育"跨界"理论的逻辑思考

职业教育"以立德树人为根本，以服务发展为宗旨，以促进就业为导向"的办学目标决定了其不同于传统学校的、独特的"跨界"性质。职业教育"产教融合，校企合作、工学结合、知行合一"的办学模式的表述，也充分体现了职业教育的"跨界"本质，这种模式意味着职业教育必须从办学体制机制、人才培养方案和学科建设发展三个维度进行"跨界"的逻辑思考。

从办学体制机制方面考虑，要实现"产教融合、校企合作"，职业教育首先就要关注产业、行业、企业的需求，要因应他们的需求培养技术技能型人才，这是举办职业教育的逻辑起点。这就需要行业企业积极主动地参与、支持职业教育教学，开展校企合作办学，共同组建教育教学指导机构，使行业企业能够参与到职业教育的各个环节，密切职业教育与企业生产的关系，促进校企深度合作。

从人才培养方案制定的角度考虑，"以促进就业为导向"的职业教育，既要使学生有能力满足初始工作岗位的需求，又要使学生具备可持续发展的学习能力，在培养方案的核心内容——课程体系的制定上就要兼顾职业的工作过程和育人的教学过程，要求必须从"跨界"角度，思考职业教育人才培养方案的课程开发及其实施。

从学科建设发展角度思考，职业教育已远远超出了传统的教育学范畴。传统的观点通常认为，知识首先主要产生于学校和实验室，然后才会应用于行业企业。而职业教育的发展表明，企业及工作过程也是知识产生的发源地，工作实践中的知识也可以被应用于学校教学。所以，用传统的评定和确认普通教育的规范、标准来衡量职业教育的受教育层次及其价值是不合适的，是会导致较大偏差的。

因此，需要建立职业教育学学科来支撑职业教育的大规模化及快速发展，在基于校企合作和工学结合办学的教育管理系统领域、在职业院校师资培养和师资队伍建设领域、在企业作为一种延伸和扩展的教育机构的作用及相应的企业教育学领域等方面，去进行基于"跨界"思考的深入研究。

（四）"双师型"教师培养的跨界理论应用

职业教育正在经历由学校供给驱动向企业需求驱动转变的"供给侧"改革过程，这种转变要求职业院校的教育教学也要随着行业企业的产业结构升级，随着职业资格变化而变化。在这种背景下，职业院校的教师必须具备学校教学与企业工作紧密结合的意识，没有教师的这种"跨界"意识，职业教育校企合作的办学模式就不可能成功。

职业教育工学结合的人才培养，着重于课程内容与教学场所的"供给侧"改革，要由课堂知识传授向真实或模拟工作场所的行动学习转变，因此，教师要有能力将企业工作和课堂学习紧密结合，教师自己首先要熟悉行业企业的实际工作过程和具体岗位任务，然后才能开发课程、确定基于工作过程的教学内容，选取体现工学结合性质的教学方法。然而，我国高职教师整体上缺乏企业"跨界"培养培训的经历，因此要确立行业企业的指导作用和学校与行业企业的对话交流机制，使教师具备教学教研与行业企业实践结合的意识，推动职业院校教师深入教学岗位和企业实践岗位，为提高职业教育教学质量打下根基。

综上所述，职业院校"双师型"教师的培养必须遵循"跨界"的理念，在培养的地点上应该跨越学校和企业，在培养的内容上应该跨越课堂教学内容和企业业务流程，在培养的模式上应该跨越学校教学岗位和企业工作岗位。只有通过这种"跨界"的培养，才能使教师成为既能教学又能指导专业实践的名副其实的"双师型"教师。

四、教师发展阶段理论

（一）教师发展阶段基础理论

高职院校"双师型"教师是整个教师群体中的一个组成部分，它的发展必然也遵循着教师发展的普遍规律，教师发展的基本理论也适用于指导"双师型"教师发展的研究。教师发展阶段理论表明，不同发展阶段的教师，专业发展需求各不相同，只有把握不同阶段教师专业发展的特点，才能为每一阶段教师培养的合理定位提供有力的支撑。

教师发展是一个伴随教师整个职业生涯的动态过程，展示着教师个人在知识、能力和素质方面的不断积累及养成与提高的经历和体验。自 1969 年富勒（Fuller）开展"教师关注问卷"开启了教师专业发展阶段理论研究的先河以来，国内外学者提出了一些在教师发展研究方面较有影响力的理论。下面列举几种：

1. 富勒（Fuller）的教师关注阶段论

富勒的研究集中在教师入职前后关注对象及问题域的变化和转移方面，按照教师认识到与发展阶段有关的感情和行为的变化情况等划分阶段。富勒将教师发展分为四个阶段：教学前关注、早期生存关注、关注教学情境和关注学生（表 2-1）。教学前关注发生在职前培养时期，此时作为师范生还没有教学经历和经验，关注的主要对象是自身，对教师角色处于想象时期，对自己的老师经常持否定批判甚至是敌视的态度；早期生存关注出现在实习阶段，第一次接触实际教学时，他们所关注的是自我对教学过程的控制，对教学内容的掌握以及教学督导人员对自己教学的评价，在此阶段他们普遍感觉压力大；关注教学情境出现在入职初期，刚刚经历身份的转变，教师较多关注的是自己的教学表现，还包括生存关注、教学需要或限制关注以及挫折关注，他们需要努力设法从关注学习转向关注教学情境；关注学生阶段发生在取得了一定的教学经验以后，教师开始关注学生的学习、表现和情感需要，如何影响学生的表现及提高他们的成绩，在经历过自身的生存关注阶段后，教师对学生的需要逐渐能作出合理的反应。富勒的研究指出了个人成为教师必须经过逐渐递进的发展阶段，揭示了教师专业发展必须以个体的发展阶段为基础的事实。他的理论只是从经验的角度大致划分了教师的发展阶段，并未对不同的发展阶段作出更为详细的论述。

表 2-1 富勒（Fuller）教师关注四阶段理论

发展阶段	关注内容	身份
教学前关注	自己的学习	师范生
早期生存关注	自己的教学过程与控制；对教学内容的掌握；督导人员的评价	实习生
关注教学情境	自己的教学表现、需要和限制；生存、挫折	教师
关注学生	学生的学习、表现和情感需要，如何更好地影响学生的表现和成绩	教师

2. 伯登（Burden）的教师发展阶段论

伯登在通过对处于不同任职年限的教师采取有结构的访谈的基础上，综合其他研究成果，形成了教师生涯循环发展理论，他将教师发展分为存活期、调整和成熟期三个阶段（表 2-2）。存活期指入职后的第 1 年，这一时期教师所关心的是学科教学、班级控制、提高教学技能和了解教学内容。存活期的教师也开始注意了解学生并与之相处，因为任职时间短，他们比较缺乏信心，对新方法的尝试很少，处于观察、学习和经验积累阶段。调整期指从教后的第 2—4 年，新手教师对教学已经比较适应，与学生的相处更加开放和真诚，比以前更能满足学生的需求，他们开始寻找新的教学方法和手段以满足学生的需要。成熟期指从教 5 年之后的时期，教师能够理解教学环境，比较自如地从事教学活动，产生了安全感，并能不断尝试新方法处理教学中随机发生的事情，更加注重满足学生的需要，重视与学生的关系。伯登的研究从新手教师最初对能否生存立足的关注为起点，逐渐过渡到成熟教师对与学生建立良好关系，从而获得精神满足的关注，如同富勒对入职后教师的笼统研究一样，伯登的教师发展阶段理论也没有对漫长的成熟期教师做进一步的区分研究。

表 2-2 伯登（Burden）的教师发展三段论

入职年限	发展时期	主要特点
第 1 年	存活期	关注教学内容和技能，注意了解学生，缺乏信心，很少尝试新方法
第 2～4 年	调整期	比较适应教学和与学生相处，开始采用新方法满足学生需求
第 5 年及以上	成熟期	熟悉教学环境，感觉安全，教学与师生相处舒适，能用新方法处理教学中发生的事情

3. 休伯曼（Huberman）的教师生命周期论

休伯曼等人通过对教师职业生涯周期的研究，提出把教师职业生涯分成五个时期（详如表 2-3 所示）。

（1）入职期

这个时期指从教的第 1—3 年，也称为"求生和发现期"，即"求生"和"现实的冲击"联系在一起。此时，刚刚有了属于自己管理的班级和学生，工作中表现得积极、热情，同时面对课堂环境的复杂性和不稳定性，由于缺少经验而连续造成的工作失误等现实情况，使得教师对自己胜任教学的能力产生怀疑。

（2）稳定期

在工作后的第 4—6 年，教师由关注自己转向关注教学活动，初步掌握了教学法，不断提高教学技能，教学风格逐渐形成，进入自信、愉悦和幽默的表现时期。

（3）实验和重估期

工作后的第 7—18 年，随着教育教学知识和经验的积累与巩固，教师表现出对现状的不满，开始重新审视教师职业，试图开展教学改革，挑战自我，也有可能因为改革的无效或者千篇一律的课堂生活而引发职业危机，开始怀疑和重新评估自己。

（4）平静和保守期

任教第 19—30 年的教师已成为资深教师，许多教师在经过第三阶段后逐渐平静下来，由于丰富的教育经验和技巧使他们对从教充满自信，同时开拓创新的志向开始弱化，专业发展的热情逐渐丧失，精力投入减少，教学开始趋于保守。

（5）退休期

工作后第31—40年，教师的职业生涯逐渐走向终结。

休伯曼的教师生命周期理论以年龄或入职后的各工作年限作为主要参数和分析常模，运用生命历程的方法，分析教师专业发展的阶段和整个教师生涯的发展特点，反映了教师从入职到退休的完整职业生涯期间的心理变化，比较全面、客观地描述了教师专业发展实践中的一般情况。

表2-3　休伯曼（Huberman）的五阶段生命周期论

入职年限	发展时期	主要特点
第1～3年	入职期	工作态度积极热情，缺少经验，失误多，自我怀疑
第4～6年	稳定期	初步掌握教学方法，教学技能提高，教学风格逐渐形成，自信、愉悦、幽默
第7～18年	实验和重估期	不满现状，尝试改革，存在职业危机，怀疑自我，重新评估自我
第19～30年	平静和保守期	自信，倾向安于现状，教学趋于保守
第31～40年	退休期	教师生涯逐渐结束

4.国内学者的教师发展阶段论

对于教师专业发展阶段的研究，国内学者也提出了自己的观点。叶澜和白益民从教师自我专业发展意识所关注的重点以及能够达到的水平入手，提出"自我更新"取向的教师专业发展阶段，包括五个阶段：

非关注阶段：指进入正式教师教育之前的阶段。

虚拟关注阶段：指教师就职前的师范学习阶段。

生存关注阶段：在此阶段初任教师主要面临的问题是，由师范生到正式教师的角色转换。

任务关注阶段：在此阶段教师由关注自我转到更多地关注教学，是作为专业人员的持续、稳定的发展时期。

自我更新关注阶段：在此阶段教师的专业发展动力转移到了专业发展自身，直接以专业发展为指向，而不再受外部评价的限制，教师也逐渐有了更为明确的自我专业发展意识。

（1）陈鸣鸣专门研究了高职教师的发展过程，以关注内容的变化为切入点，他提出高职教师专业发展的关注生存、关注发展和关注幸福三个阶段。

① 关注生存阶段

一般指入职后的第 1 年到 2 年，教师关注内容的特点是"立足为先"。教师中有的刚从高校毕业不久，有的是从工业企业或其他类型学校调入的，虽然他们有一定的工作经历，但他们缺少高职教育教学经验，对自己胜任高职教育教学工作没有充分把握，"能否在学校立足、生存"是他们这一时期最关心的问题。

② 关注发展阶段

一般指任教第 3 年到第 10 年，教师关注内容的特点是"实用为上"，此时，他们对自己所从事的高职教育教学活动已经比较熟悉，既有一定的专业理论知识，又有较强的动手实践能力，他们此时最关心的是自己的劳动能否得到回报，个人获得"职业升迁"的机会有多大。

③ 关注幸福阶段

指从教第 11 年及以后阶段，教师关注内容的特点是"认同为本"。这一阶段的高职教师教学经验已经比较丰富，教学成绩比较突出，有的已成为所在学院的"专家"或"带头人"，他们对教育教学规律把握准确，具有很强的应用技术研究与开发能力，善于将课堂教学与企业一线生产实际有机结合。对于他们来说，这时候最大的问题则是"社会的认同与评价能否为自己所接受"，他们认为职业的社会认同不仅是自己保持愉快心情的基础，也是学校专业教育与学习管理有效开展的保证。

相较于叶澜和白益民的教师发展论，陈鸣鸣的研究对象是在职高职院校教师，并扩展到各种来源的教师，而非仅指师范院校毕业的教师。他的"关注发展阶段"的内容类似于叶澜和白益民的"自我更新关注阶段"，因为"更新"也是一种发展形式，而他更将关注的内容向精神领域延伸，即教师发展的最高阶段是寻求获得认同的幸福感。此外，陈鸣鸣的高职教师发展阶段是按照教师入职后的不同年限划分的，有利于教师对照分析自身的发展情况，而叶澜和白益民的教师发展后三个阶段没有界定入职年限，如果应用他们的理论，判断教师发展所处阶段的依据只能是关注的内容为何，而没有确定的时间参照，也就是说，只能做出一维的判断，这一点与富勒的教师发展关注四阶段论相似。

（2）作为广东省教育厅教研教改课题的阶段性研究成果，梁悦和李莹以英语教师为研究对象，提出了高职高专院校英语教师发展的"三阶段三维度"理论。她们将英语教师的发展分为教学探索阶段（入职后 1—3 年），教学熟练阶段（入职后 4—10 年）和专业发展阶段（入职后 11 年以上）。

① 在教学探索阶段，教师关注的是自己的语言技能、语言教学实践能力、课堂教学管理能力，比较重视对教材的研究。

② 在教学熟练阶段，教师已经能够比较熟练地驾驭常规课堂教学，他们会将注意力向研究和掌握语言学理论、语言学教学理论、二语习得理论与实践、跨文化交际能力，教育学和心理学理论等领域转移，重视提高和加强自己的科研能力。

③ 在专业发展阶段，在具备了一定的教科研能力，积累了一定的教科研成果后，他们继续拓展理论研究的视域，对理论关注的范围延展到外语学科和其他学科理论，外语学科教学理论和外语教师发展理论，并开始关注更高层次的教学实践能力，如课程建设和专业建设能力等。

（3）梁悦和李莹在研究中引用了林崇德教授对教师知识结构的研究成果，他们提出与教师发展三个阶段相关联的三个知识维度：本体性知识（即学科知识）、条件性知识（即教育学和心理学方面的知识）和实践性知识（即教学经验），并认为这三个方面知识是教师认知活动的基础。

① 本体性知识指教师所任教的学科知识。对于这方面的知识，高职院校教学遵循"够用为主、适用为度"的原则，知识涉及的面较宽，但深度相对较浅，重点是掌握从事本专业领域实际工作的基本能力和基本技能。虽然教学中传授的本体性知识不要求全面而深入，但是教师仍然要做到拥有丰富深厚的本体性知识，因为"要给别人一碗水，自己要先有一桶水"，并且能够及时更新自身的知识体系，掌握与行业相关的最新信息，以适应外界环境变化和自身发展的需求。

② 对于教育学、心理学、教学法等条件性知识，由于高职院校的英语教师大多数是高校毕业后直接进入职业教育教师岗位，还有不少是非师范类院校专业毕业生，他们没有接受过师范院校的教育学和心理学等的系统培训，相关的条件性知识较欠缺，急需在教学实践中补充和丰富，形成自身的实践性知识。

实践性知识是指有了丰富的教学经验和积累后，教师形成的具有个人特点的教育艺术，教学风格，这类知识属于缄默性知识，难以通过他人的直接教学来获得，而只能由教师本人在完成特定领域内的任务而形成经验并构建或创造。拥有丰富的实践性知识是"双师型"教师专业发展成熟的表现，是"专家型"教师自我风格和特色的体现，也是每一个高职教师都希望努力达成的目标。

值得注意的是这三种维度的知识同时以不同程度存在于教师发展的三

个阶段，对于不同阶段的教师而言，都要根据自己的实际情况，在把握这三个维度时的侧重点上应有所不同：在教学探索阶段，一般侧重于学科知识与教学实践的结合，强调教学经验的习得；在教学发展阶段，需要研究教育理论，将之与实践相结合，对于青年教师而言，要突破职业发展的瓶颈，必须使教学和科研并重，进而相互促进；在专业发展阶段，强调教育科学研究对教学经验的提升和引领作用。梁悦和李莹的教师发展"三阶段三维度"理论以具体学科为切入点，研究的内容更加具体，更加有针对性，对高职院校的英语教师发展很有参照作用和指导意义，同时对其他专业的教师培养也有启发意义。

第二节　高等职业院校"双师型"教师人才内涵研究

一、"双师型"教师人才概念的剖析

（一）"双师型"教师人才的范围

"双师型"教师人才是我国职业教育发展到一定阶段产生的一个独特的概念。"双师型"教师人才概念所体现的范围既包含教师个体，也包含教师队伍整体。教师个体的"双师型"教师人才体现为"双师型"教师人才素质，教师队伍整体的"双师型"教师人才则体现为"双师型"教师人才结构。教师个体通过学习，积累、提高知识和能力的方法来养成和达到"双师型"教师人才素质，教师队伍整体则通过"内部培养""联合培养"和"外部引入"等途径来形成和达到"双师型"教师人才结构。只有对教师个体和教师队伍整体同时进行培养和建设，才能尽快达到教育部对职业院校，尤其是骨干高职院校"双师型"教师人才及教师队伍的建设要求。

（二）"双师型"教师人才的来源

"双师型"教师人才概念所体现的来源既包含校内专任教师，也包含校外兼职教师。职业教育不同于普通高等教育，是一个开放性强于封闭性、实践性强于理论性的教育，"双师型"教师人才的来源必须二元化，才能保证职业教育培养出技能型人才，并使其动手能力强，顶岗就能用。因此，校外兼职教师不是职业教育"双师型"教师人才及教师队伍的必要补充，而是职业教育"双师型"教师人才及教师队伍的一个重要组成部分。因此，只对校内专任教师进行"双师型"教师人才培养和建设的理念是狭隘的，职业院校应该有一个宽广的视野，对校外兼职教师也应进行"双师型"教师人才培养和建设，使其稳定化并达到职业教育的教学要求。

（三）"双师型"教师人才的知识

"双师型"教师人才概念所体现的知识既应有理论知识，也应有实践知识。可以理论强于实践，也可以实践强于理论，但是不能只有理论而没有实践，也不能只有实践而没有理论。因此，针对只有理论知识的教师个体和教师队伍整体，须通过各种渠道增强其实践知识，而对于只有实践知识的教师个体和教师队伍整体，则必须通过各种渠道增强其理论知识。只有这样，"双师型"教师人才个体和教师队伍整体才能更好地将理论和实践融合起来，并将理论充分指导和运用于实践，从而突出职业教育实践性强的特点。

（四）"双师型"教师人才的能力

"双师型"教师人才概念所体现的能力既应有专业能力，也应有教学能力。只有专业能力而没有教学能力的教师个体及教师队伍整体，不能将专业知识和能力有效传授给学生；而只有教学能力而没有专业能力的教师及教师队伍，则不能传授给学生有效的专业知识和能力。这两种情况都将严重影响到职业院校"双师型"教师人才及教师队伍运行的实际成效。因此，在"双师型"教师人才概念的发展历程中，要求校内专任教师必须以教学能力为基础来培养和提高其专业能力；而校外兼职教师则必须对其进行教学能力的培养，促使其将专业能力转化为教学实效。

二、"双师型"教师人才的具体内涵

（一）"双"素质的内涵

1. "双师型"教师人才作为普通教师的基本素质

（1）"双师型"教师人才应具有深厚的教育科学素养和教育能力等教师的基本素质

科学的教育理论使教师运用教育规律解决教育问题，达到教书育人的良好效果；教育能力使教师在教育教学过程中能够按照人才培养目标的要求使用必要的教育与教学技巧，并改进教育思想和方法，具体包括良好运用教材的能力、语言表达能力。教育科学素养和教育能力使教师能够按照教学计划和教学大纲的要求，完成理论教学和实验教学，能够正确评价教学效果等。此外，"双师型"教师人才还应该掌握现代教育的理论知识，具有应用现代化教育手段进行教学的能力。

（2）"双师型"教师人才应具备高尚的师德素养

师德素养是教师的职业道德，是教师在教育活动中必须遵循的行为规范，是教师全部道德品质在自己职业行为的集中表现。"学为人师，行为世范"，良好的师德是学生效仿的榜样，是确立教师地位和威信的重要前提和基本条件。师德素养包括正确的政治观点，科学的思想方法，坚定的政治信念，较高的政治理论水平，爱岗敬业、热爱学生、严谨治学、为人师表等。

（3）"双师型"教师人才应具备广博的文化知识与宽厚的专业理论

教师以传授科学文化知识，促进学生全面发展为己任。因此，"双师型"教师人才既要精通所授学科的系统知识，了解专业学科的发展动向和最新研究成果，也要有广博的文化知识和文化修养，有多方面的兴趣和能力。

2. "双师型"教师人才作为高等职业院校教师的职业素质

（1）"双师型"教师人才须具备高尚的职业道德

"双师型"教师人才除具有一般教师的师德以外，还必须遵守职业道德。教师在行业中所表现的人际关系、职业意识、职业情感与职业行为都是学生效仿的对象，会直接影响学生进入行业后的知、情、意、行，甚至影响该行业的道德风貌。

（2）"双师型"教师人才须具备扎实的实践技能

高等职业教育"以服务为宗旨，以就业为导向""坚持培养面向生产、建设、管理、服务第一线需要的"实践能力强、具有良好职业道德的高技能人才"，要求专业课教师具备扎实的专业实践技能，将实践技能内化为内涵式素质。

（3）"双师型"教师人才须掌握本专业的人才需求情势

由于高职院校的职业指导是每位教师工作的一个重要方面，职业选择是改变学生的生活和命运的慎重抉择，职业指导工作任重而道远，要求高职院校的"双师型"教师人才必须掌握专业人才需求情况，帮助学生了解并正确选择适合的职业与岗位，激发学生的潜在才能并引导其个性充分发展。所以，"双师型"教师人才需要了解专业人才需求，洞悉社会所需的专业人才规格和质量，以指导学生掌握相关的知识与技能，并使专业课程紧跟社会职业与岗位要求的变化。

（4）高职院校"双师型"教师人才须具备一定的应用型科研能力

高职院校的应用型科研主要分为两个重要方面，一是以高职教育理论与实践本身为研究对象，通过观察、实验、分析、研究，探索出具有普遍意义的教育、教学规律；二是以专业实践作为研究对象，重在技术服务与推广。此外，高职院校的"双师型"教师人才应具备市场调研和分析能力、策划和组织能力，技术开发推广能力，等等。

（二）"双"能力的内涵

1. 专业理论能力

专业理论能力的基础是广博的文化和专业基础知识以及全面、系统、深厚的专业理论知识。"双师型"教师人才必须具有扎实的专业基础理论知识和广博的知识结构，了解本学科或该领域的发展动态和最新技术成果，有较高的理论水平，以保证高水平的教学质量。"双师型"教师人才不但要对教学大纲所要求的知识全面掌握，理解透彻，还要及时了解本专业的发展前沿动态的知识，并及时把新知识，新技术，新理念授予学生[1]。

2. 专业实践能力

专业实践能力指较强的教学科研能力与素质，熟练的专业实践技能、组织生产经营和科技推广能力以及指导学生实践的能力和素质的集合。这要求"双师型"教师人才必须具备特定岗位群的技术技能，熟悉生产实践，能从事相关专业技术开发和专业技术服务工作，具有与学生获取的多种岗位资格证书或岗位技能证书相关的证书（级别要高于或等于学生所获取证书的级别），并具有较强的理论和实践的综合能力，并能及时掌握本专业群的最新操作技能。专业实践能力是"双师型"教师人才最重要的核心能力。首先，专业实践能力要求"双师型"教师人才在理论知识，追踪专业前沿性问题和专业发展趋势方面具有高度敏感性。其次，专业实践能力要求"双师型"教师人才具有实际操作能力，尤其在专业领域内从事试验、生产，技术开发和

---

[1] 崔静静，龙娜娜，房敏，仇晓燕.新时代地方本科院校"双师型"教师队伍建设研究 [M].北京：冶金工业出版社，2020：27-35.

科研等工作的专业操作技能。此外，专业实践能力要求"双师型"教师人才具有一定的专业操作指导能力，具有较强的亲自动手示范能力、针对实践中的疑难问题的现场指导能力。综上所述，高职院校"双师型"教师人才可以界定为具备教师的基本素质和资格，即专业课教师既要有全面的专业理论知识，又具备较强的岗位实践能力，逐步向"教师—工程师""教师—技师""教师—会计师"等二元复合方向发展的专业课教师。高职院校的"双师型"教师人才，指专业教师中既具有"讲师"（或以上）素质和能力，又具有本专业或相近专业实际工作的"工程师"（或经济师、会计师、主管护师等同层次及以上）素质和能力的教师，即"讲师"与"工程师"的素质与能力合于一体的教师。"双师型"的各项标准都在要求高职院校"双师型"教师人才要走向社会、了解企业生产经营情况，尽量做到理论联系实际，加强教学的针对性，不能只限于具有较高的技能教学水平，要有比较全面的专业基础理论，不仅"知其然"，而且"知其所以然"。

三、准确把握"双师型"教师人才内涵

（一）高职院校"双师型"教师人才首先应是个合格的高校教师

高职院校的教师，首先应取得高等教育法规定的教师资格。从教师的职务、职称来看，只要他是合格的教育者，并具备相应的社会实践经验、能力，助教也可以进入"双师型"教师人才行列，而不一定非是讲师（或以上）才可以认定为"双师型"教师人才，否则将不利于"双师型"教师队伍的整体建设。

（二）"双师型"教师人才应具备相应的实践经验或应用技能

（1）从技术职务（职业资格）的条件看，如果已经是个合格的高校教师，又具备初级以上技术职务（职业资格）的话，就可以进入"双师型"教师人才行列。

（2）对已获取初级以上技术职务（职业资格）的教师来说，不能见到"双证"就定为"双师"，学院应进行以下方面的把关。一是看其拥有的技术职务（职业资格）是否与其所施教的专业一致；二是看其考取的证书是否从理论到理论，即是否通过纯考试手段获得的。据此，我们建议将教育部"有两年以上在企业第一线本专业实际工作经历"与"有中级（或以上）技术职务"的分别规定合而为一，并作如下修正，即符合如下条件的可认定为

高职"双师型"教师人才："具备助教以上的合格教师，获取初级以上技术职务（职业资格），并在基层生产、建设服务、管理第一线有累计两年以上实际工作经历的。"

（3）对"主持或主要参与二项应用性项目研究，其研究成果被企业应用，并取得良好经济效益和社会效益"，作为"双师型"教师人才"实践能力"的条件，我们认为应该将"良好"从定性转向定量。如规定科研成果须给企业当年直接增加税后净利10万元以上，或获得区（县）以上政府特别嘉奖的，方能作为高层次"双师型"教师实践能力的条件。

（三）"双师型"教师人才按专业不同，其素质要求应有所不同

高职院校的专业可按大类分为社科类（企业管理、市场营销、财会、法律、物流、商务等）与技术应用类（机械制造、应用化工、电子信息技术、精密加工、自动控制等）。

社科类"双师型"教师人才应该突现以下方面的素质：社会实践经验的积累和应用；良好的沟通，协调和组织能力；信息社会、市场经济和全球化的适应和引导能力；扎实的专业知识水平和专业应用能力；与时俱进的创新能力。

技术应用类的"双师型"教师人才则应突现以下方面的素质：了解并掌握所授专业相对应行业的应用技术的动态，能够通过专业授课、实训、实习，使学生掌握就业岗位所需的应用技术和职业技能；具备肯动手、勤动手、会动手的操作习惯和实践修养，引领学生走"从书本到实践，再从实践到书本"的技能提升之路；能够教育学生形成相关行业的职业素养，如维修技术人员"不怕苦、不怕脏"的品质等；能够通过应用项目的研究和应用技术的创新等活动，培养学生的技术创新、技术革新意识和能力。

（四）不同层次的"双师型"教师人才的素质和使命应有所不同

按照专业理论水平和实践能力，高职院校的"双师型"教师人才可分为初级、中级和高级，分别对应助教、讲师和副教授以上三个层面。

（1）助教级的"双师型"教师人才，主要以讲授理论课为主，同时能够指导实训。在实践应用方面，他们一般不够全面和深入，但对所授专业相关的社会实践有整体的了解。他们必须通过学校实验、实训和参加更多的社会实践，丰富实践经验，提高实践技能。

（2）讲师级的"双师型"教师人才应具备扎实的专业知识、专业技能，

掌握所受专业相关行业动态和职业技能；同时能够根据行业和职业的发展变化，对本专业建设提出有价值的建议。

（3）副教授级的"双师型"教师人才的专业水平和专业应用能力，应相当于专业指导委员会委员的水平，能够通过参加高级专业研讨会、亲身社会实践、进行行业（职业）调查和专业分析等一系列活动，对专业的社会适用性、专业课程的设置和调整、专业的变化方向及实践教学创新等提出建设性意见，从而为高职专业开发和建设作出较大的贡献。

总之，"双师型"教师人才绝非仅指"双证书"教师。放眼未来，"双师型"教师人才还不是理想的高职教育教师，未来理想的高职教育教师在专业理论知识和专业实践能力上应呈现整合的"一"，而不是目前所强调的"双"，"双师型"教师人才也只是我国现阶段高职教育教师专业发展过程中的一个过渡性的必然产物。

第三节 高等职业院校"双师型"教师人才政策研究

一、"双师型"教师提出之前的职业教育师资政策（1978—1992年）

（一）政策背景及问题

我国职业教育发展的基础非常薄弱。1978年，邓小平在全国教育工作会议上指出："教育事业必须同国民经济发展的要求相适应……要扩大农业中学、各种高等专业学校、技工学校的比例。"随着改革开放的深入，大规模的经济建设迫切需要大量技术娴熟的高素质应用型人才，职业教育的发展渐成必行之势。改革中等教育结构、发展职业技术教育，离不开专业任课教师，离不开职业教育教师队伍的建设，为此，伴随着职业教育发展的契机，相关的职业教育师资政策纷纷出台。

（二）主要政策文本

这一时期我国关于职业教育教师的政策主要集中在满足数量要求方面，呈现出以外延发展为政策导向的特征。相关的政策主要有《关于改革城市中等教育结构、发展职业技术教育的意见》《中共中央关于教育体制改革的决定》《关于加强职业技术学校教师队伍建设的几点意见》《国务院关于大力发展职业技术教育的决定》等。

在职业教育发展的早期阶段，所需要的师资主要由举办单位自行解决，教育部门给予协助。1983年，教育部、劳动人事部、国家计委等发布的《关于改革城市中等教育结构、发展职业技术教育的意见》规定，在职业教育师资方面："各业务部门和企事业单位、集体经济单位举办的职业中学、职业（技术）学校的师资，由办学单位自行解决，教育部门给予协助。普通中学改办的，专业课教师由有关业务部门和协作单位帮助解决，也可聘请部分兼课教师。教育部门、劳动人事部门和有关业务部门要有计划地为发展职业技术教育培养师资。"

1985年，《中共中央关于教育体制改革的决定》（以下简称《决定》）提出"发展职业技术教育要以中等职业技术教育为重点，积极发展高等职业技术教育"，构建一个完整的职业教育体系的规划正在形成。在教育结构上，"经济建设大量急需的职业和技术教育没有得到应有的发展"。中央认为，要从根本上改变这种状况，必须从教育体制入手，"力争在5年左右，使大多数地区的各类高中阶段的职业技术学校招生数相当于普通高中的招生数，扭转目前中等教育结构不合理的状况"。发展职业教育面临的突出问题就是师资短缺，并且在短时间内难以按照统一标准进行配置。关于师资来源，《决定》指出："各单位和部门办的学校，要首先依靠自身力量解决专业技术师资问题，同时可以聘请外单位的教师、科学技术人员兼任教师，还可以请专业技师、能工巧匠来传授技艺。"由于各单位、各部门标准不一，使得职业教育教师仍然处于非专业的不规范发展阶段。与此同时，《决定》还规定了职业教育师资的培养问题，"要建立若干职业技术师范院校，有关大专院校、研究机构都要担负培训职业技术教育师资的任务"，不仅有助于确保职业教育师资的稳定来源，也是探索不同于普通教育教师的职业教育教师队伍建设的尝试，为"双师型"教师的提出奠定了基础。

1986年，原国家教委印发《关于加强职业技术学校教师队伍建设的几点意见》，一方面，指出了职业技术学校师资严重不足和质量不高的问题，要求"调动各方面的力量，采取切实措施，保证职业技术教育师资有稳定的来源"；另一方面，提出了多渠道、多形式、分类培养职业教育教师的办法，尽管没有明确提出"双师型"教师的概念，但与普通教育教师分类培养的区分意识，也孕育着"双师型"教师理念。

1991 年 10 月，国务院《关于大力发展职业技术教育的决定》再次强调了职业技术教育的战略地位。在教师队伍建设方面，"本着培养和培训、专职和兼职相结合的原则，多渠道地解决职业技术教育的师资特别是技能教师来源问题。要建立职业技术教育教师、干部的轮训进修制度。要制定职业技术教育教师的任职条件，完善教师专业技术职务评聘办法，逐步实行教师资格证书制度，采取措施逐步提高职业技术学校教师的待遇"。这时期的政策表明，政府已经意识到职教师资多渠道培养的必要性，以及专兼职教师存在的必要性和迫切性，提出了教师培养培训的政策规范和制度设想，但对职业教育教师素养的深入探究和界定还尚未明确。

（三）政策理念

1. 社会主义现代化建设需要大批技术技能人才

根据人才结构理论，理论研究人员处在人才结构"金字塔"的顶端，社会需求量有限，而生产制造人才处在"金字塔"的底端，需求数量庞大。社会主义现代化建设不仅需要科研技术专家，还需要大量受过良好教育的初、中级和高级技术人员，大力发展职业技术教育是满足社会发展人才需求的重要保障。

2. 职业技术教育是不可或缺的

1978 年，邓小平在全国教育工作会议上提出："教育事业必须同国民经济发展的要求相适应……要扩大农业中学、各种专业学校、技工学校的比例。"为了培养经济建设所需的大量技术娴熟的应用型人才和高素质劳动者，职业技术教育逐步得以恢复和发展。

3. 职业技术教育的发展需要一定数量的教师

为了尽快配备职业技术教育所需的师资，这一时期政策重心体现在协助普通中学、劳动人事部门和有关部门挑选合适人才充实职业教育教师队伍，还处在满足数量需求阶段。在职业教育师资政策中，尽管提出了要建立职业技术教育师范院校的目标，但缺乏明确具体的措施，关于职业教育教师选用的标准主要停留在经验层面，尚缺乏人员引进、专业要求、教师技能方面的明确要求。

（四）政策执行

在国家政策的指引下，职业技术教育取得了较大发展，教育结构单一的状况逐步得以改变。在高等职业教育领域，创办了南京金陵职业大学、合肥联合大学和湖北江汉大学。在师资培养方面，国家开始倡导在国家和省级建立职业技术师范学院，主要有吉林技工师范学院、天津技工师范学院、常州职业师范学院、河北农业技术师范学院和安徽农业技术师范学院等，主要为中等职业学校输送专业课教师和实习指导教师。

尽管职业技术教育在数量与规模上有了很大发展，然而由于各级政府对职业教育发展的战略地位重视不够，还存在不同程度鄙薄职业教育的现象。在教育政策的制定与执行过程中也普遍存在重普通教育、轻职业教育的现象。

二、"双师型"教师政策的提出（1993—2004 年）

伴随着市场经济改革，我国的教育法律体系逐步完善。职业教育的迅猛发展不仅需要大量的合格教师，还对职业教育教师的专业素质提出了更高要求。随着依法治教理念的深入，以及教师资格证书制度的推行，"双师型"教师的概念应运而生，并很快上升到国家政策层面。

（一）政策背景及问题

经过前一阶段教育结构的调整，职业技术教育逐渐得以恢复并迅猛发展。职业技术教育入学人数逐步上升，基本上改变了教育结构单一的状况。20 世纪 90 年代末，伴随着高校扩招，职业学校招生受到一定影响，招生比例不断下降，在校学生总数的比例也下降到 45.44%。不少职业学校升格为高等职业学校，到 2001 年年底，独立设置的高职院校达 386 所，招生 35.49 万人，在校生 71.69 万人。

1992 年，邓小平南方谈话以及中共第十四次代表大会的召开，标志着中国计划经济体制开始向市场经济体制过渡，职业技术教育开始面向市场。2001 年，我国正式加入了世贸组织，经济全球化对职业教育的发展提供了机遇与挑战。

（二）主要政策文本

这一时期我国关于职业教育师资政策的重点：一方面是要尽力满足职业

教育发展所需师资的数量要求；另一方面是要尽力提升职业教育所需师资的素质水平，规范并加强职业教育师资队伍建设。相关政策文本主要有《中国教育改革和发展纲要》《中华人民共和国教师法》《关于开展建设示范性职业大学工作的原则意见》《中华人民共和国职业教育法》《国家教委关于高等职业学校设置问题的几点意见》《面向二十一世纪深化职业教育教学改革的原则意见》《中共中央国务院关于深化教育改革全面推进素质教育的决定》《关于加强高职高专教育人才培养工作的意见》《关于全面推进素质教育，深化中等职业教育教学改革的意见》《关于加强高等职业（高专）院校师资队伍建设的意见》《国务院关于大力推进职业教育改革与发展的决定》《关于进一步推动职业学校实施职业资格证书制度的意见》《2003—2007年教育振兴行动计划》《教育部等七部门关于进一步加强职业教育工作的若干意见》等。

1993年，中共中央、国务院印发了《中国教育改革和发展纲要》，指出"到2000年使学校教师基本达到任职资格标准，职业中学、技工学校60%以上的教师达到任职资格标准"。自此以后，教师政策开始由满足数量要求到关注数量与关注质量并重的阶段，职业教育教师发展逐步开始走向专业化。

1995年，国家教委《关于开展建设示范性职业大学工作的通知》在"申请试点建设示范性职业大学的基本条件"一条中，明确提出了"双师型"教师的概念。"有一支专兼结合、结构合理、素质较高的师资队伍。专业课教师和实习指导教师具有一定的专业实践能力，其中有1/3以上的'双师型'教师。"这是"双师型"教师概念在政策文件中首次使用，标志着职业教育政策探索与职业技术教育特点相符的师资素质的开始。

1997年，国家教委《关于高等职业学校设置问题的几点意见》在高等职业学校设置的条件方面提出："每个专业至少配备副高级专业技术职务以上的专任教师2人，中级专业技术职务以上的本专业非教师职称系列的或'双师型'专任教师2人。"规定了每个专业至少应该配备的"双师型"教师的数量。这一规定，将建设"双师型"教师队伍确定为高职院校专业设置的条件，促使高职院校积极探索"双师型"教师的特征及认定标准，对于"双师型"教师队伍建设起到了引领作用。

1999年颁布的《中共中央国务院关于深化教育改革全面推进素质教育的决定》在职业教育教师队伍建设方面提出："注意吸收企业优秀工程技术和管理人员到职业学校任教，加快建设兼有教师资格和其他专业技术职务的'双师型'教师队伍。"对"双师型"教师进行了初步界定，即"兼有教师资格和其他专业技术职务"的教师。2000年教育部印发《关于加强高职高专教育人才培养工作的意见》，提出："双师型"教师队伍建设是提高高职高专教育教学质量的关键。进一步对"双师型"教师标准作了界定："双师型"既是教师，又是工程师、会计师等。这两个政策文件，为高职院校的"双师型"教师认定工作，提供了政策依据。

2002年教育部办公厅印发《关于加强高等职业（高专）院校师资队伍建设的意见》提出要培养高学历师资队伍：高职（高专）院校要采取进修、引进、外聘等多种措施，大力提高教师的专业理论水平和学历层次。所有专任教师都应达到《中华人民共和国教师法》规定的任职要求。"建设一支理论基础扎实，又有较强技术应用能力的'双师型'教师队伍。"这一提法更加倾向于教师的实践能力。2004年教育部印发了《2003—2007年教育振兴行动计划》，提出"大力发展职业教育，大量培养高素质的技能型人才特别是高技能人才""大力加强'双师型'教师队伍建设，鼓励企事业单位专业技术、管理和有特殊技能的人员担任专兼职教师"。

（三）政策理念

随着《中华人民共和国教师法》《中华人民共和国教育法》《中华人民共和国职业教育法》以及相关政策的出台，依法治教体系逐步形成，依法治教思想得到越来越广泛的体现。确定职业院校开办和专业设置条件、职业教育教师任职资格标准，成为这一时期发展职业教育的政策重点。

职业教育教师既能胜任理论教学还能胜任实践教学。职业教育不同于普通教育和企业培训，是介于二者之间，促进学生从学校到企业、从学习到工作过渡的教育类型。职业教育既要遵循教育规律，也要遵循技能训练和职业成长规律。为此，职业院校的教师，需要具备联接学校与企业、理论知识与实践操作的意识和能力。在这一理念的指引下，"双师型"教师的概念应运而生，并不断发展完善。在这一时期的政策文件中，"双师型"教师被界定为"既是教师，又是工程师、会计师""兼有教师资格和其他专业技术职务""理论基础扎实，又有较强技术应用能力"等。

（四）政策执行

随着国家职业教育政策法规体系形成与发展，各种形式的职业教育教师培养培训机构日益健全。1995年，原国家教委下发《关于同意浙江大学、天津大学一九九五年招收职业技术学校师资的通知》，同意相关院校招收职业教育师资班。1999 年 11 月，天津大学等 20 所院校被教育部批准为全国首批重点建设职业教育师资培训基地。从而形成了以独立设置的职业技术师范学院和普通高校的职业技术教育学院（系）为主体的职业教育师资培养培训体系，通过培养培训，我国职业教育师资的合格率及素质水平不断提高。

随着一系列教育法律和教育政策的颁布，依法治教体系逐步形成，建设"双师型"的教师队伍是这一时期职教政策的重心之一。然而，由于职业教育教师入职门槛较低，缺乏统一标准，职业教育教师的专业素质难以保证。尽管政策文件不断强调发展职业教育要注重质量，然而由于配套政策不完善，加之偏重普通教育的政策倾向，职业教育骨干教师流失严重，职业教育师资数量问题仍然不能满足职业教育发展的需求。职业技术师范院校数量较少且招生规模有限，无论是在数量还是质量方面，都难以满足职业技术教育发展的需要。职业教育的发展仍然需要大量的师资，满足数量方面的要求仍然是这一时期的重要任务。

这一时期，职业教育师资的来源比较分散，且专业性不强。关于"双师型"教师的概念仍然处在初期的认识阶段，对"双师型"教师的界定还是以静态的要素描述为主。在实践操作中，提高职业教育教师素质通常被置换为提高职业教育教师任职标准以及学历水平等方面，教师的"双师"素质也更多地被置换为具有"双证书""双职称"等。

三、"双师型"教师政策的内涵发展（2005—2009 年）

随着职业教育从外延发展转向内涵建设，对职业教育师资素质的要求越来越高。在国家政策的推动下，各地职业院校展开了积极探索，"双师型"教师的内涵日益丰富。

（一）政策背景及问题

在国家政策的推动下，各地区、各部门逐步达成发展职业技术教育的共识，职业教育规模进一步扩大，高等职业教育有了较大发展，服务经济社会的能力明显增强。高等职业教育发展卓有成效，2005 年，高职院校的毕业生人数首次超过普通本科院校的毕业生人数。

随着国家城市化进程的加快以及新型工业化道路的推进，职业技术教育的重要性更加突出①。然而，相对来说通过改造旧专科为新高职，优化教育资源、实现职业教育规模扩张和质量提高，实现职业技术教育由外延式发展转向内涵式发展，成为职业教育满足经济社会发展的关键。内涵式发展的关键是教师，探索"双师型"教师的专业标准及培养模式，成为这一时期职业教育师资政策的重要问题。

（二）主要政策文本

这一时期我国关于职业教育师资的政策主要集中在建设职业教育教师队伍方面，提出了职业教育师资的质量要求，"双师型"教师的概念逐步清晰，并日益成为职业教育师资的重要类型。政策文本主要有《国务院关于大力发展职业教育的决定》《关于全面提高高等职业教育教学质量的若干意见》《关于实施中等职业学校教师素质提高计划的意见》《关于实施国家示范性高等职业院校建设计划，加快高等职业教育改革与发展的意见》《关于"十一五"期间加强中等职业学校教师队伍建设的意见》等。

2005 年《国务院关于大力发展职业教育的决定》提出实施职业院校教师素质提高计划，指出加强"双师型"教师队伍建设，职业院校中实践性较强的专业教师，可按照相应专业技术职务试行条例的规定，申请评定第二个专业技术资格，也可根据有关规定申请取得相应的职业资格证书。"要建立职业教育教师到企业实践制度"，这是加强职业教育教师实践能力，建设高水平"双师型"教师队伍、创建有中国特色的现代职业教育体系的重要举措。

2006 年《教育部关于全面提高高等职业教育教学质量的若干意见》提出"逐步建立'双师型'教师资格认证体系，研究制定高等职业院校教师任职资格和准入制度"。这一规定，在制度层面明确了职业教育教师不同于普通院校教师的特色，在一定程度上推动了理论研究与实践探索的深入，有助于"双师型"教师整体素质的提升。

---

① 吴炳岳.职业院校"双师型"教师专业标准及培养模式研究[M].北京：教育科学出版社，2014：44-60.

（三）政策理念

1. "双师型"教师培养需要校企合作

贯彻落实《国务院关于大力发展职业教育的决定》，离不开高素质的职业教育教师队伍。提高职业教育教师整体素质，尤其是实践教学能力，是建设高水平"双师型"教师的内在要求。在实践中培养实践能力，"建立职业教育教师到企业实践制度"，是"双师型"教师成长的内在逻辑和制度保障。单纯依靠学校或者单纯依靠企业，都不能胜任这一任务要求，以政府推动为保障，坚持学校、企业"双主体"的校企合作模式，是这一时期师资政策理念的集中体现。

2. "双师型"教师可以基于教师个体，也可以基于教师群体

在早期的政策文件、文献资料或实践操作中，"双师型"教师的概念通常被定位在教师个体身上。建设"双师型"教师队伍的路径表现在先将作为个体的教师培养成"双师型"教师，然后由他们组成"双师型"教师队伍。由于作为个体的"双师型"教师培养的长期性与艰难性，这一时期在引进西方职业教育教师队伍建设经验的基础上，出现了对"双师型"教师队伍的另一种解释："双师型"教师既包括个体层面的"双师型"教师，也包括由学校专任教师和外聘兼职教师组成的"双师"结构教师队伍。

3. "双师型"教师队伍建设可以分阶段、分步骤逐步进行

实践课教师与理论课教师分离的"双师型"教师队伍，适合工作结构和工作技能相对简单的教学，在职业教育的早期发展阶段较为适合。随着工作环境和技能结构的日益复杂，客观上需要将理论与实践更好地融合，理论教学与实践教学"一体化"的"双师型"教师将成为职业院校教师队伍建设的最终选择。考虑到"双师型"教师的成长需要同时具备教育经历与职业实践经历，是一个循序渐进的过程，并受现实条件的制约，"双师型"教师队伍建设宜分阶段、分步骤逐步实施。

（四）政策执行

经过前几阶段国家政策的推动，这一时期"双师型"培养目标逐步细化，国家推动"双师型"职业教育教师队伍建设、全面推进素质教育的目标

日益明确。2006 年是"十一五"规划的开局之年,政府利好政策接踵颁布,上百亿的财政资金注入职业教育领域,支持职业院校实训基地建设项目上千个,为提升职业教育的吸引力、加强职业教育教师队伍建设夯实了基础,各类职业学校教师素质提高计划纷纷出台,各级政府牵线搭桥推动校企合作,规定专业教师必须到企业或生产一线实践,安排资金重点加强"双师型"专业骨干教师培训,职业教育教师全员培训的大幕已然拉开。

2006 年,教育部和财政部启动了 100 所国家示范性高职建设项目,规定将中央财政资助总额的 15% 用于师资队伍建设。为了促进"双师型"教师队伍建设,2007—2009 年三年间共派出 500 多名教学骨干赴德国进修学习,2009 年成立全国"高职教师培训同盟",高职院校中的"双师型"教师比例显著提高,逐渐成为高等职业教育改革与发展的主力。

这一时期再次确立了职业教育在我国教育体系中的重要地位,同时在科学发展观的指导下,坚定不移地大力发展职业教育,建立中国特色的现代职业教育体系。这一阶段体现了职业教育从外延式发展向内涵式发展的转型,对职业教育教师素质提出了更高要求,"双师型"教师专业标准及培养模式问题备受关注。

这一时期,尽管职业教育有了很大程度的发展,然而"双师型"教师缺乏问题仍然非常突出。职业教育教师资格证书制度改革仍然举步维艰,实践中更多地参照普通教育教师标准执行,缺乏具体的操作规程。高学历的职业教育师资短缺。

四、"双师型"教师政策的重点实施(2010 年至今)

2010 年以来,随着《国家中长期教育改革和发展规划纲要:(2010—2020 年)》的贯彻实施,中央和地方各级政府及教育部门纷纷将发展职业教育作为促进经济结构调整升级、提高劳动者素质的重要任务,并将"双师型"教师队伍建设作为发展职业教育的基础工作,以政、校、企联合培养"双师型"教师的体制逐步形成。

(一)政策背景及问题

2008 年美国次贷危机引发了全球性的金融风暴,给世界经济造成了严重影响。我国政府先后出台了 4 万亿拉动内需计划,以及十大产业调整振兴计划等方案,产业结构调整引发的新型人才需求,以及失业人员的职业培训,为职业教育的发展带来了机遇。2010 年 7 月,全国教育工作会议和《国家中长期教育改革和发展规划纲要（2010—2020年）》再次强调要大力发展职业教育，将职业教育摆在更加突出的位置。职业教育正面临着前所未有的发展机遇，能否抓住机遇提升职业教育基础能力，并促进"双师型"教师专业发展的问题，受到了越来越广泛的关注。

在这一背景影响下，职业教育发展面临的突出问题，即适应经济发展方式和产业结构调整需求，加强"双师型"教师队伍和实训基地建设，增强职业教育吸引力，培养高素质劳动者和技能型人才。

（二）主要政策文本

这一时期我国关于职业教育师资的政策主要集中在制定并完善"双师型"教师专业标准、促进校企合作、促进职业教育教师专业发展并提供良好保障等方面。近年来，"双师型"教师在国家政策文件中得到了普遍应用，"双师型"教师建设成为提升职业教育基础能力的重要举措。相关政策文本主要有《国家中长期教育改革和发展规划纲要（2010—2020年）》《教育部关于推进高等职业教育改革创新引领职业教育科学发展的若干意见》《关于实施职业院校教师素质提高计划的意见》《教育部等九部门关于加快发展面向农村的职业教育的意见》《教育部关于进一步完善职业教育教师培养培训制度的意见》等。

2010年7月，国务院颁布了《国家中长期教育改革和发展规划纲要（2010—2020年）》，提出"加强'双师型'教师队伍和实训基地建设，提升职业教育基础能力""完善符合职业教育特点的教师资格标准和专业技术职务（职称）评聘办法""以'双师型'教师为重点，加强职业院校教师队伍建设""依托相关高等学校和大中型企业，共建'双师型'教师培养培训基地"等。

2011年，《教育部关于推进高等职业教育改革创新引领职业教育科学发展的若干意见》（教职成〔2011〕12号）提出："改革评聘办法，加强'双师型'教师队伍建设""进一步完善符合高等职业教育特点的教师专业技术职务（职称）评审标准，将教师参与企业技术应用、新产品开发、社会服务等作为专业技术职务（职称）评聘和工作绩效考核的重要内容""推动学校与企业共同开展教师培养培训工作""在优秀企事业单位建立专业教师实践基地""在学校建立名师和技能大师工作室""加快双师结构专业教学团队建设，聘任（聘用）一批具有行业影响力的专家作为专业带头人，一批企业专业人才和能工巧匠作为兼职教师"等。

2011 年 10 月，教育部、国家发展和改革委员会、科学技术部、财政部等共九个部门印发了《教育部等九部门关于加快发展面向农村的职业教育的意见》（教职成〔2011〕13 号），提出："农村、农业职业学校专业教师和实习指导教师占专任教师的比例应不低于 70%，兼职教师承担的专业教学任务原则上不少于工作总量的 30%，建立一支结构合理、素质优良、相对稳定、专兼结合的教师队伍，使农业职业学校和职业学校涉农专业点教师配备生师比逐步达到 20：1""建立教师到高等学校、科研院所、企业和生产合作组织实践的基地，完善教师到企业和生产一线实践制度，促进农村、农业职业学校'双师型'教师队伍建设"等。

2011 年 11 月，教育部、财政部印发了《关于实施职业院校教师素质提高计划的意见》（教职成〔2011〕14 号），提出："进一步突出教师队伍建设的基础性、先导性、战略性地位""以建设高素质专业化'双师型'教师队伍为目标""大幅度提高职业院校教师队伍建设的水平""以提高专业教师实践教学能力为重点，着力培养一大批'双师型'专业骨干教师""发挥政府在发展职业教育中的主导作用，各级财政要加大对职业院校教师队伍建设的投入力度""逐步建立健全政府主导、多方参与的工作机制和财政为主、多渠道筹措经费的投入机制""重点建设 300 个职业教育师资培养培训专业点，改善职业教育师资基地的实训条件""共同开发 100 个职业教育师资本科专业的培养标准、培养方案、核心课程和特色教材，加强职业教育师资培养体系的内涵建设"等。2011 年 11 月，《教育部关于进一步完善职业教育教师培养培训制度的意见》（教职成〔2011〕16 号）提出："构建校企合作的职业教育教师培养培训体系"。"优化师资培养培训基地布局结构""国家依托普通本科院校、职业院校和大中型企业，继续建设一批'双师型'教师培养培训基地和教师企业实践单位""加强职业教育教师培养培训工作的领导和保障""各地教育行政部门要把完善职业教育教师培养培训制度作为落实教育规划纲要、推动'双师型'教师队伍建设的重要任务，纳入重要议事日程，制定任务书、时间表、路线图，统筹规划、有序推进、狠抓落实"等。

（三）政策理念

1."双师型"教师队伍建设是构建现代职业教育体系的基础性工作

为了推动经济发展、促进就业、改善民生、解决"三农"问题，客观上要求将职业教育摆在更加突出的位置。《国家中长期教育改革和发展规划纲要（2010—2020年）》提出，"到2020年，形成适应发展方式转变和经济结构调整要求、体现终身教育理念、中等和高等职业教育协调发展的现代职业教育体系"。教师队伍建设在加强职业教育内涵建设、提高办学质量方面具有基础性、先导性和战略性地位，是构建现代职业教育体系的基础性工作。

2. 加强"双师型"教师队伍建设是推动职业教育教师专业化的重点

尽管1993年发布的《中华人民共和国教师法》规定"国家实行教师资格、职务聘任制度"，然而由于职业教育发展状况的限制，目前职业教育教师的素质与任职资格要求之间还有较大的差距，学历达标率低且实践教学能力不足。且职业教育教师资格要求与普通教育教师资格区别不明显。《国家中长期教育改革和发展规划纲要（2010—2020年）》提出："完善符合职业教育特点的教师资格标准和专业技术职务（职称）评聘办法。"这一规定成为规范职业教育教师专业标准、培养模式和评聘标准，推动职业教育教师专业发展，加强"双师型"教师队伍建设的政策指南。

（四）政策执行

在促进职业教育内涵发展，提高职业教育教师教育质量的背景下，这一时期的职业教育教师教育政策主要围绕着制定"双师型"教师专业标准、构建"双师型"教师培养模式和培养体系提供保障与支持。职业教育办学条件得以改善，实训基地建设取得重大进展，到2010年，共建成国家级职业教育实训基地2000个。这些实训基地不仅为学生，而且为教师提供了培训机会。为了更好地培养"双师型"教师，教育部与德国继续教育与发展协会合作，自2004年开始实施中德职业教育师资进修项目，在各专业领域选派骨干教师以访问学者身份赴德进修。"双师型"教师的培养培训，逐渐从院校扩展至企业，"双师型"教师比例显著增高，在课程开发、教学实施、实训基地建设，以及人才培养模式改革方面越来越积极主动。例如，在实训基地建设方面，"双师型"教师积极参与，涌现出了"自建校办工厂""引企入校""企业托管""实训设备部分外置""创办厂中校"等形式。广大"双师型"教师为促进校企合作、工学结合人才培养模式改革、解决教育效益和经济效益的矛盾、协调教学活动与生产活动关系等作出了积极探索。

综览各省市制定的中长期教育改革和发展规划纲要，"双师型"教师已经成为职业教育教师队伍建设的共识，各省市都不同程度地规定了"双师型"教师队伍建设的目标、培训模式以及校企合作制度等。这也意味着对

"双师型"教师的理论研究和实践探索已经走过了概念提出、局部探索阶段，开始在全国范围内实施^①。

这一时期，"双师型"教师数量不足的问题依旧存在，"双师型"教师的考核、晋升、社会地位及待遇问题，成为影响职业教育教师职业吸引力和提升职业教育教师队伍整体水平的瓶颈，职业教育师资培养机构的教学与科研工作水平也有待提高。在政策层面，校企合作培养职业教育教师还没有制度化，仍然缺乏明确的评价"双师型"教师的指标体系。

---

① 方莹，于尔东，陈晶濮．职业院校"双师型"教师培养研究 [M].燕山大学出版社，2019：123—125.

第三章 建设"进门口"：高职院校 "双师型"人才队伍培养之认定标准

第一节 高职院校"双师型"人才队伍认定演变与程序

一、"双师型"教师人才队伍资格认定标准及演变

"双师型"教师经历了从整体意义上的"双师型"教师队伍到"双职称""双证书""双来源""双素质"等提法的演变，这一演变是与"双师型"教师的标准从"双职称"到多样化、科学化的演变相伴随的。

进入 21 世纪，我国的教育管理部门出台了关于高等职业技术院校师资队伍建设的相关意见，在这个意见当中对于"双师型"教师的标准做出了清晰的界定：即"双师型"教师作为专职教师，应当具备除专业技能以外的其他实践性领域的工作能力，这主要涵盖了以下几方面的因素与条件：首先，相关从业人员应当具备两年以上工作经验，并能够有效引导学生深入实际工作岗位开展实践性教学。与此同时，可以参与不同研究领域以及技术开发的工作的实践过程，通过结合生产实践进行试验性改造，并形成较为成熟的理论成果，最终实现在相关技术领域刊物的实证论文发表。当具备上述条件当中的某一项时，就可以取得"双师型"教师的资格认证。

与此同时，教育部门也出台了对于高等职业技术院校开展综合评价的相关指导意见。在这份指导意见中，对于"双师"素质进行了确切说明，即只要具备下列条件之一的从业人员，都可以被授予"双师"素质教师的认证：第一，在企事业单位的生产一线和管理岗位中工作时间超过两年，具有较强的实践应用能力，并获得中级以上的教育从业人员资格认证。第二，在取得

教师资格和其他教育资格认证的同时，也在社会生产实践当中取得中级和以上的资格认证。第三，在生产实践和企业管理过程中，参与了两个以上的项目管理工作，并将该项工作成果有效推广，为企业和社会创造了良好的经济效益。只要具备上述资格当中的一项，就可以被授予"双师"素质的教师认证[①]。

2004 年，我国教育部继续出台了关于全面加强高等职业技术院校教师队伍培养与建设的指导意见，在这份指导意见当中，对于人才评估的具体方案进行了明确的界定：即"双师"素质教师的资格认证涵盖了讲师及以上级别，并在此基础上拥有以下条件之一就可以实现有效认证：第一，应当具有生产实践领域当中中级以上资格认证的职业技能，或者具有上述职业技能资格认证的评审资格。第二，具有累计超过两年时间的深入企事业单位工作的实践经验，并在这一过程中，通过参加我国政府管理部门组织的教师职业技能考核与培训，取得了相关资格认证，能够全面在教育学生和引导培训过程当中发挥重要作用。第三，在五年的工作实践中已经有两项研究成果应用于社会生产实践，并且取得了良好的经济效益与社会反响。第四，在五年的工作实践中组织参与了对高等职业技术院校教学水平和基础设施建设有效提升的设计工作，并且取得良好的社会效应，在省一级的评比过程中处于先进水平。具有上述条件之一的专职教师，就可以被授予"双师"素质教师认证。

2008 年，我国教育部出台了对于加强高等职业技术院校教师队伍素质培养和工作评价体系的指导意见，在这项指导意见中，将"双师"素质教师的资格认定涵盖了包括专职从业人员，以及具备下列条件之一的校内外兼职从业人员：第一，具备中级以上教育资格认证的高校系统从业人员，以及能够参与此类专业资格认证评定的相关工作人员，并在近五年的时间内广泛参与或组织提升教学水平、切实加强校园基础设施建设的专项工作，取得了良好的社会反响，并在省级评比中取得良好成绩。第二，有两年以上的工作经验是扎根于基层实践，在各企事业单位中从事技术和经营管理等不同领域工作，能够通过自身专业技能和教学水平引导学生开展实践教育活动。第三，在近五年的时间中，参加过技术创新和岗位实践的项目管理工作，并广泛应用于企业的生产和管理实践，获得了良好的社会反响与经济效益。如果高校内的专职或兼职工作人员能够具备上述条件当中的某一项具体资质，就能够

---

① 曾赛阳，陆莎，艾巧珍. 高职院校"双师型"教师评价认定政策研究 [J]. 中国高教研究，2021（10）：102-108.

取得"双师"素质教师的资格认证。

二、"双师型"教师人才队伍资格认定程序

在"双师型"教师的评选过程中，应当注重院校自身的评价体系，并在此基础之上遵循细化的基本条件和必要前提，以此作为引导广大教育工作者深入学习的理论基础和前提保障。在此基础之上，严格审查"双师型"教师评定资格，认真筛选可以用于进行深入培养的专业人才。在推荐和选拔程序结束之后，交给学校专门的评选委员会进行再一次的资格审查，并将最终结果告知全校师生，使全校师生能够充分参与评选过程，在此之后，报送上一级审批单位①。在此审批过程中，应当成立专门的资格评定小组，使其充分利用此次考核评定，有效实现对于教师从业人员专业能力和素质的全面界定。最终通过学术能力考核等多个程序，考核通过的人员最终予以确定，公示、生效。

第二节　高职院校"双师型"人才队伍认定原则与内容

随着高等职业教育的蓬勃发展，对"双师型"人才队伍建设需求日益加大，制定统一性且科学性的高职"双师型"人才资格认定标准，已成为高职院校师资队伍建设的重要任务。基于我国省级教育主管部门与高职院校实践探索并在国外职教专业教师队伍建设的诸多经验借鉴下，针对高职院校"双师型"人才发展实际需求，明确"双师型"人才认定标准制定的主要原则，系统构建具有我国高职教育特色的"双师型"人才资格认定标准，对提升高职教育的整体质量，推动高职教育内涵式发展具有重要意义。

一、高职院校"双师型"人才队伍认定原则

高职院校"双师型"教师标准是在源头上保障"双师型"教师队伍健康可持续发展的关键内容。明确高职院校"双师型"教师资格认定标准制定的基本原则，制定普适性与差异性相兼顾、系统性与导向性相统一、动态性与静态性相结合的高职院校"双师型"教师标准体系是"双高计划"时期

---

① 林思克，徐梦漪.高职"双师型"教师资格认定标准研究[J].大学，2021（34）：137-139.

推动我国高职院校高水平、特色化发展，及高等职业教育现代化建设的重要环节。

（一）普适性与差异性相兼顾

在高职院校"双师型"人才队伍资格认定标准的制定上，要充分考虑到高职教育的教学特色与高水平技术技能人才培养的特点，有效解决当前高职教育教师资格认定与普通教育教师资格认定体系雷同的问题。换言之，"双师型"人才队伍资格认证标准既要体现高职教育教师队伍的整体素质，以明确与其他教育类型的区别所在，也能够考虑到高等教育标准的普适性，能体现职业教育的类型化发展的差异性特征。毋庸讳言，我国教育部和各级教育行政管理部门已经出台了一系列关于"双师型"人才队伍队伍建设的资格认定制度标准，但与普通教育教师队伍建设通用的认证体系相比难以客观反映高职教育与普通教育教师队伍的差异性，难以体现高职教育"双师型"人才队伍的类型化特色。特别是当前高职教育"双师型"人才队伍认证标准只对高职院校专业教师提出了系列要求，未能对高职院校教师队伍的整体认证做出明确的要求。原因在于，与普通高等教育强调教师理论知识教学水平以及研究能力等方面不同，高职教育教师不仅需要具备扎实的理论知识，还应该拥有较高的本行业相关的实践操作技能。缘此，高职院校"双师型"人才队伍资格认定标准需要建立与普通教育相区别的高职教育教师认定体系，在源头上为高职教育高水平技术技能人才培养，提供强有力的人力资源支持。

（二）系统性与导向性相统一

科学合理的高职院校"双师型"人才队伍标准既要体现出权威制度规制下的系统性，也要坚持区域化发展下的导向性原则，其意义不仅在于进一步明确"双师型"人才队伍资格认定的范围与认定条件，更在于根据经济社会的发展与产业转型升级需要，引导高职院校教师队伍的高水平健康发展，从而为推动我国经济社会发展与高职教育内涵式进程提供人力资源支持。首先，"双师型"人才队伍资格认定标准的每一项指标都应该具有明确的认定范围，认定条件必须具备较强的系统性，依据教师专业化发展的规律构建初、中、高不同级别与类型的认定条件，并始终坚持"双师型"人才队伍知识、能力、道德的高度融合，各项标准均涵盖教师专业知识、技术技能、实践水平、研究能力等多个维度的通用能力，且在实践过程中具备一定的操作性,以不断凸显高职教育教师队伍的鲜明特色。其次,政府等教育主管部门应该进一步落实高职"双师型"人才队伍资格认定标准的系统规划制定,而各省级教育行政主管部门也应积极落实相应顶层政策设计,推动各区域高职院校"双师型"人才队伍资格认定工作的有效开展。同时,要依据各区域经济社会发展需要,制定适合各地高职院校发展实际情况的"双师型"人才队伍认定标准实施方案,不断加强行业企业参与"双师型"人才队伍认定指标的制定,在正确的发展方向和目标引导下进行"双师型"人才队伍的遴选工作,通过科学高效的实施策略引导高职院校教师队伍的发展,促进高职院校"双师型"人才队伍标准的制度性统一与区域性提升。

(三)动态性与静态性相结合

高职院校"双师型"人才队伍标准主要包含两个方面:一是资格标准,高职"双师型"人才队伍需要具有职业学校教师任职资格,无论专兼教师都应取得教师系列初级及以上专业技术职务,这是"双师型"人才队伍的基本标准,是静态的标准。二是考核标准,考核标准是"双师型"人才队伍区别于普通教师的最大特征,"双师型"人才队伍的职业特殊性要求其教学能力不仅体现在精通职业教育理论、掌握专业系统理论知识、具备课堂教学与反馈能力、较强心理学知识运用能力、使用信息化教学手段能力、进行课程开发与改进能力等基础教学能力,还体现在指导学生实习实训能力、开展课堂教学研究能力、行业企业技术发展潜力预测能力等专业教学拓展能力,这是动态的标准[①]。其中,基础教学能力是高职"双师型"人才队伍的必备能力,这是高职院校为培养高素质技术技能人才对教师整体素质提出的要求;教育教学拓展能力是教师对自身专业化发展、学生专业发展以及行业未来发展进行规划与预判的能力,有助于为我国职业教育现代化建设与面向教育现代化2035提供有效人力资源支撑。高职院校"双师型"人才队伍资格认定标准的制定需要体现"双师"属性,兼顾静态基础性标准与动态发展性标准,如此方能引领高职教育教师队伍朝着目的性、专业化、高水平方向发展,从而更好地帮助学生解决学习与就业的多维困境、为学生未来的专业化发展提供建设性指导意见。

---

① 左彦鹏.高职院校"双师型"教师专业素质研究[M].广州:暨南大学出版社,2017:125.

二、高职院校"双师型"人才队伍认定内容

本研究以教师职称与技术职位为基础、以专业水平与知识结构为核心、以实践经验与职业能力为关键、以职业道德与教师素养为重点，主要从资格要求、专业实践、专业知识、教育职业能力、职业道德共 5 个维度；技术职务、资格证书、工作经历、理论知识、专业培训、教学指导、社会价值、应用成果共 8 个观测点；初级、中级、高级共 3 个认定级别形成固定的高职院校"双师型"人才队伍资格认定标准内容体系。具体内容如表 3-1 所示。本研究中的高职"双师型"人才队伍资格认定基本内容体系适用于全国高等职业学校专任教师（含实习指导教师）。成为高职院校"双师型"人才队伍必须具备职业学校教师任职资格这一基本条件，且不同认定等级"双师型"人才队伍需要满足相应拓展条件，初级"双师型"人才队伍需满足选项条件之二，中级"双师型"人才队伍需满足选项条件之三，高级"双师型"人才队伍需满足选项条件之四。

表 3-1　高职院校"双师型"教师人才资格认定基本内容体系

指标	观测点	初级（选项条件之二）	中级（选项条件之三）	高级（选项条件之四）
资格要求	技术职务	教师系列初级及以上专业技术职务；本专业或相近专业非教师系列初级及以上专业技术职务	教师系列中级及以上专业技术职务；本专业或相近专业非教师系列中级及以上专业技术职务	教师系列高级及以上专业技术职务；本专业或相近专业非教师系列中级及以上专业技术职务
	资格证书	本专业或相近专业高级技能（国家职业资格三级）及以上证书；行业特许资格（执业资格）证书并参与行业企业具体案例、项目等工作；国家职业技能鉴定考评员资格证书	本专业或相近专业高级技能（国家职业资格三级）及以上证书；行业特许资格（执业资格）；国家职业技能鉴定考评员资格证书	本专业或相近专业技师（国家职业资格二级）及以上证书；行业特许资格（执业资格）；国家职业技能鉴定考评员资格证书
专业实践	工作经历	近 5 年累计一年以上本专业企业工作经历	近 5 年累计一年以上本专业企业工作经历；每年承担行企业具体案例、项目等工作 1 项及以上	近 5 年累计两年以上本专业企业工作经历；每年承担企业具体案例、项目等工作 2 项及以上

续表

指标	观测点	初级 （选项条件之二）	中级 （选项条件之三）	高级 （选项条件之四）
专业知识	理论知识	掌握所授专业的基础理论、专业知识，了解相关专业的理论与技术前沿，具有良好的教育教学能力	熟练掌握所授专业的基础理论、专业知识，熟悉相关专业的理论与技术前沿，具有良好的教育教学能力和实践指导能力	熟练掌握所授专业的基础理论、专业知识，熟悉相关专业的理论与技术前沿，具有扎实的教育教学能方和实践指导能力
	专业培训	近5年市级及以上教育行政部门组织的职业教育教师培训一次及以上，完成培训并取得合格证书	省级及以上职业院校教师素质提高计划的教师培训一次及以上，完成培训并取得合格证书	国家级职业院校教师素质提高计划的教师培训，完成培训并取得培训合格证书
教育职业能力	教学指导	指导学生取得省级以上赛事三等奖以上奖励	指导学生取得省级赛事二等奖及以上或国家级赛事三等奖及以上奖励；作为主要参与人（前五名）的教学成果获省级或国家教学成果奖	近3年指导学生取得省级或国家级赛事二等奖及以上奖励；主持或作为主要参与人（前三名）的教学成果获省级或国家教学成果奖
	社会价值	近5年主持或主要参与（前五名）为企事业单位委托开展的各类技术研发和技术服务项自，成果已被委托单位使用，效益良好	近5年主持一项或主要参与（前五名）2项及以上企事业单位委托开展的各类技术研发和相关服务，成果已被委托单位使用，效益良好	近5年主持或主要参与（前三名）3项及以上企事业单位委托开展的各类技术研发和相关服务，成果已被委托单位使用，效益良好
	应用成果	近5年在省级、国家级赛事中获优秀及以上奖励	近5年在省级赛事中获二等奖及以上奖励，或在国家级赛事中获三等奖及以上奖励；省级或国家级教师教学创新团队主要成员（前五名）	近5年在省级赛事中获二等奖及以上奖励，或在国家级赛事中获三等奖及以上奖励；省级或国家级教师教学创新团队的负责人或主要成员（前三名）；主持或作为主要参与人（前三名）开展省、部级职业教育科研项自研究；近5年内获国家发明专利1项或实用新型专利2项并取得授权

续表

指标	观测点	初级（选项条件之二）	中级（选项条件之三）	高级（选项条件之四）
职业道德		热爱职业教育事业，遵守教师职业道德规范，师德高尚		

（一）以教师职称与技术职位为基础，明确"双师型"人才队伍基本标准

根据《教育法》《教师资格条例》《职业教育法》的相关规定，教师资格的准入必须依靠相关认证来实现，只有高职"双师型"人才队伍能够在国家职业许可制度体系下，实现职业属性与专业属性有机融合，教师资格准入制度才能展现针对性与可操作性。因此，高职院校"双师型"人才队伍认定标准的制定必须将教师资格条件、教师职称条件，以及教师职业技术条件放在首要位置，高职"双师型"人才队伍的基本资格是认定硬性要求。与此同时，在标准的制定过程中还需要兼顾灵活性和变通性，针对部分实践能力较强或专业领域成就突出的教师可以适当拓宽标准认定范围。本研究将"资格要求"作为"双师型"人才队伍的综合指标中的基本指标，主要包括技术职务、资格证书两项观测点，旨在明确"双师型"人才队伍的教师职称与相关技术职务，淡化学历要求。初级"双师型"人才队伍的准入标准是具有教师系列初级及以上专业技术职务，中级"双师型"人才队伍的准入标准是具有教师系列中级及以上专业技术职务，高级"双师型"人才队伍的准入标准是具有教师系列高级及以上专业技术职务，或本专业或相近专业非教师系列中级及以上专业技术职务。在满足准入标准的基础上，教师可依据自身资格证书情况，申请对应等级的"双师型"人才队伍认定。此外，本标准"资格证书"观测点将"证书＋专业实践经历"作为具体指标中的重要内容，即具有本专业或相近专业的行业特许资格（执业资格）证书并参与行业企业具体案例、项目等工作；具有从事本专业或相近专业的高级技能（国家职业资格三级）及以上证书，并在近五年内，累计有一年以上企业实践工作经历。

（二）以专业水平与知识结构为核心，突出"双师型"人才队伍教学能力

教师教学能力是指教师为促进学生发展、顺利开展教学实践活动所应具备的多方面的综合能力，高职"双师型"人才队伍教学能力不仅是专业教学能力与企业实践能力的简单相加，还体现在一定的教学拓展能力，即"双师型"人才队伍基础教学能力的纵向延伸。因此，本研究对"双师型"人才队伍"专业知识"的观测点分为理论知识、专业培训两项。"理论知识"观测点具体认定条件如下：初级、中级、高级"双师型"人才队伍必须掌握或熟练掌握所授专业的基础理论、专业知识，了解或熟悉相关专业的理论与技术前沿，具有良好或扎实的教育教学能力。"专业培训"旨在认定"双师型"人才队伍与完成教学任务相关的方法能力与社会能力，即学习培训、专业实践、合作交流等教学拓展能力。初级"双师型"人才队伍需在近5年参加市级及以上教育行政部门组织的职业教育教师培训一次及以上，完成培训并取得合格证书；中级"双师型"人才队伍需参加省级及以上职业院校教师素质提高计划的教师培训一次及以上，完成培训并取得合格证书；高级"双师型"人才队伍需参加国家级职业院校教师素质提高计划的教师培训，完成培训并取得培训合格证书。

（三）以实践经验与职业能力为关键，强化"双师型"人才队伍专业技能

建立常态化的教师企业实践制度，明确教师实践经历具体要求，是提升教师教学质量的有效途径，也是提高"双师型"人才队伍资格认定权威性的重要举措。具有企业工作实践经历是"双师型"人才队伍的必备条件，在以往省级与校级高职"双师型"人才队伍资格认定标准的制定与实施中都有相关规定。但与以往资格认定标准不同之处在于，本研究主要从理论和实践融合的角度评定"双师型"人才的实践能力，正如前文"证书+专业实践经历"具体要求，即认定各级"双师型"人才实践技能的必备条件是必须具有本专业或相近专业的行业特许资格（执业资格）证书或具有从事本专业或相近专业的高级技能（国家职业资格三级）及以上证书，它在某种程度上可以体现"双师型"人才的实践能力，证书与实践经验二者并行不悖。因此，本研究对"双师型"人才专业技能认定的标准主要体现在"专业实践""教育职业能力"两个方面，其中"专业实践"旨在认定"双师型"人才行企工作经验以明确双师专业能力，专兼职教师均需具备近5年累计一年以上本专业企业工作经历或承担行企具体案例、项目等工作1项及以上，不同认定级别教师的认定条件不一。同时，本标准针对"双师型"人才的职业能力设置了"教学指导""社会价值""应用成果"三个观测点。"教学指导"旨在认定"双师型"人才对教师岗位的职业胜任力，即通过观测其对学生的相关技能指导

效果，反应教师教育教学的实际水平。"社会价值"旨在认定高职院校"双师型"教师人才对与专业相关行业发展动态、前沿技术等关注程度与动手能力，能充分掌握行企关键技术并能付诸实践的"双师型"教师人才，才能在教学活动中增强学生对先进科学技术的认识，才能将岗位实践技能有效地传授给学生。"应用成果"即对教师职业技能竞赛成果、省级或国家级教师教学创新团队主要成员、主持或作为主要参与人开展省部级职业教育科研项目研究、国家发明专利或实用新型专利成果等应用研究成果等方面进行科学认定。

（四）以职业道德与教师素养为重点，彰显"双师型"教师人才品行规范

教育生态学理论认为，一个湖泊或一个水库，如果没有流水注入，处于"死水"状态，随着时间的流逝，水体会逐渐蒸发而日益干枯。在高职教育领域，结合"双师型"教师人才的职业特征，若教师自身无法以责任心推动自我反思与自我完善，那么"双师型"教师人才就如同"死水"难以滋润学生的成长，随着社会环境与技术技能的快速更迭。"双师型"教师人才队伍的"一潭活水"终将消耗殆尽。从职业能力到职业道德，从教师自律到教师自觉，这是高职"双师型"教师人才资格认定标准体系的最终目标追求，也是高职院校生态环境下教师队伍健康可持续发展的关键。正如2018年9月习近平总书记在全国教育大会上所述，要大力推进产教融合，健全德技并修、工学结合的育人机制。德技并修育人机制旨在养成学生高尚的职业道德、健康的职业心理，而这一切的实现都离不开教师一言一行、潜移默化的影响，只有教师个体不断增强责任意识、提升思想政治素养、弘扬奉献精神，以身作则、为人师表，才是真正意义上的"学高为师，德高为范"。因此，爱职业教育事业，遵守教师职业道德规范，师德高尚理应是高职"双师型"教师人才资格认定标准体系的重要内容之一。2016年，李克强总理就在《政府工作报告》中提出，要大力弘扬工匠精神，推动职业技能与职业精神的高度融合，加速实现"中国制造"向"精品制造"与"优质制造"方向转变。这不仅为我国技能人才培养指明了方向，更阐明了高职教育"双师"队伍的使命和责任，就是要厚植德艺双馨职业素养，在匠心的培育和传承中日益创新，为"中国工匠"的培育提供强有力的人力资源支持。高职院校"双师型"教师人才标准的制定就是要继承弘扬工匠精神，在此基础上落实

立德树人根本任务，将精益求精、以德为先、技艺精湛、博采众长、合作共赢的工匠精神融入"双师型"教师人才队伍建设的核心环节，这有助于打造高水平、专业化、创新型"双师型"教师人才队伍，也有助于高等职业教育师资队伍健康可持续发展，更是有助于保障职业教育生态系统的动态平衡。

第三节　国外职业教育专业教师资格认定标准经典范式

他山之石，可以攻玉。尽管"双师型"教师是我国职业教育领域的创造性提法，国外没有相应的词汇，但是国外在特定教育体系下的职业教育专业教师队伍建设经验却是值得借鉴的。与我国相比，英国、美国、德国、澳大利亚等发达国家拥有较为悠久的职业教育发展历程，其以推动教师专业化发展为目的教师资格标准、教师专业标准、教师教育标准等实践探索颇为普遍，高等职业教育专业教师资格认定标准体系也在这一过程中逐步完善。基于此，分析典型国家职业教育专业教师标准的结构、功能和内容，通过"反观自我"的方式，汲取可供我国高职院校"双师型"教师资格认定标准制定与实施借鉴的经验，对于当下高等教育内涵式发展具有重大的现实意义。

一、国外职业教育专业教师资格认定标准制定与实施经验范式

与我国相比，英国、美国、德国、澳大利亚已然形成较为成熟的高等职业教育专业教师资格认定标准体系。也许上述发达国家没有和我国相同的职业教育体系，但其以现代化职教师资队伍建设为目的职教师资认定要求，却与我国"双师型"教师要求大体相当，其在特定背景下的职业教育师资认定管理经验值得我们借鉴。

（一）英国：基于"双专业"的资格认定标准

20 世纪 90 年代以来，英国政府连续出台了一系列标准体系以保障职业教育教师队伍的建设，如英国 1999 年继续教育与国家培训组织（简称FENTO）颁布的职业教育教师职前培养的国家标准，就强调继续教育教师教与学的价值定位，并提出教师应具备专业知识与理解、技能与特性、教学关键领域三个方面的教学能力。2007 年，英国终身学习部门（Lifelong Learning UK，简称 LLUK）出台论文《终身学习部门教师、辅导人员和培训者的专业标准》，整个标准文本框架共有 6 个教学活动领域、3 个专业维

度、166 条要求，其中 6 大领域主要是：职业价值观与实践、学习与教学、专业学习与教学、学习规划、学习评价、学习进阶；专业层次的 3 个维度主要包括：职业价值观、职业知识与理解、职业实践。上述 6 大领域都是基于教师"教学活动"原则按照一定逻辑而设计的，6 大领域与 3 大专业维度按照层次级别划分为 18 项对应的能力要求，不同的能力要求下的具体内容又不同，最终形成 166 条具体要求。2014 年，英国教育与培训基金会颁布的《教师和教育培训者的专业标准》在标准内容中明确指出职业教育教师的"双专业"身份，即职业教育专业教师不仅是职业或者学科专家（vocational or subject staff），同时也是教学专家（pedagogical experts）；而从内容框架上看，该标准形成了教学观、教学知识和教学技能 3 个维度，以及对应的 20 条指标，相比于 2007 年的"6 领域、3 维度、166 条内容"，新标准的整体内容更加明确、具体，操作性也更强。与此同时，英国政府还基于"双专业"理念建立了具体的实施策略，如建立衡量"双专业"教师的国家职业资格标准（简称 NVQ），强制实施职业教育教师新入职教师教育（简称 ITE）、在职教师 30 小时 / 学年的职后继续教育，并通过导师实践指导等方式以支持教师继续专业发展（简称 CPD）。结合上述阐述不难发现，英国政府颁布的职业教育师资标准体系对教师的教学能力、专业技能等方面提出了一系列规定，这有利于保障职业教育师资队伍的质量，而"双专业"理念被深深地嵌入到英国职教师资队伍之中，也为职业教育师资专业化发展创造了难能可贵的机会。

（二）美国：基于 NBPTS 委员会的资格认定标准

20 世纪 20 年代，为了更好地契合职业教育发展的时代特殊性，美国开启了职教师资培养传统路径与替代路径融合的发展战略，美国职业教育师资培养双重体系也逐渐形成。所谓传统路径即通过接受学院或大学教育获得证书，而替代路径则是通过积累工作经验获得相关证书。美国教育教师培养双重体系的形成，实际上也反映了 21 世纪以来世界职业教育改革发展的趋势，即从关注教师学历文凭，转变为关注教师实践经验；从关注院校教育教学，转变为产教融合发展；从关注特定时间段的教师水平，转变为关注教师专业化发展的可能性。当前，美国各州社区学院对职业教育师资质量的关注程度逐渐加大，对高职教育专业教师的聘任和考核要求越发清晰，就其国家层面的职业教育师资认定标准而言，全美专业教学标准委员会（简称 NBPTS）开发的专门针对生涯与技术教育教师的《国家专业教学标准委员会生涯与技术教育专业标准》（简称《标准》）影响力最大，效果也最为显著。NBPTS 的生涯与技术教育标准委员会制定的《标准》，根据不同专业类别将优秀教师申请范围划分为 8 个专业集群，教师可根据 8 个专业类别下的优秀教师标准申请相应资格证书。此外，《标准》还基于学生需求的视角将教师的行为划分为：教师能够建立高效的学习环境、教师能够促进学生学习、教师能够帮助学生过渡到工作场所、教师能够通过自身的专业发展提升学生学习兴趣，与此同时，《标准》还设置了 13 个一级指标和若干二级指标，对以上四个专业行为进行细化评价，完整的层级结构与二级指标体系为当时美国的职业教育专业教师的发展提供了重要保障。在认定标准的制定与审核上，NBPTS 的生涯与技术教育标准委员会需将标准初稿交由其他 24 个 NBPTS 教育团体进行修改完善，定稿后的标准也会进行定期更新修改以保障标准的动态性；NBPTS 的生涯与技术教育标准委员对优秀教师的审核主要包括认定档案的提交、专业知识与技能的展示、综合问答评分等三个环节，审核时间为 3 年。美国基于 NBPTS 委员会的资格认定标准不是在"矮子里面选将军"，而是在职业教育教师群体中遴选出更为优质的教师，其内涵意蕴不仅停留在职业教育教师的选聘与管理，更在于追求未来职业教育师资队伍的卓越化发展。

（三）德国：基于 BBS 模式的资格认定标准

"双元制"（Berufsbildenden Schule，简称 BBS）职业教育师资培养模式是德国最具代表性的人才培养模式，旨在通过学校资源与企业资源充分融合的方式培养理实结合的职业教育师资队伍。当前，德国职业教育教师队伍主要分为两类：校内专聘理论课、实践课教师与校外实训教师，前者是按照"公务员式"选拔出来的专职人才，由职业院校直接负责管理、考评以及监督；后者隶属于相应的企业，由行业企业负责考评管理。"双元制"模式下的职业教育教师资格认定复杂程度相当高，"入门把关"和"过程控制"是其职业教育专业教师资格认定的主要特点。从职业教育师资任职资格上看，无论是校内专聘理论课、实践课教师，还是校外实训教师都必须经过一系列严格的考试与专业资格培训，其具体认定细则与考聘条件主要由德国联邦政府统一制定。首先报考职业教育师资专业者应获得文理学院的毕业证书，同时应具备行业企业 12 个月以上的实践经历。其次，申请者需先完成大学职业教育师资专业九个月的学习要求以确保具有一定的人文素养，并在毕业之后参加第一次国家教师资格考试（即知识与技能鉴定），通过第一次国家教师资格考试的学生被认定为具备实习资格，并正式进入为期两年的实习实践或预备教师期，为第二次国家教师资格考试（即能力与经验鉴定）奠定基础。实习期结束之前，学生只需参加并通过第二次国家教师资格考试，就能获得职业教育教师资格。此外，普通高等教育毕业的学生只需具备 5 年以上企业工作经验，以及两年半教师培训经历，就能参加第二次国家教师资格考试，考核合格者也能获得职业教育教师资格。值得注意的是，高职院校的教师资格认定标准更加严格，参与认定的教师必须是博士学历文凭，且具备企业 5 年以上的工作经历。从德国的职业教育专业教师资格认定过程上看，德国的职业教育师资考核与评价制度已然非常成熟，这有赖于"双元制"模式下校企合作资源的有效整合。认定期间各个教学实践环节循环反复，既为教师提供了实践锻炼的机会，也激发了教师专业化发展的积极性。以"双元制"为代表的德国职教专业教师资格标准相较于其他国家更加细致且要求更高，但客观来说，该体系也在一定程度上保障了职业教育教师队伍的质量，亦有利于提升德国的整体教育质量。

（四）澳大利亚：基于 TAFE 学院的资格认定标准

1998 年，澳大利亚教育部长委员会颁布《全国入职教师教育标准与指南》，倡导澳大利亚教育部门实施标准指导下的教师资格考核认定制度。目前，澳大利亚职业教育在联邦政府的政策引领下，逐渐形成了以技术与继续教育学院（Technical And Further Education，简称 TAFE）为主要特色的职业教育人才培养模式，创建了澳大利亚培训包（Training Packages，简称 TP）和职业认证框架（the Australian Qualifications Framework，简称 AQ）为导向的规范有效的职业教育教师资格认定标准体系，其成功受到了国际社会的广泛关注。在澳大利亚，TAFE 学院是实施高等职业教育的主体力量，其职能在于新教师入职教育、教师专业发展教育以及员工领导力拓展等方面，通常由州政府负责管理。澳大利亚 TAFE 学院面向社会公开招聘教师，其教师的聘用与考核主要依据 TP 培训包与 AQ 职业认知框架等一整套高品质的录用标准，这也是其职业教育师资队伍建设成功的秘诀所在。学院既有教学岗位的全职教师，也有实践经验丰富的兼职教师，两者比例几乎为 1∶132，所以学院教师资格认定的条件既包括专业教学背景等基本教育素养，也包括企业一线实践工作经历。具体而言：第一，学历文凭要求。由于澳大利亚的高职教育课程体系分为通识教育与专业课程，专业课程教学需要与工作岗位相似的教学环境与技术氛围，因此学院更关注教师的实践性而不过分要求教师的学历文凭，担任高职教育教学的教师具备相关专业大专以上层次的学历即可，即使引进教师学历未达标，学院还会给予此类教师两年内指定大学进修的机会以及企业挂职锻炼、社会机构学习的公假时间。第二，职业教育教师资格证书要求。TAFE 学院的专兼职教师须在 AQ 中获得四级证书与专业契合度较高场所的实践训练。澳大利亚 AQ 下属的"培训与鉴定"培训包（Training& Assessment，简称 TAA）规定了职业教育教师应具备的最低四级证书（TAA-IV）要求，具体包括高职教育理念、教学环境协调、教学设计、课堂教学、能力鉴定、教学科研、社会服务等 8 个模块、39 个能力单位。第三，行业工作经验要求。3 至 5 年的企业一线工作经历是 TAFE 学院教师资格认定至关重要的一点。校内全职教师需要定期参加行业协会举办的各种学术活动，通过企业实践等途径不断提高自身的专业技能与知识水平；兼职教师晋升全职教师需 5 年以上教学实践锻炼。综上，基于TAFE 学院的教师资格认定标准体系是促进澳大利亚职业教育可持续发展的关键环节。

二、国外职业教育专业教师资格认定标准制定与实施启示借鉴

英国、美国、德国、澳大利亚是西方发达国家，也是职业教育强国。它们先进的职业教育与其重视职业教育专业教师标准体系密切相关，其在职业教育专业教师从业、培训、评价、管理等方面的丰富经验可以为我国高职院校"双师型"教师资格认定标准的制定与实施等诸多方面提供有益的借鉴，从而促进我国高职院校"双师型"教师队伍的健康可持续发展。

（一）制度规约：重视职业教育师资认定标准的专门性和规范化

健全法律法规体系是各国实施职业教育师资标准的根本保障。就我国高职院校"双师型"教师资格认定现状而言，各部门对"双师型"教师标准概念内涵各抒己见的局面，一直是困扰"双师型"教师队伍建设和管理的核心问题，教师在资历上的参差不齐也会影响高职院校的教育教学水平。最主要的原因在于，当前我国"双师型"教师资格认定标准的制度性欠缺。相比之下，英国、美国、德国、澳大利亚政策在宏观制度上明确职业教育专业教师的资格、编制、评定、培养标准的做法值得我们借鉴。德国历来就有重视职业教育教师队伍建设的传统，德国职业教师在整个社会中的地位与作用都得到了政府的认可。以德国文教部长联席会议为主的联邦相关部门负责颁布、制定与职业教育师资队伍相关的规则举措，职业院校教师的聘用、培养以及

管理等受到强制性法律制度的约束。美国的做法则是建立健全法律法规来促进职业教育专业教师队伍的发展，相继通过了《职业教育法案》《职业训练协作法》《卡尔·D.帕金斯职业教育法案》《国家职业教育认证标准》等多项专项法案。同时，美国与澳大利亚均高度重视师资选聘的制度性与人本性融合，其做法是基于法律规定面向世界各行各业招聘人才，原则上接纳不同国籍、地域和种族的应聘教师，通过与社会的对接最大限度地保障申请者的权益。为了稳定职业教育师资标准的效用，英国的做法是直接采用立法模式保障教师队伍的质量，如2002年英国教育与技能部会同教师培训司颁布《英国合格教师资格标准与教师职前教育要求》，这就是一部专门规范职业教育师资标准的纲领性文件。从实施的效果来看，上述国家对职业教育师资的制度规约不仅规范了职业教育师资队伍的认定与管理标准，而且起到了促进职业教育健康可持续发展的目的，值得我们学习借鉴[①]。

（二）理实结合：强调教师专业知识与实践技能的协调发展

优先职业与行业资格是职业教育发达国家和地区的通行做法。在我国，职业教育师资来源的中断局面长期存在，突出表现在，缺少行业企业实践经验丰富的教师，职业院校的教师普遍来源于应届毕业生，难以有效体现职教师资队伍的技术性特征。有部分学者认为，我国目前教师的企业实践面临着"三无"危机，即教师企业实践无基础，难以胜任岗位；到企业实践无资质，难以顶岗实习；企业实践无待遇和收入，时间短也没有成效。企业实践是提升教师职业能力与技术技能的关键环节，该环节的缺失一定程度上阻碍了我国"双师型"教师产教融合育人模式的实施效能。相形之下，美国则通过制定特殊分类教师资格以实际工作经验替代学历要求的做法解决了传统教师培养模式下教师实践经验欠缺的问题。而且，随着美国政府对职业教育师资职业能力和技能水平的高度重视，美国社学院兼职教师日益成为职业教育师资的主体，2009年美国华盛顿州两年制学院兼职教师的比例高达69.8%。英国继续教育学院（类似我国的中等和高等职业学校）对"双专业"教师的准入资格十分重视，"双专业"教师是否具备行业和技术技能证书，是否完成教师教育培训并获得相应的教师资格是关键门槛。此外，虽然英国继续教育学院的兼职教师的比重一直稳定在50%左右，教师队伍的技术性与职业

---

① 黄丽霞.高职"双师型"教师资格认证标准建设的意义、问题与路径[J].天津中德应用技术大学学报，2021（1）：116-120.

性显著，但学院仍鼓励教师通过研究生教育证书（PGCE）和教育专业课程获得教育学士（BED）等方式更新与专业相关的教学理论知识，重视教师队伍的科学性发展。澳大利亚则通过一系列高标准来严格教师准入门槛，例如会计专业课程教师不会直接从毕业生中招聘，而是优先选择已取得注册会计师资格的人才；高职院校新入职的专职教师必须接受各州或学院组织的系统培训，兼职教师必须参加教学相关的短期培训课程。因此，为了实现我国高职院校"双师型"教师队伍的建设，当务之急是在资格认定中进一步协调完善专业知识与技术技能的标准体系，促进职业教育师资队伍整体结构的理实结合。

（三）赋权增能：基于技能形成规律建立动态合理考评体系

动态化的资格考评体系是实施职业教育专业教师资格认定标准的前提条件。英美德澳四个国家职业教育专业教师标准的有效实施，离不开其与时俱进的教师资格考评过程。具体而言，主要包括以下三个方面：一是考评能力与专业技能同步提升。在澳大利亚，获得职业教育教师资格的人员自动拥有职业教育教师资格与考评员双重资格，因此澳大利亚职业教育教师资格标准既强调教师教学本位的综合能力的培养，也特别注重教师技能考评资格为主的工作本位能力的考察。澳大利亚基于双本位的资格认定体系，可以促进职业教育教师队伍教学能力和考评能力的协同发展，这也是澳大利亚 TAA 培训包的特色所在。二是考评体系分级分层。美国采取分层分级资格认定考核方式，教师必须经过州一级资格考核获得初任教师资格，再按照全国性资格审核标准审核认定才能获得全国性优秀职业教育教师资格。此外，优秀教师资格并非终身性的，无论是传统教师教育模式，还是工作经验替代模式下的教师，都必须参加定期的认定与更新。美国通过优秀教师分层分级考评的方式，有利于促进教师的自我提升的积极性与从事职业教育的认同感。而在我国，"一劳永逸"的问题仍有待解决，否则教师队伍建设很难实现真正的优秀与卓越。三是考评环节的过程阶段性。在英国，新入职的职业教育教师只有成功通过入职辅导阶段的教学考评才能真正被学校聘用，学校一般会针对教师的教学水平、专业发展等方面设置三个阶段的考察，分别是基本要求考察、入职辅导进度考察、入职要求考察。而德国职业教育师资队伍建设最大的特点就在于过程控制下的考评体系建设，正如前文所述，德国主要通过两次国家级考试与两年实践工作经历、继续教育法律法规等方式来控制教师队伍的质量与数量。

（四）因势利导：以专业发展为动力加强教师职后继续教育

拓宽教师教育渠道是推动教师专业化发展的有效路径。美国、德国、澳大利亚、英国职业教育教师资格认定的经验启示告诉我们，科学合理的标准体系必然要为职业教育教师继续教育提供有效指导，这是职业教育师资队伍专业化发展的关键所在。德国职业教育领域教师标准体系从教师入职到教师职业期都有一套较为完备的指导准则。在德国，教师的职业能力是在教师教育的三个不同阶段中习得的，作为教师这一职业角色的进一步发展是教师进修和继续教育期的任务。总的来说，德国职业教育教师标准不仅强调教师的准入资格，还积极引导教师在认定过程不断更新自身技术技能水平，通过职业教育教师资格的获得培养终身学习的能力。在英国，职业院校会为在职教师提供专门的职后培训，通过教学能力、实践能力在职培训来促进教师职业生涯的可持续发展。以教学能力提升为目的的培训由教学活动实践、专业授课辅导等具体实施构成，旨在不断加强教师与学生的沟通能力与教学技巧；以专业实践为目的的培训由职业院校主导实施，学校支持教师参与到企业的一线岗位中，支持企业的高级技术人员为校内教师讲授行业企业前沿专业技术和最新科学动态。值得注意的是，与英国入职培训相比，上述职后培训举措内容更为系统和全面。而美国则十分重视职业教育教师入职以来的培训工作，部分州政府直接将教师的定期培训和进修纳入教师晋级的评定条件之中，并规定每年假期教师必须完成行业企业的一线工作。同上述各国不同的是，澳大利亚职业教育师资的培训直接由国家教育部进行监督和管理，有关师资培训的所有内容都依据澳大利亚质量培训框架（Australian Quality Training Framework，简称 AQTF），该框架明确规定了各职业教育注册培训机构有义务和职能，并将各培训机构包括教师培训、进修及待遇等工作落实情况作为国家拨款的依据。

第四节　高职院校"双师型"教师认证标准实施策略

"双师型"教师标准作为选聘、培养以及考核高职教师的重要依据，是推动高职院校教师队伍整体质量优化的关键环节，在实施过程中，既要注重宏观层面的制度保障，也要关注标准实施的内部逻辑联系，推动评价程序的科学性与规范性，以教师技能形成规律为导向，以教师专业化发展为指引，系统设置激励机制以及动态管理体系，基于多元互动逻辑拓宽"双师型"教师培养培训渠道。

一、强化法律法规建设，夯实顶层设计基础

无论是从践行依法治教角度，还是从"双师型"教师身份认同的考虑，高职院校"双师型"教师资格认定相关内容必须要纳入较高层次的法制规范之中。长期以来，尽管法治并非我国教育治理的主要手段，而主要是依靠会议、政策，但是当下正值我国教育治理方式逐步转向依法治教的重要阶段，将"双师型"教师准入制度按照资格标准、认定程序、管理办法等方面纳入相关法律保障之中，不仅能有效践行依法治教的理念，还能为"双师型"教师队伍的可持续发展奠定更加坚实的法理保障。在认识层面，无论是理论界还是政策制定者，对"双师型"教师的内涵界定仍处于不断变化之中，这加剧了职业教育师资结构性身份认同弱化危机，因此无论是在外部法律环境的保障下，还是在内部身份环境的规约中，都缺乏权威且严格的法规制度，增强"双师型"教师规范力度是保证高职教育教师队伍质量的重要措施。具体而言，一方面，政府及相关教育行政部门应通过《教师法》《教师资格条例》《职业教育法》等法规制度明确高职院校"双师型"教师的法律身份、主体责任、考核程序、考核路径等内容，形成宏观层面的认定渠道，将"双师型"教师资格认定过程法制化。此外，地方教育主管部门也应该结合当地实际情况探索制定具有地方特色的高职"双师型"教师标准体系，在国家层面资格标准的指导下，结合地方需求与高职教育发展实际，具体落实"双师型"教师资格认定制度。另一方面，应该从法律层面入手将高职"双师型"的认定制度体系化。当前许多学者将资格标准视为准入制度，或是强调职业师范院校建设、师资专业、师资招生制度与师资培养模式等，以此把握"双师型"教师入口关准，这种将"双师型"教师资格认定标准等同于准入制度的说法是不全面的。高职"双师型"教师资格认定制度应该是集资格认定与聘任管理为一体的制度系统，相关法律法规要明确"双师型"教师聘任机制、保障机制、权责机制的功能效用，促进各资格认定机制之间的有效衔接，形成全面且完善的资格认定制度体系，以不断提升高职"双师型"教师的法律地位。

二、科学设置认定路径，规范考核评价程序

严格且规范的高职"双师型"教师资格认定程序是实施"双师型"教师

资格标准的基本前提。鉴于当前高职院校"双师型"教师资格认定机构、认定程序以及认定方法等尚未统一，教育主管部门可以借鉴院校评估考核相关做法，积极出台《职业学校"双师型"教师资格认定管理办法》，构建"国家指导—省级主管—院校实施"的高职院校"双师型"教师认定程序，推动各方责任主体正视其实施功用，并且保障各项实施环节的科学性与可操作性。首先，国家应在宏观层面规范"双师型"教师的认定工作，在汲取专家学者、行企精英、高职院校等代表意见的基础上出台高职院校"双师型"教师资格认定管理办法，为省级教育主管部门的科学实施提供可供参考的准绳。其次，各省教育主管部门作为资格认定的重要责任主体，应该制定和颁布相关实施细则，出台严谨的执行管理措施，确保高职"双师型"教师资格认定过程的真实性。在这一认定程序下，严把"双师型"教师的考评关口，组织成立"双师型"教师资格认定专门机构，即由职业教育专家学者、行业企业能工巧匠、高职院校领导等组成的"双师型"教师资格认定评审团体，通过独立且专业的第三方机构保障资格认定过程的客观公正与严格规范。此外，在认定过程中，要充分考虑当地高职教育发展的实际情况，认识到当前职业教育师资队伍文化专业课教师多，而兼职教师、师资指导教师数量缺乏、来源渠道复杂等现状，通过拓宽兼职教师破格认定渠道、设置破格条件等方式为部分兼职教师提供认定机会，继而不断优化"双师型"教师队伍的整体结构。最后，高职院校要对专兼职教师认定材料进行严格的审核与查验。在初级审核通过之后，学校应参照省级第三方认定办法成立由院校领导、行企专家、"双师型"教师代表组织的认定小组，认定小组再通过笔试、面试以及实操相结合的形式对申请者的职业能力、专业教学水平等进行审核，经学校公示合格资料再交由省级认定机构复议考核，最终合格者由认定机构颁发证书，并录入"双师型"教师管理系统以便定期抽查再认定。

三、遵循技能形成规律，健全动态管理体系

在高职"双师型"教师标准的实施过程中，对标准实施效果的合理监控与科学管理是保障"双师型"教师资格认定标准整体质量的关键举措。通过科学合理的管理体系来推动"双师型"教师资格认定标准体系走向成熟，需要以教师专业化发展为基准构建资格认定分级认定制度，需要完善企业参与资格认定渠道以推动产教融合模式下校企教师资源共享，需要以教师技能习得规律为准绳建立资格再认定制度体系。第一，要基于教师专业发展，构建资格认定等级制度。"双师型"教师的能力提升与等级定位休戚相关，初、

中、高级"双师型"教师各自认定条件不尽相同，与此同时"双师型"教师专业发展会随着经济社会的发展而不断深化和完善，这就决定高职"双师型"教师资格认定标准的发展性与动态性。针对不同级别"双师型"教师的学历职称、技术资格、理论水平、专业实践、职业能力、品行规范等内容设置与之相应的认定条件，教师才能进行及时的纠错与更新调整，而整个资格认定过程的实效性才能得到保障。第二要深化产教融合，拓宽行企参与资格认定渠道。从德国、美国等发达国家的职业教育专业师资队伍建设经验来看，行业企业参与职业教育师资的选聘与管理已成为促进产教融合发展的必然选择。因此我国需要借助行企力量形成多方评价"双师型"教师资格标准体系，可参照德国BBS模式下校外实训课教师直接由行企管理认定，以此明确企业参与职业教育的权责义务，促进校内专任教师与校外兼职教师专业知识与技能的同步发展。第三，要立足技能习得规律，建立定期再认定制度。重视教学能力与专业实践能力的提升，这种形式是提高"双师型"教师能力的一个重要途径。基于此，"双师型"教师资格定期认定制度旨在解决教师技能形成过程中一次性认定工作的不足，一方面对已经获得"双师型"教师的资格进行再认定有助于激励教师适时更新自身知识技能，另一方面定期的资格认定工作可以为审核未通过教师提供继续发展的宝贵机会，通过动态调整与持续监控相结合的方式促进教师自身能力的不断发展，为高职教育人才培养质量的提升奠定基础。

四、提供教师发展保障，完善专项激励机制

"双师型"教师专业化发展是一项阶段性的系统工程，是教师个体职业理念、职业能力、职业素养不断丰富和完善的过程。这个过程既包含教师个体行为方式的改变，也包括外部环境的引导和支持。所以，高职院校"双师型"教师资格认定标准应运用激励与保障机制调动"双师型"教师的学习、成长、实践的积极性与创造力，拓展"双师型"教师晋升的空间，多渠道增强"双师型"教师的素质。首先，要落实"双师型"教师岗位待遇倾斜机制。在制定"双师型"教师资格认定标准体系时，应明确"双师型"教师与普通教师之间的待遇差别，使其职称评定、课酬绩效、聘用晋升等制度向"双师型"教师倾斜，通过正向的激励措施促进教师职业紧迫感和积极性，确保"双师型"教师良性专业化发展。其次，要实施优质"双师型"教师综合鼓励机制。在资格认定标准的奖励机制上，应对教学科研成果丰富、技术技能扎实、社会服务能力突出的"双师型"教师授予技能大师、骨干教师、高

水平"双师型"教师称号，此外还可成立专项奖金为高职教师积极开展教育教学活动、科研活动等提供奖金福利，通过物质奖励与精神奖励相结合的方式，促进职教"双师型"教师的职业认同感和个人成就感。再次，要配套完善"双师型"教师系统激励体系。高职"双师型"教师资格认定标准体系应基于"双师型"教师个体的发展规律与需求系统配备囊括入职培训、在职进修、岗位培训的一体化专项培训激励措施，为专业理论知识扎实、良好教学育人能力、产学研成果丰富、解决实践问题能力强的"双师型"教师建立专门的大师工作室或者工匠工作室等，为高职教师可持续发展构建涵盖工资福利、社会地位、行企实训、岗位津贴等多维度的系统化专项激励机制。

五、依循多元互动逻辑，拓展双师培训渠道

拓展"双师型"教师培训渠道，逐步完善高职"双师型"教师培训系统，是提升"双师型"教师专业素质，促进高职"双师型"教师队伍专业化发展的重要保障，也是提升高职教师团队整体质量的重要价值遵循。事实上促进职业教育师资队伍的培养培训早已体现在我国政策文件中，如《职业学校教师赴企业实践规定》《职业院校全面开展职业培训促进就业创业行动计划》《关于实施中等职业学校教师素质提高计划的意见》《关于实施职业学校教师素质提高计划的意见》等政策均将职业教育师资队伍的职后教育培训置于核心地位加以制度规约，因此"双师型"教师资格认定标准体系作为高职教师队伍培训的重要依据，应以校企命运共同体协同思维为指导，通过实习实训基地的建设，国际经验的交流借鉴等方式，进一步细化完善教师培训渠道，整体性提升高职教师队伍的水平。第一，要坚持校企命运共同体思维，促进高素质教师队伍建设。"双高计划"明确提出，要提升校企合作水平，形成校企命运共同体。认定标准需要基于校企命运共同体协同思维，加速行企校将技术与高素质教师队伍的耦合联系，鼓励企业与高职院校联合培养高学历、高技能、高教学的工匠之师，通过高层次教师队伍的建设，不断优化"双师型"教师的整体结构。第二，要鼓励实训基地共建共享，创建优质教师教学创新团队。打造一批高水平职业院校教师教学创新团队，示范引领高素质"双师型"教师队伍建设，这是"双高计划"建设的重要内容。选聘、甄别具有高素质基因的"双师型"教师以期建设一支优质"双师型"教师教学创新团队，是目前高职"双师型"资格认定标准体系的重点。其中设备齐全、资源丰富的实习实训基地是职业教育师资培训的主要渠道，因此"双师型"资格认定标准需要明确校企合作实习基地、民办职业教育实训基地、远

程合作实训中心等培训场所，通过校企资源的共享共建促进高职优质"双师型"教师教学创新团队的建设。第三，要积极开展国际交流合作，彰显职教师资中国特色。认定标准可鼓励优秀骨干"双师型"教师赴境外参加交流与培训，通过不断借鉴吸收发达国家的成功经验，推动我国高职"双师"教师个体素质的提升，并在查漏补缺的基础上探索具有中国特色、世界水平的职业教育师资队伍。

第四章 搭建"发展桥": 高职院校 "双师型"人才队伍培养之校本培训

第一节 "双师型"人才队伍培训的理性选择——校本培训

一、什么是校本培训

(一)校本培训的内涵

校本培训是一个使用频率很高的概念,也是一个从理论到实践都存在很多分歧的概念。华东师范大学郑金洲认为,校本培训的含义:一是为了学校,二是在学校中,三是基于学校,即它是以改进学校实践、解决学校面临的实际问题为指向(探寻具体问题的具体对策),主要依靠学校领导者和教师对自身问题的分析、研究与决策,从学校实际出发,开发学校自身的资源来解决问题。北京师范大学肖川认为,所谓"以校为本"的教师培训,是指由多个教育专家组成的"教学诊断、评价与教师培训"小组深入到基层学校,针对该校的实际情况,在对教师的教学进行诊断与评价的基础上所实施的培训。教育部师范教育司马立认为,校本培训是为了满足学校和教师的发展目标和需求,由学校发起组织,主要在学校中进行的一种教师在职培训的形式。在教师继续教育实践中,各地也形成了各自对校本培训的认识,主要有如下几种看法:

第一种意见认为,校本培训是由校长组织领导的,主要在教师任职学校开展的,和学校、教师实际紧密结合的一种教师继续教育活动。

第二种意见认为,校本培训是在教育行政部门和有关业务部门的规划和指导下，以教师任职学校为基本培训单位，以校长为第一责任人，以提高教师教育教学能力为主要目标，把培训与教育教学、科研实践紧密结合起来的教师继续教育形式。

第三种意见认为，校本培训是以教师任职学校为主阵地，以教师互教互学为基本形式，在岗业余自学的一种继续教育的进修模式。

第四种意见认为，校本培训的基本精神是以学校为基地开展教师培训，其优点在于便于管理，培训时间有保证，工学矛盾不大，经费开支节省，见效快，但其培训在很大程度上受到校长个人素质、教师的群体素质及学校条件的制约。

第五种意见认为，校本培训是由学校校长组织领导，以提高学校办学水平和促进教师专业发展为目的，紧密结合学校工作实践，教师任职学校自主开展的教师在职培训形式，它注重发挥学校整体和教师个性两方面的积极性，建立具有学校自身特色的培训制度，充分开发学校资源，并利用一切社会资源，始终以学校教育改革与发展需要和教师专业发展需要为依据，以学校自培和教师自学为主要形式。

以上这些定义，反映了人们对校本培训的认识，有共同点，也有不同点，可以说从各个不同的侧面表述了校本培训的本质或特征，但在校本培训本质意义的认识上还存在差距。仅就这些定义来分析，至少存在下列这些问题：

"为了学校"，人们不明确为了学校的"什么"。是为了提高教师的教育教学能力，还是为了满足学校和教师的发展目标与需求？抑或为了提高学校办学水平和促进教师专业发展？是解决学校实际问题，还是解决教师实际问题？

"基于学校"，人们没有就"怎样"基于学校达成共识。是若干个教育专家深入"第一线"开展的培训，还是学校自发开展的培训？校本培训的自主权在学校，还是在教育行政部门和有关业务部门？是基于学校实际，还是基于教师实际？是基于学校教学实际，还是基于学校教育、教学和管理实际？例如，有的学校定期聘请专家作报告，该怎样评判？

"在学校中"，人们不明白"如何"培训才算在学校中。学校是"培训基地"，还是"基本培训单位""主阵地"？是学校组织的全校性培训，还是学校内部组织的培训？其主要形式是"互教互学""自培"，还是"自学"？如何理解校长是第一责任人？如何理解校长组织领导？例如，有的地方建立了校本培训资格审查制度，该如何评判？

要扎实推进校本培训工作，必须对校本培训概念的内涵以及与相关概念的关系做出明确而细致的辨析。

1.校本培训的含义

要厘清校本培训的含义，必须先厘清"校本"和"培训"的意义。

（1）关于"校本"

校本培训是一个引进的概念和理念。"校本"的英文是 school-based，大意是"以学校为本""以学校为基础"。如何理解"本"和"基础"，是理解"校本"的关键。"本"有"本位"的意思，也就是"从自我出发""以我为主"；"基础"有"基本的""主要的"的意思。综合起来理解，就是学校是活动的"出发点""立足点"和"归宿点"，而且这种活动是以"自主活动"的形式进行的。从这一点上说，我们赞同把"校本"解析为"为了学校""基于学校"和"在学校中"，而且可以从"活动"的角度来进一步分析"校本"的含义："为了学校"，指的是活动的目的；"基于学校"，指的是活动的依据；"在学校中"，指的是活动的模式。

首先，从校本培训的目的看，它是"为了学校"的培训。校本培训为了学校"什么"呢？应该为了解决学校的根本问题。学校的根本问题是发展问题，因此为了学校的培训必须是为了学校的发展的培训，也就是说，"校本培训"要以解决学校发展所面临的实际问题，促进学校的发展为直接指向。这里所说的"发展"包括学校发展、教师发展和学生发展。学校发展的核心问题就是学校的综合实力不断增强，办学水平不断提高；教师发展的核心问题就是与有效履行教师职务密切相关的专业水平不断提高，综合素养不断提升；学生发展的核心问题是学习质量不断提高，综合素质不断增强，个性得到充分的、协调的发展。校本培训不可能解决制约学校发展的所有问题，特别是教育教学工作之外的问题，但是它的根本目的是要解决学校的发展问题，特别是与当前的教育教学和人力资源开发有关的问题。这个宗旨是不能旁移的。开展校本培训必须考虑对"学校的发展"有没有用，如果偏离了"为了学校"这一根本宗旨，很可能就成为劳民伤财的活动。

其次，从校本培训的依据看，它是"基于学校"的培训，即立足于学校的培训。校本培训的哪些方面需要"基于"学校？"基于"学校的什么呢？校本培训作为一种教师培训活动，它的培训方案或活动设计必须"基于"学校的"校情"，即学校的根本目标、发展概况、现实需要和基本条件。不同的学校，"发展"的情况不一样，在发展过程中碰到的问题也不一样，校本培训必须立足本校，着力解决自身发展中的"实际问题"。这种"实际"问题是指学校客观存在的、当前急需解决的、通过校本培训能够解决的问题。校本培训是一种非常有效的教师培训，但它的有效性取决于它与学校存在的实际问题的适切性。这个原则是不能漠视的。校本培训的优势不在于"学术主义"的理论推演，而在于"技术主义"的问题解决。开展校本培训必须考虑对于"学校的发展"来说，哪些实际问题是需要抓紧予以解决的，如果放弃了"基于学校"这一基本原则，很可能成为形式主义的活动。

再次，从校本培训的模式看，它是"在学校中"的培训。校本培训怎样体现"在学校中"呢？校本培训作为一种起于"内需"的教师培训，必须"在学校中"进行，包括校本培训活动应该纳入学校教育教学活动总体安排、基本活动场所主要在学校、活动的主体是学校中的教师，也就是说，"在学校中"的培训指的是由学校内部组织、以教师为主体、主要在本校开展的培训。这是界定什么是校本培训的重要的形式特征，这种特征是不能模糊的。校本培训必须考虑用什么样的模式来解决急需解决的学校发展问题。如果校本培训不"在学校中"开展，培训什么、怎么培训、何时培训等问题不是由学校中的人来解决，培训方案不是由学校中的人来实施，学校中的人没有成为培训活动的主角，也就不成其为校本培训了。

（2）关于"培训"

校本培训本质上是一种教育教学活动，是培养人的一种社会活动。广义的教育泛指一切有目的地增进人的知识技能、影响人的思想品德的活动，无论是有组织或是无组织的，系统的或零碎的，都是教育。狭义的教育专指制度化的教育，是教育者根据一定社会（或一定阶级）的要求和受教育者身心发展规律，对受教育者所进行的一种有目的、有计划、有组织地传授知识技能、培养思想品德、发展智力和体力，以便把受教育者培养成为一定社会（或一定阶级）服务的人的活动。就形式上看，制度化的教育是一个互动的相互影响的过程，在这个过程中，至少包括了教师、学生（同学）、教学内容、活动方式和活动环境等构成要素，活动的动因是要解决某一具体问题，或为了某一共同目的。可以说师生是基于共同的内容、认可的方式、同一的环境为达成共同的目标而组织起来，协同活动的。校本培训是面向以教师为主体的广大教职员工的在职培训，与企业内员工培训类似，都属于制度化的教育，即狭义的教育。校本培训作为制度化的教育必须满足三个条件：

首先，校本培训必须具有鲜明的目的性。校本培训应该有鲜明的目的，克服盲目性。校本培训的目的必须立足"校本"来确立，目的不明确或目的没有立足"校本"，都不能归属于校本培训的范畴。如为了让教师学会交谊舞，学校举办交谊舞培训，虽然这种培训对提高教师的某一方面的素质有一定的意义，但这种素质对"校本"目的来说，不是直接的和有效的，不应归为校本培训。

其次，校本培训必须具有明确的计划性。校本培训应该有明确的计划，克服随意性。校本培训必须纳入学校工作的总体安排，有计划地开展，没有计划、计划没有纳入总体安排或培训计划没有得到学校确认的培训，都不能归属于校本培训的范畴。如临时组织大家看电影，之后又进行讨论，虽然这种活动有一定的教育意义，但这种活动由于没有计划，所要解决的问题不明确，活动目的的"校本"成分无法保证，活动的过程难以控制，活动效果无法考评，不应归为校本培训。

再次，校本培训必须具有严密的组织性。校本培训应该有严密的组织，克服散漫性。校本培训必须建立有效的组织体系，包括管理组织、活动组织、基本制度和工作机制，有组织地开展活动。在具体的校本培训活动中，必须满足制度化教育的形式要求，有教师，有学生（同学），有基于共同的内容、认可的方式、同一的环境，为达成共同的目标的协同活动，有相互影响的效果。没有组织的培训活动或没有纳入校本培训管理的组织活动，都不能归属于校本培训的范畴。如教师的个人进修、自学、研究活动，部分教师就某一感兴趣的问题自发聚集开展讨论等，虽然这种活动对教师的专业发展有一定的意义，但由于这种活动缺乏组织性，无法在"校本"意义上产生"互动"或"教学相长"的效果，不应归为校本培训。

（3）关于"校本培训"

校本培训是一种特殊的教育活动，其特殊性主要表现在：第一，它是一种内部组织的在职培训，学校对校本培训的策划、组织、考评负有最终责任。第二，它是以解决学校教育教学和管理问题为核心的活动，主要通过改善教师的态度、认知和行为来提高教育教学质量和学校管理效能，而不是普通的文化科学知识教育。第三，校本培训的参与者不仅是成人，具有成人学习的特点，而且还是教师，具有教育能力，在具体的校本培训过程中身兼教师和学生（学员、受训者）双重角色。第四，校本培训可以有很多方法，包括传统的学术报告、专题讲座等，但更主要的是在专业引领下的合作探究、交流分享。

校本培训在制度上属于教师继续教育。自国家建立中小学教师继续教育制度以来，教师接受培训（进修学习）的权利和义务得以明确规定下来，每

5 年接受不低于 240 学时的继续教育，以保障教师的专业发展。教师校本培训被明确列入继续教育制度框架范围，并用学分登记来予以确认。"十一五"期间，广东省把推动中小学教师校本培训作为深化中小学教师继续教育工作的重要举措，规定中小学教师参加校本培训的学时数为 60 学时，占总培训时间的四分之一。其他一些省（区、市）也有类似的规定。这就表明，开展或参与校本培训是学校和教师必须完成的任务，它与传统的进修、自学、教研以及院校培训、远程教育等均有制度差别。

总之，校本培训是在教育行政部门的统筹和业务主管部门的指导下，以教师任职学校为基本培训单位，以本校教职员（主要是教师）为对象，着眼于满足学校的发展需要，由学校内部自行组织实施的一种继续教育形式。校本培训必须由学校自主确立培训目标、培训内容、培训方式，以解决学校、教师的教育、教学和管理工作的实际问题，全面提高教师实施素质教育的能力和水平，为实现本校办学目标服务。简单地说，校本培训就是学校为谋求自身发展而自主开展的在职培训。

2. 校本培训的特点

关于校本培训的特点，有很多提法，比较流行的看法是认为校本培训具有针对性、自主性和灵活性特征。例如，《校本培训实施指南》认为，校本培训的针对性表现为针对学校发展和针对教师个体发展；自主性表现为自主制定和实施培训方案、自主选择培训资源和自主制订教师专业发展计划；灵活性表现为培训内容的灵活性、培训形式的灵活性、培训对象的灵活性和培训时空的灵活性。校本培训可以缓解工学矛盾、避免培训脱节、减少培训成本和促进学校与教师共同发展。校本培训的确具有这些潜在的优势，但未必一定能够发挥这些优势，而且用针对性、自主性和灵活性来概括校本培训的特征也不够准确。许多活动都可能像校本培训一样具有针对性、自主性和灵活性，也就是校本培训应该具有针对性、自主性和灵活性的特征，但不只是校本培训才具有这些特征。

校本培训本质上是一种教育、教学活动，必须具有教育教学活动的基本结构，遵循教育教学活动的基本规律。除了教育的目的性、培养的计划性、活动的组织性和师生的互动性这些教育教学活动的共有特征外，校本培训还有自身的特点：

（1）以校为本，问题解决

校本培训与传统的水平性（学历教育、院校培训）教育目标和课程设置不同，实施的是"以校为本，问题解决"的策略，它不求完整性，而求针对性，不强调理论生成，而强调问题解决，不实行"他主"，而实行"自主"。校本培训的目的是"为了学校"，为了学校的发展，学校发展是校本培训的终极目标。这种目标的达成是以教师专业发展为主要手段，以学生发展为主要标志的。真正的校本培训，其正确的理念是"学校发展目标优先"。在校本培训目标的确定上，学校发展目标具有统领作用，它应该也可以整合教师的发展目标，满足教师的专业发展需求，但教师的发展必须以有利于学校的发展为前提。教师的专业发展需要是多种多样的，并非所有的专业发展需要都有利于学校的发展，或者说并非所有的专业发展需要都是学校所要急需解决的问题。不是为了学校发展的培训，或主要不是为了学校发展的培训，不是真正的校本培训。

校本培训的开展又是"基于学校"并"在学校中"的，无论是活动依据还是活动模式，都是以本校的实际（历史的、现实的、发展的）为基础来规划和组织。有效的校本培训，其正确的理念是"问题解决"，通过民主的、专业的教育诊断，找到制约学校发展、影响学校发展目标实现的问题所在，形成"问题树"，根据轻重缓急，进行分解和化解。问题的不断解决，便是学校的不断进步。不解决本校实际问题的校本培训不是有效的校本培训。

（2）主题推动，项目运作

校本培训的开展不实行传统的"班级上课制"组织形式，没有固定不变的培训班，也不一定全校集中进行，而是实行"主题推动，项目运作"的方式。校本培训立足于问题解决，而问题来源于丰富多彩的教育教学实践，可以检测，但不能强加，可以预测，但不能预置，因此校本培训内容的选择与设置不可能体系化。学校教育教学工作是一种个性化很强、变化性很大、自由度很高的工作，教育工作者在教育工作中遭遇的问题很可能是各式各样的，因此校本培训内容的选择和设置不应该面面俱到。个性问题个别解决，共性问题分类解决，找到与学校发展有关的急需解决的共性问题，使问题主题化，然后再细化为专题和课题，进行培训。每一培训主题就是一个相对独立的项目，以主题来组班，把有同样需求或面临同样问题的教师或职员归类组成一个"校本培训"班，主题主持人就是项目负责人，培训结束，项目结束。

（3）能者为师，互动发展

校本培训有培训者和受训者，即有教师和学员（学生），但它没有传统意义上的专职或固定的教师和学生，而且教师和学生的职业身份都是教师，正所谓"闻道有先后，术业有专攻""教无常师，能者为师"。在校本培训班里，担任教师角色的有三类人：一是专业引领者，即通常所说的专家；二是校本培训主题（专题、课题）的设计者、主导者；三是培训过程中能够对其他受训者专业发展产生影响的人，这类人通常是受训者自己。因此，校本培训实施的是能者为师、互动发展，最佳状态是人人为师、人人为生。其中，专业引领者根据主题的性质和学校资源来聘请，它是充分条件，不是必要条件；主题设计者、主导者是充分必要条件；受训教师是校本培训的主体，应该充分挖掘受训者所蕴藏的教育资源，发挥他们的主体作用，使他们在积极参与的同时，学习同伴的经验和思考，并与同伴分享自己的经验和思考。在这个过程中，主题设计者和主导者就起着举足轻重的作用。

① 组织作用

确定校本培训主题，设定项目目标；制定培训方案；聘请专家、组织生源；组织课堂会话和讨论、制造轻松和谐的学习氛围；推动分散研修，调控培训进程。

② 指导作用

讲解培训主旨；提供主题发言（报告）；疏导培训问题；提示解决问题的方法与思路；引导受训者进行阶段小结与项目总结。

③ 评价作用

培训的主要收获；学员的参与程度；教学氛围的生动活泼程度；对问题讨论结果的满意程度等。

④ 服务作用

教学准备；生活服务；交流服务等。

总之，校本培训作为一种新的继续教育形式，具有自己鲜明的特点，这些特点也是我们识别"校本培训"的重要依据。

3. 几个相关概念

（1）校本培训与院校培训

校本培训和院校培训都是一种教学活动，但院校培训这种教学活动是以院校（教育者所在的培训机构）为本的，不是以学校（受教育者所在的教育机构）为本的。院校在培训主题的确定、培训方案的设计、培训内容和模式的选择、培训时间和地点的安排、培训资源的调配、培训过程的管理和培训结果的考核等方面拥有最终决定权，而受教育者及其所在学校则没有多少自主权。院校培训的优点是可以在很短时间内使接受培训的教师了解理论的最新进展，在广阔的视野里让接受培训的教师了解实践的最新情况，并使教育者的主导作用得以充分发挥，同时来自不同学校的教师参与院校培训，有利于受训者之间的交流与合作，比较充分地分享到不同学校的经验，并建立起跨区域的专业发展网络。院校培训的不足在于培训的内容未必是接受培训的教师所急需的，培训的模式未必切合接受培训的教师的进修习惯，时间和地点的安排未必能有效解决教师的工学矛盾，也不利于发挥接受培训的教师的主体作用。

院校培训与校本培训具有很大的互补性，其功能是不可替代的。定期委派教师参加院校培训是非常有意义的，但就教师专业发展而言，经常性地开展校本培训更有意义，因为校本培训成本低，针对性强，效益会更高。

（2）校本培训与校本教研

校本教研是一种教学研究活动，不是教学活动。虽然校本教研在"以校为本、问题解决"这一点上与校本培训是一致的，它的课题源于教育教学实践，通常运用行动研究方式来开展研究，目标在于解决教育教学实践中的问题，促进学校教育教学工作的改革和发展，提高教育教学质量，在此过程中，教师自身也获得专业发展。但校本教研不具备"培训"活动所应具备的要素，也不具备"培训"活动的基本方式。校本教研既可以是集体的，也可以是个体的；既可以通过立项来进行研究，也可以不通过立项来进行。也就是说，校本教研是研究者自主的，未必纳入学校管理范畴。同时，集体的教研虽然是一个有组织的探究过程，在这个过程中通常都会有主导者，但这种主导作用主要表现为带领研究小组去探究解决问题，是组织者与参与者的关系，而不是培训者与受训者的关系。

因为校本教研与校本培训都是从问题出发，两者在许多方面有交叉，如两者都强调"探究"，因而具有很强的互助性，可以交互使用。交互使用的方式有三种：一是校本培训包含校本教研，即培训—教研—培训模式；二是校本教研包含校本培训，即教研—培训—教研模式；三是在同一主题（课题）上校本培训与校本教研并行开展，即培训—教研模式或教研—培训模式，也就是通常所说的"研训一体化"。现实中，大量的校本培训活动都属于"亦研亦训""研训结合"的研训一体化模式。当然，从教师继续教育管理的角度说，后两种方式的"培训"必须立项，纳入校本培训管理范畴。

（3）校本培训与校本学习

校本学习是一种学习活动，不是教学活动。在"校本"（为了学校，基于学校，在学校中）意义上，特别是在促进教师专业发展意义上，校本培训与校本学习是一致的，但校本学习既可以是集体学习，也可以是个体学习，个体学习的直接目的既可以为了学校，也可以为了个人。纳入校本培训管理范畴的校本学习属于校本培训，不纳入校本培训范畴的校本学习，不属于校本培训。

任何培训都必须以学习为基础，校本培训也必须以学习包括校本学习为基础，特别是理论学习。校本培训的参与者是教师，基本上都有学习的习惯和能力，并非所有校本培训内容都要通过教学活动来实施，相反应该把大量的培训内容分散到个别学习或小组学习中去解决，教学活动主要集中研讨解决学习过程中产生的问题特别是共性问题。但由于教师工作比较繁忙，可能对理论进展和实践信息（特别是外地经验）关注不够，加上教师的个体差异性，因此校本培训加强专业引领，可以大大提高学习的针对性和有效性；同时加强学习问题的收集、整理和分析，可以大大提高培训的吸引力、协同性和效能。

（4）校本培训与校本研修

有人认为，在教师继续教育话语体系中，"研修"正逐渐取代"培训"成为主流话语。这可能是一种不符合实际的判断。"研修"在不同的语境中有不同的含义，在"院校培训"模式里，"研修"是研究和进修（修习）的意思，即研究性进修或研究性培训，这是注重发挥导师主导作用的培训模式。在"校本研修"模式里，"研修"是研究和自修（自习）的意思，即研究性学习或学习性研究，这是可以没有导师主导作用的自我提高方式，即学习—研究方式。校本研修通常以个体活动的方式来开展，兼有校本教研和校本学习的部分特性，但它不具备校本培训的基本要素和活动方式，只有纳入校本培训活动范畴的校本研修，才属于校本培训。也就是说，只有校本研修作为校本培训整个活动序列的一部分时，才能认定为校本培训。

校本研修的优点在于：研修者作为研修活动的策划者和实施者，对研修的目标、内容、形式、进度和评估拥有掌控权，有可能使目标的确定更切合自身的实际，问题或主题的选择更有针对性，形式的运用和进度的安排更符合自身的知识基础、工作节律和学习习惯，评估结果更符合自己的切身体验。

校本研修的不足在于：研修者的主观能动性对研修活动的开展起着决定作用，研修的目的是否体现"校本"的要求是不确定的，而且对研修活动的持续开展来说，单靠人的主观能动性来保障是不牢靠的；研修者的研修能力，研修资源的开发与利用，都是制约校本研修质量的重要因素。

为了促进教师的专业发展，学校应该鼓励教师开展校本研修，也可以把校本研修作为校本培训的基础，把与校本培训主题相同或相近的校本研修活动整合到校本培训中来，实现校本培训与校本研修的互动发展。

（二）校本培训的内容

1. 校本培训的一般内容

校本培训的一般内容，就是确定校本培训具体内容时可供参考和选择的菜单。学校可以根据自身实际状况，从一般内容中选择满足本校和教师发展需求的培训内容，正如去餐厅吃饭，菜单只是你选择的依据和参考，你完全可以根据自己的口味和需求点其中的某些部分就可以了，没有必要点菜单中所有的内容。开展校本培训，选择培训内容也是同样的道理，不可贪大求全，好的培训内容并不一定是合适的培训内容，合适的培训内容才是好的培训内容。

校本培训中可以作为选择参考和依据的一般内容本身也是不断发生变化的。培训内容发生变化的主要原因是教师职业角色的变化，以及教师专业发展理念的更新。教师校本培训内容是由中小学根据自己实际状况设计的体现学校和教师发展需要的相关领域。由于教师专业发展通常被认为是教师在教育教学活动中获得尽可能多的经验及系统审视自己教学实践所达到的一种专业成长，因此教师校本培训内容主要集中于教师胜任教育教学，甚至是革新教育教学的各种能力，包括有关教育理论、所教学科的知识与运用、学校与班级管理、与学生的交往、对学生评价、校本课程开发、新技术应用等。而国家教育方针政策和教育规划工作所倡导的内容更是中小学教师校本培训的重点。这些培训内容，除了视教师为"教学人"外，也包含了视教师为"个体人"和"组织人"的指导思想和培训内容，它们交叉融合，使教师的教学、个体和学校组织都得到和谐发展。当前，国外教师校本培训日益淡化政治色彩而主要倾向于满足教师个人需要，重视教师在教育教学实践过程中问题的解决和所需技能的获得，诸如如何实施有效教学、如何运用信息技术加强学生课堂学习、如何满足有特殊要求的学生的需要等。

大体而言，校本培训的一般内容主要有以下方面。

（1）知识和技能的扩充

知识和技能的扩充是教师面对迅速变化的社会环境所必须作出的反应，教师必须不断地更新知识和学习新技能，才能适应有效教学的需要。随着计算机技术在教学中的应用，计算机培训也为各国教师培训所重视，并逐渐成为校本培训的核心内容之一。计算机信息技术培训运用较多的形式就是"传、帮、带"。培训内容倾向于计算机在课堂教学中的实际应用，培训效果评价是由指导者观察教师在课堂运用计算机技术教学情况来进行的。一旦教师能在课堂中熟练应用计算机技术，那么下一个目标就是要通过有效的活动与策略，重点支持教师利用计算机技术调动学生学习的积极性和创造性。

（2）教育理论的学习

对教育理论的学习需要源于教师仍有必要学习和运用教育原理。学校开展自我评价和进行反思型教学时，一方面，需要教师思考教学的目的、条件和过程；另一方面，教师教学行为过程与一些策略表面看来是不假思索的决定，实际上是基于对学生综合了解和对所学习的教育原理的运用。因此，教师校本培训也必须学习和思考教育理论，教育行政部门和学校也鼓励、支持教师参与教育理论的学习。这种培训常常由大学、教师进修学院等机构与学校合作提供，形式主要是在学校内开设校本培训课程，内容是经过学校和教师挑选的。被视为对教师专业发展有价值的原理，主要倾向于与课程和教学有关的教育学、教育心理学、教育社会学和教育哲学等方面。除此之外，教育理论学习还包括教师有计划地依靠其专业意识和自主性进行的一些学习与讨论，以及大学合作人员与教师一起对一些教学问题进行的共同研究。大学经常被批评为追求纯理论而进行理论研究。并且有经验的教师倾向于以一种由他们经验所强化了的批判角度来学习和研究教育理论，他们比没有工作经验的师范生更能判断所需要的理论及其学习价值。

（3）学校管理知识的培训

学校管理也是教师校本培训的内容之一。这类课程或活动的主要目的是要让教师了解学校是如何运作的，以便自己能更好地适应和参与学校的改革和发展。这类培训视教师为"组织人"，培训内容主要涉及学校组织与管理、人员开发、财务管理等方面，培训组织由校长或学校内接受过管理训练的人员担任，学校在校外人员参与下对其效果进行评价。实践证明，成功的校本管理培训确实有助于学校教师加强对学校管理以及学校和班级在教育系统中地位的认识和理解，也能鼓励教师积极参与学校管理，让更多的教师愿意参与学校改革计划，并有利于学校最终建构学习型组织。

（4）教育研究能力的训练

教师教育研究能力也是教师校本培训的内容之一。教师职业特征决定了教师本身应是一个研究者，因为"教师是课堂的负责人，而从实验主义者的角度来看，课堂正好是检验教育理论的理想实验室。对偏爱自然观察的研究者而言，教师是名副其实的有效的实践观察者。不管从任何角度理解教育研究，都必须承认教师职业生涯中充满了丰富的研究机会"。行动研究的方法也为教师培养教育科研能力提供了科学方法。在校本培训中，教师针对实际问题自己思考解决问题的办法，在确定策略后再审慎地投入实践并观察和评价实际效果。同时，学校在校本培训具体活动的设计过程中，也要充分考虑到必须为教师提供尽可能多的处理各种教学实际问题的经历，并让教师之间相互有机会进行讨论和集体研究。

同时，与大学或其他机构进行合作研究也是校本培训中培养教师科研能力的主要方法之一。这种合作对学校教师来说是一件富有挑战，同时又大有裨益的事情。对学校来说，通过这种合作，首先可以运用已有的文献和实践范例来解决本校问题；其次，通过参与研究，可以学会如何界定问题、收集和分析信息资料；最后，学校能清楚地解释学校有关政策。对于学校教师来说，在实践中进行教学研究虽然有很大的挑战性，但是有大学教师提供指导和内部支持，以及校内同事之间信息交流与共享，教师基本上能够对自己教学中的问题进行分析、研究和对自己教学行为进行反思，能够仔细思考自己的行动和检查自己的专业实践，并了解如何改善将来的教学。合作研究为校本培训中教师专业发展提供了适宜的环境和方法。同时，这种合作研究也使大学里传统教育研究发生了重大改变。大学里的教育研究往往只反映学术界标准，而实践研究的目的并非追求普遍理论，而是要让在实际情境中行动的人能在特定情境中作出合理决定。所以，纯粹的大学研究往往不能适应学校实际教学中的挑战而未能引起教师和管理人员的兴趣，而合作研究在一定程度上改变了这种状况，并使大学研究者能在实践情境中探究教学问题的解决方法。

2. 校本培训的主要内容

校本培训的理念和目标往往是依托校本培训项目来实现的。所谓校本培训项目，就是为实现校本培训的目标，由相关部门进行设计并实施的相互关联的培训活动。从我国校本培训的实践来看，为实现校本培训目标，所探索的校本培训项目多种多样，诸如新教师培训项目、骨干教师培训项目、班主任培训项目、师德培训项目、知识技能提高培训项目、新课程培训项目、信息技术培训项目、生成问题培训项目、办学特色培训项目、校园文化培训项目、学校教育科研培训项目、教师心理品质培训项目等不一而足。每种培训项目都有相对应的培训内容，下面对主要校本培训项目的培训内容进行分析。

（1）新教师培训

① 教育教学实践能力的培训

我国师范院校重点关注师范生学科理论知识和教育理论知识的培养，实践机会较少、学生实际的教育教学能力较差，一直是我国师范教育的弊病。因此，学校招收新教师之后，应采取各种培训形式和手段，加强教师的教育教学基本功训练，让教师尽快跨越"生手"阶段。新教师应掌握的教育教学实践能力主要包括：制订教学计划、编写教案、书写规范化汉字和说普通话、课堂管理、测试命题、师生交往、同事合作、与家长沟通交流等方面的技能。

② 教师形象塑造的培训

进行教师形象培训的目的在于塑造教师角色，提升教师形象，从而提升课堂教学的质量。教师形象塑造的培训主要包括：仪表培训，如开展"教师穿衣化妆的技巧"等此类活动；语言培训，包括言语表达和非言语表达，教师需要根据学生的年龄特点、个性特征和教学环境选择合适的言语表达方式和非言语表达方式，诸如动作、表情、体态等。

③ 校园文化的培训

校园文化的培训包括展示与介绍校史、学校成就、知名教师、知名校友、学校办学目标、教师文化以及参与学校的一些文化活动。通过校园文化的介绍，使新教师主动融入学校环境，减少被动适应中的不良感受。

（2）骨干教师培训

我国教师培训经历学历补偿阶段之后，20世纪90年代在全国各地开展了"全员培训"和"骨干培训"相结合的培训，国家骨干教师培训、省级骨干教师培训陆续展开，很多学校还开展了校级骨干教师培训的活动。骨干教师成长有一定的规律，可以根据骨干教师成长的阶段，安排相应的培训内容。

骨干教师校本培训的主要内容包括：提高教育教学能力的培训，包括教育教学艺术的培训；课程开发特别是校本课程开发的培训；教育科研能力的培训，以促使骨干教师具备独立发现问题、进行课题立项、开展实验研究、撰写研究实验报告的能力；指导其他教师工作能力的培训；教育教学创新能力的培训；"不安于现状"的开放心态的培训；自我反思能力的培训等。

（3）生成问题培训

教师教育教学和学校发展中会遇到各种问题，特别是在我国社会转型、教育变革持续推进的背景之下，教师和学校往往会遇到原有知识和能力不能很好解决的问题，这些问题将促使教师转变教育理念、变革教育教学方法、更新知识技能。应该看到，问题往往暗含机遇，问题往往也是发展的起点，学校应以生成的问题作为校本培训的起点和内容，促使教师反思教育教学，从而解决问题，改进教育教学工作。

学校和教师遇到的问题多种多样，从师生关系处理到学校发展目标的确定，这里不进行详细归纳，但需要强调的是，生成的问题并不一定都需要安排专门的培训项目来解决。面对生成问题，基本的做法是：首先对生成问题进行定性，确定是否是培训问题；其次确定其他培训项目是否可以解决此问题，比如新教师遭遇到的很多问题可以通过新教师培训项目解决；最后确定生成的问题确实是培训问题，而其他培训项目又不容易容纳或解决的，可以设立专门的培训予以解决。

（三）校本培训的方式

校本培训的方式是在实践中生成和发展的，具有多样性和灵活性，从不同的角度可形成不同的分类。本书试图就校本培训的性质和国内外已有的相关实践，列出几种最为重要的方式，这些方式也许在逻辑上是有交叉的，但在实践中却经常被采用。

1. 课题研究

课题研究指的是教师从自己的教学实践中选择若干亟须解决或较为重要的问题作为研究项目，通过对这些实践性课题的研究，在解决教育教学实际问题的同时，达到提高教师自身的专业素质和能力的目标。课题研究是校本培训的一条十分重要的途径，其形成与发展与近年来在国际教师教育领域产生了深远影响的"行动研究"和"反思性教学"思潮有关。"行动研究"和"反思性教学"所倡导的增进教育教学质量的一系列方法都可以为之所用。

在我国，有论者甚至直接把"反思性教学"本身就作为校本培训的一种途径。应当说，看到"反思性教学"与校本培训的联系是正确的，但将"反思性教学"作为校本培训的一种途径在范畴方面似有不妥。"反思性教学"是一种思潮或运动，简化为一种途径或方法来理解会缩小"反思性教学"概念的内涵，"行动研究"也是如此，故不应当把它们视为具体的途径和方法，而应当看成是校本培训的理论依据或指导思想。

校本培训中教师研究所选择的课题从范围上看可以是多层次的，既可以是在整个学校的水平上进行的课题研究，针对学校中最常见或最基本的问题，也可以是在学校内某一部门或某一学科教学中选定的课题，以上两者都属学校内的局部培训。还可以是由两所以上的学校共同选定的课题，这类课题的研究以合作学校的共同需要为出发点，集中人力和物力解决共同的问题。此外，学校与大学或教师培训机构合作进行有关学校教育教学实践问题的课题研究也是校本培训一种常见的重要方式。

2. 同伴教学

也可称为小队教学。由两名或两名以上的教师组成教学小组，教师在教学中分别承担不同的角色和任务，通过分工协作，共同完成教学任务。教学小组的组成方式可多种多样，既可以组成由一名优秀教师作为负责人的多层小组；也可以组成合作小组，由几名专业水平相当的教师组成，小组成员根据需要轮流担任负责人，承担教学任务。

同伴教学小组制度不仅可实现教师人力资源的优化组合，使每个教师的兴趣和特长得到有效的发挥，而且可加强教师之间的协作，有利于教师之间的相互学习和交流，对提高教师特别是新教师的业务水平有着积极的作用。

同伴教学小组的一种典型方式就是"师徒制"，在国外也被称为指导教师制度，一般做法是挑选一些教学经验丰富、教学成绩突出的优秀教师与新任教师结成对子，有的新任教师还充当优秀教师的教学助手，让优秀教师对新任教师的教学工作予以帮助和指导，使新任教师尽快适应角色和环境的要求。

有研究表明，当教师的学历达到一定的程度后，教师的学科知识已不再是影响教学效果的关键因素，表达能力、组织能力、诊断学生学习困难的能力，以及他们思维的条理性、系统性、合理性，与教学效果间则存在着较高的正相关，而这些能力和思维特征恰恰是传统的教师教育所忽略的，也是新任教师所欠缺的。优秀教师可以通过自己的教学实践和言传身教向新任教师展现那些言辞难以传达的教学技能，使新任教师从优秀教师那里学到"内隐知识"。

应当说，教师培训上的学徒制并不是什么新东西，19世纪英国的门生制和我国的教育实践中老教师对新教师的传帮带都是这一形式的表现。当然，它在当今重新受到重视，是与人们对教学工作的性质和教师的知识结构的新的认识分不开的，支持校本培训的这一途径的理论基础在很大程度上就是近些年来颇为盛行的有关教师知识结构中的"内隐知识"或"内隐理论"。

在传统脱产培训向校本培训的转变过程中，通常存在着一种过渡性的办法，即通过对骨干教师的先行正规培训，再通过所谓的"接力法"，来带动校本培训，基本做法是：每所学校派出若干名骨干教师参加初级阶段在职培训，返回学校后将所学到的东西传授给同校的其他教师，以替代培训机构的作用。这种方法前半段骨干教师接受的培训还是一种传统的教师在职培训形式，但其后半段，即骨干教师将自己所学的东西传给其他教师时，意味着教师的培训已经朝校本培训方面转化。欧洲许多国家，尤其是培训经费不足的国家倾向于采用这种方式。

3. 教师间的观摩和交流活动

学校内或各同伴教学小组的教师互相听课、评课，进行教学研讨和经验交流等，也是校本培训的方式之一。这些活动可以在校内进行，以校内教师或同伴教学小组成员间的观摩与交流形式表现出来，也可以是校际或学校与其他机构间的交流，教师间的合作或互换等。如在日本，新任教师的校外研修，就包括参观其他学校和青少年教育机构、儿童福利机构以及民间企业，参加野外活动、社会志愿活动和理解社会文化的活动等；在英、美等国的一些地区，轮流主办研讨会，相互交流经验，共同探讨需要解决的问题。

教师间的经验交流常常是通过对具体案例的分析来进行的。就某一具体案例，教师们聚集在一起，商讨研究，发表自己的观点，进行思想的碰撞，这既是一个问题解决的过程，也是一个培训的过程。当然，这种方式并不是孤立的，它往往是在与其他方式的结合中进行的，如在合作型的课题研究和小组教学方式中，教师们就经常相互交流，故我国有学者将"案例分析"也作为校本培训的途径之一。

4. 各种形式的短训班、讲座、咨询、研讨、实地培训

短训班和讲座也是校本培训的普遍形式，这种形式本身就是灵活机动的，既可以由一所学校来组织，也可以由几所学校联合主办。内容可以根据教师的需要来确定，教师缺什么，就在短训班和讲座上补什么，具有很强的针对性。既可以聘请高校的教师和专业研究者，也可以聘请中小学的优秀教师。它与教师的脱产进修不同，属于非学历教育，既可节省教学的经费和

学习的时间，又能紧密结合学校的教育教学的工作。在时间安排上也十分灵活，经常是利用假期、晚上或学校放学后的时间。

从国外校本培训的经验看，学校可以通过"合约"的方式，邀请培训机构有关人员定期来学校开展咨询、研讨活动；也可以向培训机构提供培训信息，传达学校的需要，然后由培训机构有针对性地进行设计，并到学校进行实地培训。

（四）校本培训的实施

校本培训的实施是培训工作的关键阶段，是具体履行培训规划，并根据培训的目标对培训过程中出现的问题及时作出调整，从而保证培训活动顺利开展并最终实现培训目标的过程。

1.校本培训实施的要点

因为校本培训和多方面内容、多种形式、多个职能部门都有十分紧密的联系，所以使得校本培训实施过程尤为复杂。整个过程中需要把握的问题如下：

① 以营造良好的培训氛围为起点。② 以保持顺畅的沟通机制为重点。③ 开发并掌握培训实施的控制方法。④ 及时发现并纠正培训实施中的偏差。

2.营造良好的培训氛围

主动营造积极向上的校本培训氛围，从而保证教师对参与校本培训有比较好的期待以及较大兴趣，立足于多个层面深刻领会到参与校本培训的深远意义，最终使得校本培训演变成推动教师自我发展的有效形式。英国在以中小学为基地的师资培训模式中，安排了"前期培训"这个环节，主要任务是安排培训人员实施引导课程，主要讲授各门进修课程的方法论原理，为开阔教师视野、在学科间建立联系、进行跨学科交流方面提供指导。就我国校本培训实施过程来说，一定要有效预防重视推动、忽视发动的问题，学校应当在培训尚未开始时就向教师详细说明培训内容与培训方法，进而保证教师对学什么和如何学有清晰的认识。毋庸置疑，营造良好培训氛围离不开切实有效的策略与技巧，具体如下。

（1）营造培训氛围需要选准切入点

邀请专家做一场讲座以及开一次全校动员大会都是无法彻底解决培训氛

围营造问题的，要想从根本上解决这项问题就必须找到最适宜的切入点。需求是引起动机的因素，满足需求往往能使个体的主动性大幅度提升，培训氛围的营造也应当严格遵循该原理。在学校教育教学中，存在很多可以引起培训需求的因素，这些因素均可充当营造培训氛围的切入点。具体如下：

① 问题引起需求

如果教师在教育教学过程中遇到诸多问题，则说明教师在知识、技能或者其他方面存在不足之处，在这种情况下开展旨在促使教师界定、剖析以及处理问题的校本培训，往往会使教师产生一定的共鸣。

② 外部触动法

通过引导教师学习终身学习理论、教师专业化理论，带领教师参观兄弟学校校本培训的成果，聘请教育专家开设相关的专题讲座，使教师认识到校本培训是未来发展的必然趋势和教师专业发展的重要途径，从而促使教师以开放的心态参与校本培训活动。

③ 资源提供法

校本培训强调教师的反思和自学，但教师自学并不意味着自学是"教师自己的事情"，学校应该提供给教师时间、场所、经费、图书等资源，让教师感觉到学校是重视教师学习和校本培训工作的。校本培训不是校长信手拈来的时髦口号。

（2）形成合作、开放学习的培训氛围

在校本培训过程中，一定要想方设法弱化行政力量或者强制力量的作用力，推动教师更加深刻地领会到合作的深远意义，同时灵活掌握合作学习的具体手段，只有这样才有可能使教师对合作产生良好预期。作为一名教师，一定要以开放的态度对待培训与学习，最大限度地战胜合作的恐惧以及按照自身意愿表达意见后的顾虑，这是增强培训效果的重中之重。要想顺利达成这项目标，校本培训过程中的所有环节都要把民主与参与原则反映出来，由此推动教师大范围参与培训规划的制定、校本培训管理以及培训手段的选择等。

3. 校本培训实施的控制

在校本培训的实施过程中，往往会遇到很多新近出现的情况与问题，这种情况下必须及时采取切实可行的举措来有效控制。具体来说，校本培训实施的控制就是设法使培训活动始终遵循规划设计的内容和进度开展，与此同时，科学修正实施过程中的偏差，从而更加顺畅地达到调节进度以及把握方向的双重目标。

（1）校本培训实施的控制步骤

校本培训规划正式进入实施阶段后，一定要及时收集有关培训活动实施的相关资料，全方位地剖析开展现状和培训规划间的实际距离，并且在此基础上深入剖析形成距离的本质性原因，以便采取可行性举措来纠正偏差，与此同时要持续跟进和落实培训规划。培训实施的控制过程，如图4-1所示。

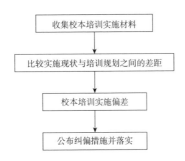

图4-1　校本培训实施的控制步骤

（2）校本培训实施控制的方法

① 收集校本培训规划和实施的资料

因为控制校本培训实施过程的重要前提是全方位掌握实施现状以及培训规划状况，所以就有必要占有翔实的校本培训规划和实施的资料。这些资料分别是：校本培训需求分析报告；校本培训规划书（长期、中期和短期）；校本培训资源分配方案；校本培训项目开展资料（参与对象、培训者、培训内容、培训方式、培训时间、培训场所、结业方式）；教师参与校本培训的态度和效果（定期开展问卷调查收集）等。

② 比较实施现状和培训规划之间的偏差

由于教育所面对的环境是不断变化的，因而校本培训实施现状与培训规划之间产生偏差是正常现象，况且出现偏差也并不一定都是影响校本培训活动开展的不利因素。此时，不但要寻找偏差，还要给偏差定性，看看这些偏差是积极偏差还是消极偏差。如果是积极偏差，应采取修正培训规划的方式解决；如果是消极偏差，应采取管理手段纠正偏差，使培训活动符合培训规划要求。具体分析工具可以参照表4-1。

表4-1　校本培训现状和培训规划偏差分析

项目	偏差	定性	措施
校本培训比较规划 比较→↑↓ 校本培训实施现状	1…… 2…… 3……	积极偏差→	修正校本培训实施
		消极偏差→↑↓	纠正校本培训实施

③ 公布并跟进落实

学校应定期公布校本培训实施进展情况，其中包括修正校本培训规划和纠正校本培训实施的情况。这样做的好处是：首先，使参与校本培训的相关组织和个人明确各自的工作职责，了解校本培训开展的实际进展程度；其次，把校本培训的成果及时公布出来，能够增强教师的成就感，增加教师继续参与后续培训活动的积极性；最后，公布培训实施状况，可以起到宣传动员的作用，让教师有准备地参与到后续的校本培训活动中去。

二、高职"双师型"教师校本培训基础知识

（一）高职"双师型"教师校本培训的概念

目前，人们对校本培训概念的认识并未统一，存在着多种理解与认识。这主要表现在两个方面：

首先，在概念的使用上，有数种相关词语在同时使用。如：校本培训、校本教师进修（继续教育）、校本教师教育、校本的教师专业发展（成长）、以学校为中心（定向）的在职培训、以学校为基地的在职培训、以中小学为基地的师资培训等。相应地，英语中对此概念也有不同的表达。如：school-based in-service training，school-based in-service education and training of teachers，school-based teacher education，school-based teacher development（growth），school-based teacher training等。上述概念表达中，同样的内涵却有多种表述，正表明人们对这一概念认识的多样性或不确定性。

其次，在定义的描述与内涵的理解上存在着不同的看法。例如：

按照欧洲教师教育协会的有关界定，校本培训是指源于学校发展的需要，由学校发起和规划的，旨在满足学校每个教师的工作需要的校内培训活动。这个定义强调的是以学校为基地、以学校为培训主体、以满足教师个体发展需求为目标的教师培训活动。

校本培训是一种以任职学校为基地,辅之以大学或师资培训机构提供必要课程和人员而开展的师资培训模式。它主张从学校教育教学发展的实际和需求出发,由大学或师资培训机构提供必要的指导和支持,在教师任职学校开展教师的在职培训工作。

校本培训是在开展继续教育工作中,以教师任职学校为主阵地,以教师互教互学为基本形式,在岗业余自学的一种进修模式。这一界定着眼于教师的互教互学以及自我学习的培训形式。

校本培训指的是学校根据自己的发展规划,在对学校教师的现状与潜力进行系统评估的基础上,充分利用校内外的各种资源,通过自行规划设计或与专业研究机构、研究人员合作等方式开展的,旨在满足学校需要及教师需求的培训活动。它注重的是教师培训中学校以及教师自身潜力的挖掘、校内外资源的充分利用。

还有人并不赞同"校本培训"的提法,认为"培训"一词带有明显的技术取向,应用"校本的教师专业发展"概念取而代之。由此,对这一概念做如下界定:校本的教师专业发展指的是由学校教师发起的,依据具体的教育教学实际情况,为解决具体实践中的问题,在教师所在学校进行的专业方面的计划或活动,目的是使教师在实践中增长专业知识、锻炼并提高专业技能,增强教师的职业态度,进而促进教学质量的提高。它关注的是以学校为中心的教师自主的专业发展。

从对"校本培训"概念的各种界定中可以看出,人们对这个师资培训的新模式的认识不仅是多样的,而且也存在不少偏颇之见。比如:把校本培训理解为完全在中小学进行的封闭式的自主培训活动,忽视师资培训机构的作用以及校外资源的有效利用,把校本培训与其他形式的培训隔离或对立起来;或把它仅仅理解为教师的一种在岗自修行为,甚至把校本培训等同于学校日常的教研活动等,这种偏离校本培训本质的理解将会导致校本培训实践的失败。因此,我们必须首先从概念上正确分析、界定、认识校本培训。

校本培训内涵到底是什么,人们对其理解和描述是多样的。概括起来校本培训有如下基本特征:

一是校本培训是有组织的。教育行政部门要逐步加强这种参与和领导。二是校本培训的根本任务是要促进教师的专业发展。校本培训的主题是学校与教师共同需要,其所推动的教师专业发展与学校发展具有天然的一致性。三是校本培训是终身培训,贯穿教师职业生涯全过程。四是校本培训以教师任职学校为培训基本单位。培训立足学校实际发展需要,以解决教学实践问题为目的。五是校本培训是集基层学校与教学研究、教育科研融合在一起的培训活动。六是校本培训强调教师的主体性。尽管培训一词对教师而言蕴涵一定的被驱动性，但实际上校本培训强调教师在职业发展过程中的自主性。七是校本培训离不开专家指导。这里的"专家"不仅仅是高等院校和上级教育科研机构的专家，也包括本校的"专家型"教师、当地其他学校的专家资源等。八是校本培训是有一定周期的。校本培训应该有规划周期，要有启动、有实施、有评估。总结以上基本特征，可以清晰地看到校本培训所倡导的理念：强调实践，立足通过教师培训实现教育理念在实践中的应用，让丰富多彩的教育实践在教师学习、探索、反思过程中实现对教育理念的检验修正、丰富和发展。校本培训理念突出学校、教师的重要作用。

综上所述，本书认为，教师校本培训就是以学校为基地，在教育部门及教育专家的指导下，为了提高本校教师的教育教学能力，促进学校发展，通过利用校内外各种资源的一种校内教师在职培训活动。由上述推论，高职"双师型"教师校本培训就是高职院校为了满足学校教育改革和培养更多的具有"双师型"素质的教师，把培训与教师的教育教学、科研活动紧密结合起来，立足于本院校，立足于教师本人，立足于本专业特色的"三本"教师教育理念与继续教育形式。

（二）高职"双师型"校本培训的特点

校本培训是一种新的培训模式，包含全新的继续教育理念。校本培训与传统的培训方式不同。它是以学校为本的教师培训，是以教师任职学校为培训基地，以教师互教互学为基本形式，以满足本校发展和促进教师专业发展为目标，把培训与教师的教育教学、科研活动紧密结合起来的全员继续教育形式，是一个持续的、动态的过程。关于教师校本培训的特点，学者们的主要观点有：

把教师校本培训的特点归结为以下六个方面：一是基于受训者的需要；二是受训者开发；三是受训者角色的双重性；四是主题的计划性；五是以理论来研究和指导实践；六是鲜明的组织特色。校本培训必须是根据本校教师专业化发展的需要，来选择学习内容，设计学习活动，由本校教师制定学习计划，策划学习活动的组织方案和策略。本校教师既是接受培训的学员，又是培训同事的教员，其学习主题应有一定的系统设计，按一定的时间周期，开展系统化的单元学习。

把校本培训的特点归纳为四个方面：一是校本培训是真正意义上的教师

在岗培训；二是校本培训是学习、研究、实践活动三者的有机结合；三是教师校本培训是衔接培训机构集中培训与教师自学，并整合一切教育培训资源的培训场；四是校本培训可充分发挥教师在培训过程中的主体作用。研究指出校本培训的内容是根据本校教师的原有基础、工作现状和实际需要而展开的，具有根植于本校的特征。它是以学校和教师当前及发展中的问题为出发点，注重教、学、研、做合一。

从校本培训与其他非校本培训对比的角度认为校本培训具有如下特点：目标的直接指向性；内容的现实针对性；方式的灵活多样性；组织管理的自我主体；支持系统的共同协作性；培训质量的有效评价性。

也有学者就校本培训与院校培训在理念、主体、目的、内容等方面做了比较。从中看出，校本培训在教师培训方面的优势。详如表4-2所示：

表4-2　校本培训与院校培训对比

	校本培训	院校培训
理念	放入学校和教师的实践中，培训随时随地渗透到教师真实的教学情境中，培训基层化、全程化	提倡教师回到大学等培训机构继续接受教育
主体	培训空间上可变化，但中小学起主体作用，培训中的问题由校长和教师共同分析和解决	教育学院、教师进修学院
目的	来源于学校实际，学校需要和培训目的一致	依据有关行政部门政策，本体实际需要而定，实效性受一定的制约
内容	一般以"问题"为中心，遇到同样问题的教师集中受训，学会解决此类问题的能力	一般以"学科"为中心，同学科的教师集中接受培训

综上所述，本研究认为校本培训所具有的特点有以下几个方面：

1. 全员性

校本培训以教师任职学校为基本培训单位，以全体教师为对象，全员参与，共同学习。

2. 长期性

校本培训以教师任职学校为受训场所，可进行比较持续且长久的培训，甚至可以从参加工作直到退休。这种培训方式创造了终身学习的氛围，弥补了培训机构集中培训在时间和覆盖面上的不足。

3. 实践性

校本培训的前提是教师不脱离工作岗位，将培训工作与教学工作紧密联系，学以致用。

4. 灵活性

根据实际条件灵活机动地安排活动时间、内容，并针对学校的自身特点和每位教师的本身情况加以安排，做到继续教育个性化，促进了教育教学科研和教育教学实践的紧密结合。

5. 经济性

校本培训免除了教师脱产培训的差旅费、学习费，减轻了教师和学校的经济负担，大大提高继续教育效益。在教育经费紧张、教师收入不高的情况下，尤其具有现实意义。它不仅能够缓解工学矛盾，而且有助于创建特色学校。

校本培训虽然最初是针对中小学教师培训提出的，职业院校的校本培训却并不是中小学教师校本培训的简单移植，而是有自己鲜明的特性。

（1）培训对象的差异性

职业院校教师来源不同，有的来自高校，有的来自企业，有的是留校的优秀毕业生。他们在培训之初，有的具有较扎实的理论基础，有的具有较强的专业技能，有的或许已具有"双师型"教师的素质，所以校本培训的对象就呈现出一定的差异性。这种差异性具有一定的互补性，使教师在培训过程中各取所长、各补所短。

（2）培训内容综合性与针对性

培训内容往往是根据培训目标和培训对象来确定的，由于培训目标的复合性以及培训对象的差异性，就决定了培训内容必须是多种知识和能力的综合。校本培训强调以校为本，强调着眼于发生在学校自身的问题，着眼于教师的需要。职业院校教师的需求各不相同，因此要求培训内容必须针对受培训的教师，从学校和教师的实际出发，充分体现培训对象的主体性和能动性。

（3）培训形式的多样性和特色性

校本培训虽然是基于教师所在院校，但其组织形式可以灵活多样，而不必拘泥于一种模式。职业院校的校本培训根据不同的对象，针对不同的目的，选择多种培训形式。如听课，评课，师带徒，主题讲座，小组讨论，开展教学经验交流，请知名专家学者讲学，开展校与校、校与企业之间交流与合作，课题研究等。由于是对职业院校教师施行的校本培训，因而它的培训形式在灵活多样的同时，紧紧围绕"职业教育"这一特色。在培训中，培养教师的"双师"素质。

（三）高职"双师型"教师校本培训的原则

1. 能力为导向原则

校本培训的开展就要结合学校的具体情况，进行教师需求分析，以教师自身能力发展的需求为基础，确定能力开发的项目与基本要求，再把这些项目内容组织化、系统化，形成结合具体实际的培训方案。

2. 发展性原则

校本培训的出发点应该立足于发展，而不是弥补缺陷，应从促进教师专业发展的角度，把握教师发展的"最近发展区"，不断提高教师培训的质量和效益，引导和促进教师不断发展，使学校真正成为不仅是学生成长的地方，也是教师发展的地方。当然，由于社会对教师要求的共同性和教师发展水平的差异性，在强调发展导向的校本培训的同时，决不排斥补偿导向的培训在现实中所具有的地位与作用。

3. 自我控制原则

以自我控制为主的校本培训强调教师培训是以教师在行动中的反思、探究为媒介的自我发展过程，注重教师内部发展的需要和内在动力的激发，更多地的把培训看成是教师展示个性、完善自我的过程。由于校本培训主要是结合教师所在学校具体的教育教学实践展开的，培训密切联系着教师的工作实际，强调培训者与被培训教师的互动和共同参与，因而自我控制的管理方式更能调动教师参与校本培训的积极性。

4. 以师为本原则

以师为本应该成为校本培训的出发点和归宿，培训过程中既要强调教师为社会发展和学校发展所承担的义务，同时更应满足教师的自我发展的需要。只有做到以教师为本，弘扬教师的主体意识和创造精神，这样的培训才有生命力与活力，也才能收到真正的实效。

5. 追求创新原则

校本培训在我国的探索还是最近几年才开始的，对于校本培训的开展，一方面要模仿院校培训中的经验，把院校培训中的一些理论与实践运用于校本培训之中；另一方面还要把校本培训作为个新生事物，有创造性地研究其自身所存在的特殊的规律。

三、高职"双师型"教师校本培训的价值透视

（一）促进学校特色的形成，提高学校持续发展的能力

进入 21 世纪，高等教育大众化速度逐渐加快，许多综合性大学、工科院校也纷纷涉足高等职业教育领域，这无疑对独立设置的高职院校形成了极大的挑战。我国的高等职业教育起步较晚，直到近几年才为各方重视，却表现出了蓬勃发展之势。高等职业教育不是一种教育层次，而是一种教育类型，它不同于普通专科教育，也不是本科教育的压缩或中专教育的延伸，它的发展应该具有自己的特色。在这种情况下，高职院校要想立于不败之地，必须办出自己的特色，找准自己的位置，这样才能拥有自己的发展空间。可以说，特色是高职院校生源的保证，是高职院校生存的依傍与发展的希望，没有特色，高职院校的发展无从谈起。由于校本培训立足于学校的现状与实际，旨在对学校优势专业的张扬与劣势专业的弥补上，以打造学校自己的办学特色，因此校本培训目标的制定和内容的安排完全是以学校长远发展的需求为取舍的依据。由此可以看出，校本培训正是形成学校特色、提高学校持续发展能力的最佳途径。

（二）促进教师专业的发展，提高教师教学水平

校本培训与传统的培训模式相比是最为直接的培训形式。因为它是从一定的理论出发，直面具体的学校实践，于一般的理论与丰富的学校实践的结合中探寻学校发展的方向及理论重建的途径。与学校的教育教学工作紧密联系，使教师把学到的知识与实践紧密结合，避免了理论与实践的脱节，提高了培训的水平，培训成果可以直接转化为教师的教育教学能力。校本师资培训针对教师的个人需要、鼓励教师积极参与，强调教师实际能力的提高，注

重教师内在动机的引发。特别是在培训过程中，培训者不再是信息的发布者、标准答案的提供者或上级命令的传达者，而是要鼓励每一位教师参与培训过程，培训者与被培训者建立一种平等、互动的关系，因而对培养教师的主体意识、促进教师专业能力的持续性发展具有独特价值和重要意义。

（三）优化学校资源，提高师资培训效益

师资培训对每一所学校来说都是一项必须常抓不懈的工作，其效益的优劣直接影响到学校和教师对它所持有的价值取向与行为取向。校本师资培训针对教师的实际需要和学校的具体条件，充分利用学校的各种资源以开展培训，并且贯穿于教师的教育教学过程中，与教育教学实践相伴而行，实现了培训的基层化、经常化与长期化，体现了终身学习的思想。校本师资培训是非常经济的培训形式，它充分发挥教师任职学校的作用，重新配置了教师在职进修教育系统中的各种资源，既节省了费用，又可以真正落实全员培训的任务，并有效缓解了进修与工作的矛盾，克服了培训与工作"两张皮"分离的现象，解决了大面积集中培训中人力、物力、财力不足等一系列问题，提高了培训的效益，这一点对于经济欠发达地区来说尤为重要。

此外，校本培训需要有专家的参与和指导，这就要求学校一方面要根据实际情况聘请校外的有关专家、学者，另一方面要充分挖掘本校的优质教育资源，如骨干教师、学科（专业）带头人等。在校本培训中，受训教师不仅是培训活动的客体，而且也是培训活动的主体，像培训方案的设计、培训内容的选择等环节受训教师均有发言权，所以培训教师对受训教师的指导活动在一定的意义上可以理解为一种同事间的合作关系。由于每个人的知识结构、思维方式不同，导致他们的学术兴趣、研究专长亦有所不同。通过合作可以互相弥补、相得益彰。这样不仅增强了教师间的合作意识、团队精神，而且改变了目前高职教师都是"单干户"的封闭状况，这无疑活化了学校的教育资源，实现了资源共享，增强了师资培训的效益。

（四）解决我国职业教育师资来源薄弱的问题

我国职业教育师资在专业教学论的学习方面相当薄弱。由于大多数职业教育的专业师资来自工科大学，其所接受的教育与工程教育几乎没有差别。这些专业教师在职业教育教学中所应用的教学方法和专业技能，几乎全靠自己在实践中摸索，或者是对其他教师教学方法的模仿，缺乏有效的专业教学

理论指导。目前，我国高职教师的在职培训由于受学校专业教师数量缺乏、国家设立的教师培训机构有限、学校资金不足等原因效果不够理想，以课程改革新理念指导下的"校本培训"是当前有效提高在职中职教师专业化水平的主要模式和渠道，值得普遍推行。

第二节　高职"双师型"人才队伍校本培训内容的开发

一、隐性培养

学校有目的、有计划、有组织的培训活动是一种"显性"培训行为。对教师的培训我们还需要关注其"隐性"影响，即教师的工作环境等因素对他们成长的影响，主要包括办公室、学科教研组、学生、任课合作教师等。这需要充分认识教师，了解在职教师，形成培训最佳团队，使教师随时得到指导帮助，才能最大限度地使"隐性"影响对教师产生最大正迁移，培训效果达到最佳。

一个人的发展与周围的人文环境有着直接的关系，很少有人能不受工作环境的影响。教师进入学校面对的一切都是新的，他们观察、模仿着。要让教师健康地成长，先为他选择一个适于发展的工作环境十分重要。在这个环境中，教师会感悟到老教师身上不能用言语表达出来的"隐性"知识和经验，同时能随时得到前辈的指导。这个和我们现在学校的"师徒结对"有所不同，师徒型的培养通常是"一对一"，未必能及时解决问题，以团队内同事相互帮助来解决也是很好的办法。因为，为教师选个适合的成长团队很重要 ①。

"团队"可以是优势互补的专业科办公室，办公室是教师在学校的"家"，是教师个体活动的主要场所，办公室人员安排时，专业科可考虑上不同类型课的本专业老师放一起，教师可以接触不同课头的知识和教学方法，了解不同技术的最新发展。"团队"也可以是相似、相同技术的专业科教研组，同一教研组的成员之间，工作最接近，爱好特长相似，老教师对教师的专业发展影响最大，可随时与老教师探讨教学的问题。"团队"更可以是教学班任课教师组成的，通过与班主任、各学科教师交流，更好地指导教师如何与学生沟通、开展德育工作，另外对教师如何与同事合作、怎样与学

---

① 李家华，陈勇平，陈政石.高职院校学生隐性职业素养培养及内化机制实践研究[J].现代商贸工业，2017（17）：172-173.

科教师配合等行为起到引导作用。

这种做法可以让教师在较短的时间里满足对成功的需求，帮助他们坚定从事教育事业的信心。"三人行，必有我师"团队成员取长补短，彼此能得到不同方面潜移默化的影响，老教师承担着用自己行动来培养教师的任务，同时自身素质也能得到相应的提高。

二、教学常识、能力培训

（一）教学基本常识及技能培训

对于教师的培养，首要任务是教学基本常识、技能培训，以帮助他们融入学校的正常教学秩序中。如果因为教师对学校制度、工作要求不了解而引起工作失误，对他们显然不公平，这样会影响同事对他们的认识，增加他们的工作压力，影响他们的成长。校本培训需要考虑到安排教师学习有关学校的规章制度、岗位职责。以交流座谈的形式开展，教师可就自己不确定的部分提出疑问，或者提出合理化的建议。其次安排教务科对教师集中培训，针对教育教学常识的学习，主要包括本校学校办公系统使用、学籍管理、考务制度等。在工作中，时常会有教学经验丰富、成绩突出的教师不注意这方面的学习，因而有时会出现一些或大或小的失误。比如：教师的教案、课件上交一直以来都是经过办公系统每周按科按班按时上交的，但是就有教师因为在操作时没有按要求或者没有注意选择相关项目，导致每周公布缺交时榜上有名，其实这些都是可以避免的。

（二）教学能力培训

一是与教学相关的基本技能，如语言表达能力、书面表达能力、现代教育技术应用能力、教态等；二是专业素养，教师具备所教专业的知识和思维模式，如专业知识的熟悉程度、相关专业知识的迁移；三是教学素养，教师在教学过程中体现出来的能力和思维模式，如课堂教学能力、教材的把握程度。

与教学相关的基本技能的学习应以促进教师自我发展为主导。在了解，每位教师的特长后，适时地组织教学展示活动。比如，所有学生在毕业前都要参加全国计算机等级考试，模拟考试系统在每次使用后，只对学生的总体分数进行统计，老师没有办法了解每个学生的实际情况。考虑到这个弊端，有位老师运用他编程方面的特长，针对此考试系统，开发了能统计每个模块分值、总体分值且能及时反馈的监控程序，最终推广到全校机房使用，得到了专业科尤其是学校领导的好评，这个也成为这位老师申报精品课程的亮点。

专业素养往往表现为对本专业知识的掌握度，专业思维的成熟度。学科教师可以通过对专业知识的阅读和理解，对学科经典实验的验证来充实和提高自身的素养。事实上，基础科教师主要在大学学习期间获得专业素养的，在进入工作后，已基本定型，能够改善和优化的空间不大，对教师而言，专业素养的提高途径主要应该以跨学科的眼光审视自己。这些教师为了能更好地服务学校，都希望参与到教育教学工作中，但是由于专业知识匮乏，因此，他们有的通过自学，有的报读了一些专业培训课程，希望能通过这些途径"跨科转型"。此外，繁重的工作让教师对当今社会发展的前沿技术掌握不多、社会需求敏感度不够，很希望通过培训的形式了解更多，这样对学生就业的指导会更到位，对自身发展更有利。校本培训方面应提供各种机会让教师参加这类型的培训，由教师提出，开设选择相对集中的培训课程。培训课程可以由学校、专业科聘请相关方面的专家或者这方面出色的本校教师完成，形式可以是面授讲座、可以是网络课程。

教学实践能力的提高离不开学校的引导和教师个体的努力，学校通过"师徒结对、内外交流、专家引领、研修活动、团队合作"等途径和方法来达成。教师在校担任的职务多样，有普通任课老师，有班主任，有行政职务，有实验指导员，学校在选择和安排时应考虑到最能适合其发展的形式。例如：开展青蓝工程，以老带新，实行指导教师制。由教务处组织，各专业科负责为教龄不足三年的教师聘请师德高尚、经验丰富的中老年教师担任教学指导教师；由学生处组织，各专业科负责为新教师聘请师德高尚、经验丰富的本专业科班主任、辅导员担任德育指导教师。教学或德育指导教师由学校颁发聘书。教学或德育指导教师本着热情关心、细心指点、严格要求的原则，指导教师学习现代教育教学理论，严格执行教学工作条例和班主任工作要求，引导教师养成良好的师德和严谨的治学精神，帮助教师成长。

学校建立激励机制，培养职坛新秀。由教务处组织、专业科配合，及时奖励在教改、教研、科研、竞赛等方面业绩突出的教师。为提高教师的教学热情与教学质量，设立教师教学新秀奖，每学年评选一次，对获奖者给予物质和精神奖励。在优秀教学教研奖、科研奖和其他奖的评选中，教师应有一定的比例。中职类学校每年都会参与市、省、国家级的技能竞赛，每年会组成教练团队对学生集训，学校在着眼于教师整体培养的同时，对青年骨干教师、金牌教练和优秀班主任进行重点培养，积极推荐市级以上的教学能手和学科带头人，为教师走向名教师的行列创造有利条件；发挥教师的作用，作为学校的后备干部，并从中选拔加以大胆任用，通过给岗位压任务的方式加强培养锻炼，提高教师素质、能力和水平，将素质好能力强的青年骨干教师推上领导岗位。

教学风格体现了教学过程中教师的个体差异，是教师教学的个性化特征，体现了教师对教学元素的运用。培养教师的其中一个目标就是要帮助引导教师形成适合自己发展的教学风格。学校、专业科组织教师多听课、评课交流，让教师谈感想、谈认识，通过切身感受摸索出一条适合自身的路，逐渐形成自己的教学风格。

教学经验不是靠培养出来的，而是要靠长期的积累。学校的工作是督促，让教师养成日常积累经验的习惯。教师每次课后要完成教学反思，定期填写学生谈话记录，每学期写学习心得体会或者论文、工作总结等，也是对他们的一种督促。将经验和教训记录下来，作为改进教学、总结经验和探索规律的依据，是积累教学经验，提高教学能力的有效方法。

三、教学研究能力培训

教育教学研究能力是运用一定的理论和方法来研究和解决教育问题的能力。教师研究能力的培养不可能一步到位，中间总经历些必要的过程，此过程大概可划分为三个阶段，但没有严格的时间界线。

（一）培养研究意识

培养教师从自己的教学实践中发现问题并寻找解决的方法，达到初步训练教师发现问题、分析问题、解决问题的能力。没有问题就不存在研究，没有研究就不能真正解决问题。

教师很少对自己的教学活动做经常性的反思，以找出自己薄弱的环节，加以改进。校本培训可借助专家力量就有关"如何发现问题"的理论和方法对教师进行集训，并充分利用学校的培训资源来对教师进行实践培训。学校资源有骨干教师和教研带头人，他们用自己实际教学实践中的案例来讲述教学过程中存在的许多有意思的问题。从自身的教学出发，加上生动的教学案例来说明问题，这样能大大地激发教师发现问题的热情，为他们提供切实的帮助。如果是同科、带教教师的经验，他们发现问题的角度、分析问题的方法对专业科教师来讲就更具借鉴作用，因为他们可能面对的问题类同性更大。

组织教师座谈，开展教学反思活动是培养发现问题能力的重要渠道。一种是课后反思记录，教师如实记录自己的教育教学活动，定期回顾，重新认识，找出问题[①]。另一种是组织教师读书班，"读一些经验，畅谈一些感想，写一些心得体会"。读书与写作对教师具有重要的意义，是教师的一项重要能力，它能表达观点、实现积累、带动思考和佐证成长，是教师更高层次发展的需要；在学校的实际工作中，教师要运用到的写作类别众多，比如教学设计、计划、总结、论文等，不同的写作类别在工作中具有不同的实际应用，是教师基本功的体现之一；一篇精彩的文章，应立场坚定、态度端正、观点鲜明、逻辑准确、真情实感、精炼流畅和富于文采；要写出好文章，要为人正直、参与生活、培养兴趣、加大阅读、博学强记，多看多写。通过读书—写日记—写作—发表的发展路径，建立起深厚的积累，打下了坚实的基础。通过这些形式的反思活动，培养教师学习、反思的能力，提高自我发现问题的水平。

（二）应用先进成果

把成功的教学经验和先进的科研成果应用到自己的教学实践中，在探索中解决问题。模仿成功的经验和先进的成果，在自己的课堂、自己的班级应用成功，就要充分领会这些经验和成果的实质，结合本校本班的具体情况，研究出更具特色的实施步骤和方法。

成功的教学经验可以是本校教师成功的教学经验，也可以是教师自己教学实践的成功经验。充分挖掘本校教师优秀的教学经验，将其应用到对教师的培训中去。用自己学校的教学经验作为培训内容，直观、有说服力，教师模仿积极性高。学校不一定要组织集中培训，可以通过视频挂网，让教师自主学习。例如：中等职业学校都是分专业科的，教师的成功经验最直接的受益者应该是同科教师，专业科把本科成功的课堂教学、竞赛辅导、班会公开课等视频共享于校内网上，让教师有针对性去借鉴。教师在教学实践中的成功经验通过校内专门平台交流。虽然 QQ 群、微信群和学校办公系统可以解决学员即时通讯和文件发送问题，但是还不能满足教师的信息交流需求。建立一个统一的信息交流平台，是以教师培训网站的形式展现培训内容、课程安排、学员交流（论坛）、作业提交、优秀作业（案例）等内容，这个信息平台相当于一个网络学习与培训平台。

---

① 孙芳 . 浙江省高职院校"双师型"教师培养机制研究 [D]. 重庆：西南大学，2014.

（三）参与课题研究

教师在执教的一两年后就开始参与到带教教师研究的课题中，主要承担搜集整理资料的任务，并在带教教师的指导下完成相应的课题研究工作。在工作一段时间后，学校要求他们具备承担校级课题研究的能力，利用校内资源对教师开展一系列与课题研究相关的校本培训。例如：如何选课题、课题的研究的方法、课题研究报告的书写等。

教师在进行课题研究时，要注意几个点：一是课题的切入点要小，研究内容要少；二是最好是针对自己所教科目所教班级，具体情况容易掌握控制，一定要紧密结合自己的教学实践；三是课题的可操作性强，并能有较好的教学示范效果。教师如果能做好以上这些，研究能力必定会有相应的提高。

四、心理品质培训

良好的心理素质和科学的心理调适能力，能有效帮助教师对抗压力，并能预防职业倦怠。一方面现在的学生大多是独生子女，加上现今社会的开放、信息网络的发达等因素，学生在学校教育中产生问题较多，这也给教师的工作带来一定的难度，影响他们的心理。另一方面教师大多离乡别井，还有单身等的不同问题，个人生活方面的压力也给他们或多或少带来心理冲击。

（一）团队协助

之前在隐性培养部分讲述了有关培训团队的建立，专业科教研组团队由于每位教师的授课专业内容和教学进度容易达到一致，教师间交流比较方便，教师可以从老教师身上学到专业知识、教学经验外，也可以从他们身上学到许多和学生的相处之道，了解学生的专业学习胃口。这样可以帮助教师缓解来自学科教学方面的心理压力。教学班任课教师团队，由于同教一个班级，任课教师、班主任对教师的成长都负起共同的责任，班级学生的情况大家都熟悉，交流起来方便，意见也独到有针对性。遇到问题，班主任和老教师会给教师出主意，寻找解决办法。这样可以帮助教师缓解来自学生管理方面的心理压力。

（二）专家辅导

教师工作中既面临学生的就业升学率压力，也面对学生逆反违纪行为带来的影响其正常生活和工作的心理问题。中等职业学校，学生的违纪行为比普高学校多，普高扩招也导致生源素质普遍下滑，这给学校教育教学活动带来许多不可定因素，尤其给教师带来巨大的挑战。通过开展教师心理健康培训、心理健康教育教师资格培训，教师从中认识自己、学会面对这个职业，也让教师参与到学生的思想教育和心理辅导中，让他们通过解决学生中存在的问题来不断完善自己，增加工作经验的积累[①]。

（三）户外活动、联谊

教师是一个活力行动力很强的群体，面对压力，他们有着不一样的选择。过去更多的是购物、聊天、爬山、在校内的场地活动来消除平日的烦恼，现在可以参加团体活动、单位联谊来减轻压力，开阔眼界。学校组织教师参加户外拓展活动，挑战自我，从活动中明白合理计划分工、有效组织行动的重要性，也能学会用积极的心态面对压力，更可以感受到团队成员之间协作的重要性。

第三节 "双师型"人才队伍校本培训现状的现实考察

本节通过调查问卷和访谈，以调查问卷的形式对杭州市高职院校的教师开展随机调查，并与杭州职业技术学院参加校本培训的 8 位教师进行访谈。通过问卷调查和访谈充分了解当前学校教师参与校本培训的看法和建议，以及学校开展校本培训的真实诉求和实践情况。

虽然高职院校对校本培训已经进行了一定程度的实践探索，但是由于校本培训是基于学校的培训，各学校的发展基础、特点、愿景均不同，校本培训实施的成效和遇到的问题也会有所不同。为深入了解高职院校教师校本培训的开展情况，本研究通过线上的问卷调查和线下的实地访谈获取一手资料。

---

① 唐世星，柯凤琴，刘颖华，海敏娟.高职院校数学"双师型"教师队伍培养模式研究 [J].科教导刊（中旬刊），2020（17）：59-61.

首先，关于调查问卷的发放形式，由于受诸多客观条件的限制，无法进入高职院校发放大量线下的调查问卷，因此主要是采用线上发放问卷的形式进行问卷调查。其次，关于调查问卷的对象，此次调研的对象为浙江的高职院校教师。本研究采用的是自编问卷《高职院校教师校本培训现状调查问卷》进行问卷调查，为了充分了解校本培训的实际实施情况，问卷主要围绕培训需求、培训内容和方式、培训满意度三个维度进行设计，初步编制好问卷后，经过反复测试修改后形成最终问卷，采取问卷星线上调研的方式对江西高职院校教师的校木培训情况进行数据收集。问卷分发给浙江高职院校的教师填写，在对问卷进行无效问卷的筛选后，剔除选择同一个答案超过90%以上的不合格的问卷后，一共收集到有效问卷186份。

此外，采用访谈法，到杭州职业技术学院进行面对面的实地访谈。笔者共访谈了8位教师，其中包括动漫游戏、服装、思政、汽车检测与维修、商贸旅游、信息工程6个不同专业的专任教师，一位二级学院的院长以及人事处的一位行政教师。各位老师的教龄最少的有2年，最多的有22年，职称包括助教、讲师和副高职称，教师来源既包括从学校毕业直接从教的，也有从企业引进的能工巧匠和从别的高校调入的。因此，此次访谈的8位教师代表性较强。

一、"双师型"教师人才队伍基本情况的统计

将收回的有效问卷进行统计整理，由表4-3可知：

表4-3 教师基本情况频数统计

	选项	小计	比例 %
您的性别	男	62	33.33
	女	124	66.67
您的年龄	30 岁以下	59	31.72
	30～40 岁	96	51.61
	40～50 岁	20	10.75
	50～60 岁	10	5.38
	60 岁以上	1	0.54

续表

	选项	小计	比例 %
您的职称	无	51	27.42
	初级	32	17.20
	中级	62	33.33
	高级	41	22.04
您的最高学历	专科	1	0.54
	本科	41	22.04
	硕士	132	70.97
	博士	12	6.45
您的教龄	5 年以下	83	44.62
	6 ～ 10 年	33	17.74
	11 ～ 15 年	39	20.97
	16 ～ 20 年	18	9.68
	21 ～ 25 年	2	1.08
	26 ～ 30 年	5	2.69
	30 年以上	6	3.23
您属于哪类教师	专业课教师	146	78.49
	文化课教师	26	13.98
	实习指导教师	14	7.53
您来贵校工作前是	高等职业教育师范生	24	12.9
	非师范类本科院校毕业生	55	29.57
	普通师范院校毕业生	48	25.81
	在企业工作	30	16.13
	其他	29	15.59

从性别分布来看，有 66.67% 为女教师，33.33% 的男教师；从年龄分布来看，教师年龄分布大部分在"30 ～ 40 岁"这一年龄段，占比为 51.61%，以及 30 岁以下的教师所占比例是 31.72%，40 ～ 50 岁的教师占比 10.75%，50 岁以上的教师占比 5.92%。这一年龄分布主要是由当前高职院校教师队伍的年龄分布决定的，在调研的高职院校中，青年教师是主要的师资力量，年

轻教师和年龄较大的教师占有的比例较小。从职称分布来看，有17.2%为初级教师，有33.33%为中级教师，22.04%为高级教师。从学历分布来看，高职院校大部分教师为硕士学历，其中硕士学历的比例为70.97%，本科学历为22.04%，博士学历为6.45%。从教师类别来看，78.49%为专业课教师，13.98%为文化课教师，7.53%为实习指导教师。从师资来源看，不仅有综合院校、师范院校的毕业生，还有来自企业的教师以及从其他学校调入的教师，参与调研的高职院校教师来源最多的是非师范类本科院校毕业生，比例为29.57%，其次是普通师范院校毕业生，比例为25.81%，其中从企业到学校的教师比例为16.13%，高等职业教育师范生的教师比例为12.90%，此外还有一些是毕业留校任教，以及从其他高校调入的教师。

二、"双师型"教师人才队伍校本培训的成效

校本培训使大批教师更新了思想理念、创新了教学方法、提高了实践操作技能和信息技术运用能力，其开展的必要性得到了高职院校教师的普遍认同，通过校本培训不仅为教师提供了更多的培训机会，也增强了教师之间的交流和对学校的归属感。

（一）高职院校"双师型"教师人才普遍认同校本培训

根据调研结果，63.98%的教师认为开展校本培训是非常必要，32.26%的教师认为开展校本培训比较必要，2.69%的教师认为开展校本培训一般必要，0.54%的教师认为开展校本培训不太必要。0.54%的教师认为开展校本培训不必要（如图4-2）。

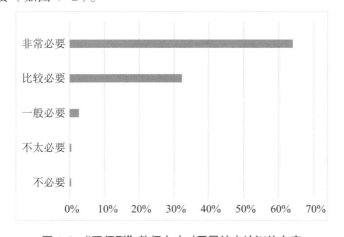

图4-2　"双师型"教师人才对开展校本培训的态度

（二）为高职院校教师提供了更多的培训机会

校本培训为更多的高职院校教师提供了参加培训的机会。高职院校送教师外出参加"国培""省培"、下企业培训或者参加行业组织的各类培训的名额有限，经费有限，能够参加培训的教师也就有限。而校本培训每年为各个学院各个不同专业、不同类别的教师提供了培训的机会。根据访谈了解到，校本培训已经成为高职院校的主流培训模式，每年都会举办各种形式的校本培训。

服装专业 W 老师："校本培训是比国培和省培更基础、覆盖面更广、更好实施的一种教师培训模式。学校每年都有很多老师参加学校教务处、人事处组织的培训。"

汽车检测与维修专业的 H 老师："学校组织了很多培训，有听公开课、集体备课、专题讲座、各种教学能力大赛、青年导师制、科研能力培训、1+X 证书培训，还有线上的各种培训等。"

信息工程专业的 Z 老师："学校派我们出去的机会和频率毕竟比较小，但是我们行业的变化比较多，更新换代快，就需要多培训，跟上行业的变化。"

（三）增强了教师之间的交流和对学校的归属感

校本培训实施过程中会产生各种制度和举措，一方面更新了教师的专业知识、教学方法、操作技能、信息技术的运用能力和对课堂的把握能力等，另一方面也能增加教师之间的交流与互动。

思政专业的 X 老师说道："我们学校有青年导师制，就是新进的老师都会有一个导师，导师是双向选择的，可以是学院安排，老师有心仪的导师，也可以选择。确定了导师之后就是相互听课、备课，原则上青年导师制至少实行一年，但是实际上在相处的过程中老师之间会产生一定的感情，所以之后的交流也不会中断。"

汽车检测与维修专业的 Y 老师补充道："今年我们课程进行了改革，每一门课安排了两个老师，一般是企业派一个老师，学校派一个老师，我自己也在上这门课，通过这种方式，我们和企业的老师可以相互交流和探讨上课的内容和方式，在一定程度上丰富了我们教学的方法，发现原来这节课还可以这么上。"

动漫游戏专业的 L 老师："学校组织的线下培训结束后，后期会建立一些交流群，可以促进教师之间的交流，从作用层面来说，通过培训加强教师之间的相互交流的作用一点也不亚于某次培训的作用，这一点，对于新教师更为重要。"

教师在参与学校事务和组织培训的过程中，加强了对学校制度的认同，提高了自身的获得感，也会感受到学校对教师的人文关怀，从而加深对学校的归属感。

服装专业的 L 老师表示："我们刚开始用手机布置课堂任务的时候，有请专门的老师来培训，所有的老师在操作平台的时候就快了很多，所以我觉得对于这种新技术，新的教学手段的培训是很有必要的。因为教学技术这种培训是全面性的培训，是需要的。比如，动画制作、思维导图对于吸引学生的注意力是非常有帮助的。所以未来如果有这一类的培训，对于课堂的把握、对于教学的促进作用会比较明显，而且这个是针对所有教师的，不是针对个别老师，普及性也比较好。"

L 院长："我们学校有为老师提供学生管理方面的培训，如经管学院会实行'坐班制'，也就是要让新教师参与到学校的教学管理中来，为什么这么做呢？这项举措可以让老师以后的工作规范化和有归属感。教师在参与的过程也是一个积累。从我们这么多年的经验来看，做过行政的老师，即使只是交一份材料，严谨性和规范性来说都要比没有任何行政经验的老师强很多。老师参与到学校的管理中来，可以更加理解学校的工作，对于制度也有更好的认同感，做了管理者就会更加理解这份制度也许有它的不足，但是可能是目前最合适的制度。这样就会使教师对于制度能够做到：理解—认同—执行—推广。"

三、"双师型"教师人才校本培训存在的问题

校本培训实施中很多问题都需要完善。从图 4-3 可知，当前高职院校校本培训存在的问题比较多。其中，53.23% 的教师认为培训缺乏总体规划；49.46% 的教师认为培训机会少且周期短；44.62% 的教师认为培训师水平不高；45.7% 的教师认为培训内容不能满足需求；53.23% 的教师认为培训方法形式单一；31.72% 的教师认为培训效果不理想；36.56% 的教师认为培训缺乏激励机制。可见，最为严重的问题是缺少总体规划以及培训方式比较单一，有 53.23% 的教师认为这是培训存在的主要问题。其次，培训的师资水平不高、培训内容不符合教师需求和培训的激励措施较少等方面均存在一些问题需要完善。

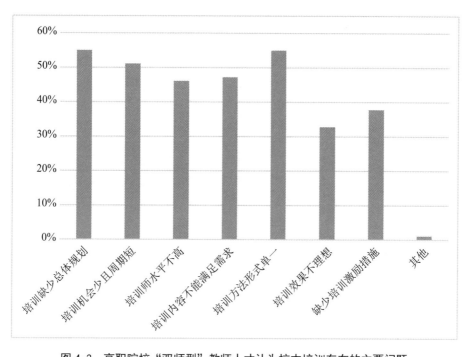

图 4-3　高职院校"双师型"教师人才认为校本培训存在的主要问题

（一）校本培训未受到应有的重视

由图 4-4 可知，有 11.29% 的教师认为学校领导对校本培训非常重视，有 25.81% 的教师认为学校领导对校本培训比较重视，有 39.78% 的教师认为学校领导对校本培训一般重视，有 20.97% 的教师认为学校领导对校本培训不太重视，有 2.15% 的教师认为学校领导对校本培训不重视。总体来看学校领导对校本培训的重视程度还不够。校本培训是基于学校，立足于学校的培训模式，校本培训需要学校各个部门协同推进。校本培训如果仅仅是某个部门某个院系进行开展，就沦为了院系培训，因此，校本培训一定要立足学校的发展和教师的发展，学校领导要起到统筹推进的作用，才能使校本培训更好地开展。

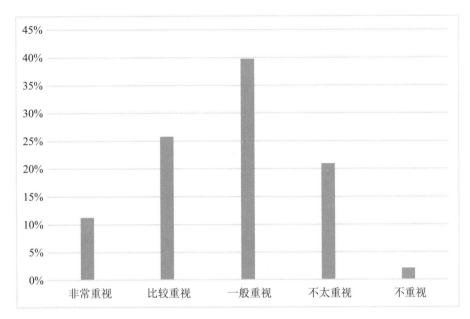

图 4-4 学校领导对校本培训的重视程度

在教师参加校本培训原因的调查中,由表 4-4 可知,86.02% 的教师希望通过培训提高教育教学能力,66.13% 的教师希望获得前端知识,65.05% 的教师希望通过培训实现自我发展与完善,63.44% 的教师是为了完成学校规定的任务,49.46% 的教师是为了增加职称评审条件。虽然教师可能是多种因素共同推动教师参加校本培训,但依旧有很多老师认为参加培训是为了完成学校的任务,表明很多教师没有正确认识到校本培训的作用。

表 4-4 教师参加校本培训的原因统计表

	选项	人数	比例(%)
您参加校本培训的原因是什么?	完成学校规定的任务	118	63.44
	增加职称评审条件	92	49.46
	提高教育教学能力	160	86.02
	获得前端知识和技能	123	66.13
	实现自我发展与完善	121	65.05
	其他	9	4.84

由表 4-5 可知:进企业实地参观、挂职锻炼是最受教师欢迎的一种培训方式,有 76.34% 的教师都希望通过这种方式进行培训。而选择校本培训形式(表 4-4 中除企业参观挂职锻炼的其他培训方式)的相对较少,没有企

业培训那么受重视。

表4-5　高职教师所期望的师资培训方式

	选项	人数	比例 %
下列哪类师资培训方式是您所希望的	传帮带	99	53.23
	专题讲座法，邀请校内外名师讲座	110	59.14
	去别的学校观摩与交流	126	67.74
	进企业实地参观、挂职锻炼	142	76.34
	通过教研活动培训	79	42.47
	小组合作，同伴互助培训	59	31.72
	案例分析法，解决实际教学困难	91	48.92
	远程网络培训	39	20.97
	通过技能比赛培训，实现以赛促教	60	32.26
	其他	2	1.08

（二）培训内容的实践性和针对性不足

培训前进行需求调研是十分必要的，充分了解参加培训教师的需求，才能制定出科学的培训规划和符合教师需求的培训方案，达到比较好的培训效果。否则，培训开展得再好，与教师的培训需求不符合，也是徒劳无功的。根据表4-6中显示的调研结果，可知有65.59%的教师认为培训过于理论化，缺少实践，有63.44%的教师认为校本培训注重专项及综合项目的培训，有62.37%的教师认为培训内容不太符合教师需要，有26.34%的教师认为培训内容是自己感兴趣的，有20.43%的教师认为课程内容陈旧重复。结合培训需求的调查情况来看，培训前对教师需求进行调研是十分必要的，只有提供教师需要的培训内容，才能达到培训的真正效果。

表4-6　教师对校本内容的看法

选项	人数	比例 %
过于理论化，缺少实践	122	65.59
注重专项及综合项目的培训	118	63.44
培训内容不太符合教师需要	116	62.37
培训内容是自己感兴趣的	49	26.34
课程内容陈旧重复	38	20.43
其他	4	2.15

访谈中，服装专业的 L 老师表示每年学校也提供了很多行业培训，但这

些培训与自己需求不符。

"我认为参加培训最大的困难就是找不到我真正需要的培训。我找不到合适自己的培训计划，就算参加了这些培训，培训后的获得感和期望以及需求是不对等的。"由此可见，一部分教师不愿意参加培训，并不是自身没有需求，而是认为即使参加了目前提供的培训，培训效果不好达不到自己的预期，干脆就不参加了。

（三）校本培训特色不突出

由图 4-5 可知，12.9% 的教师认为学校校本培训开展得很有特色，34.95% 的教师认为学校校本培训开展得较有特色，32.26% 的教师认为学校校本培训开展得有点特色，特色不显著。19.89% 的教师认为学校校本培训开展得没有体现本校的特色。

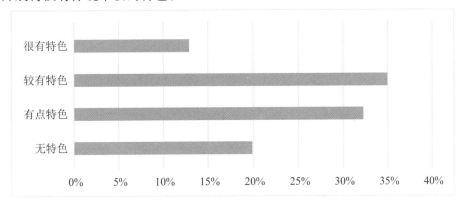

图 4-5　教师对于校本培训特色的看法

校本培训应当充分挖掘学校的特色和资源，才更能体现学校的优势，发挥出校本培训的价值。根据调研结果，虽然有许多高职院校开展了校本培训，但是还处于浅层次的培训，只是开展一些常规性的或是借鉴别的院校的经验进行培训，并没有充分结合自身院校的优势和特点。

（四）校本培训效果欠佳

虽然校本培训对师资培训有着重要的作用和意义，但是在实际实施中还是由于一些方面执行不到位，导致培训效果不理想。根据调研结果显示，40.33% 的教师参与校本培训时是通过书面考试的方式进行考核的，38.17% 的教师参与校本培训时是通过撰写论文的方式进行考核的，44.09% 的教师参与校本培训时是通过技能考核的方式进行考核的，61.83% 的教师参与校本培训时是通过综合评价（考勤＋心得体会／论文／考试）的方式进行考核的。此外，3.23%的教师表示培训没有考核。

1. 教师对校本培训的内容的评价

由图4-6可知，有12.52%的教师对培训内容非常满意，有18.28%的教师对培训内容比较满意，有38.78%的教师对校本培训的内容表示满意，有29.34%的教师对培训内容表示不太满意，有1.08%的教师表示非常不满意。虽然整体满意度有69.58%，但不太满意和非常不满意的比例总体达到了30.42%，说明培训内容还有很大的完善空间。

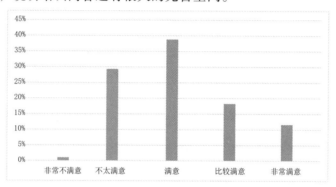

图 4-6 教师对校本培训内容的评价

2. 教师对校本培训方式的评价

根据图4-7调研结果，12.36%的教师对校本培训的方式非常满意，20.97%的教师对培训方式比较满意，34.95%的教师对校本培训满意，29.57%的教师对培训方式不太满意，2.15%的教师对培训方式非常不满意。

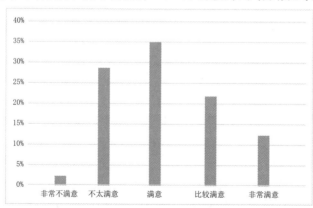

图 4-7 教师对校本培训方式的评价

培训方式对于培训效果的呈现有很大的影响,比较适合和有吸引力的培训方式可以改善教师培训的表现,如果培训方式比较单一,教师就会无法有效的吸收培训内容,使培训效果大打折扣。而多元和有创意的培训方式,能够提高教师的专注力,调动教师的积极性。

3. 教师对校本培训整体效果的评价

由图 4-8 可知,对培训整体非常满意的教师占 15.05%,对培训整体比较满意的教师占 22.49%,对培训整体满意的教师占 30.80%,对培训整体不太满意的教师占 28.97%,对培训非常不满意的教师占 2.69%。虽然教师对校本培训整体的满意度还算比较高,但是对培训持不满意态度的教师占 31.66%,这个比例也不低,足以引起重视,结合以上对校本培训内容、方式以及培训存在的困难等方式的分析,校本培训要想取得比较理想的实施效果,还需要不断努力。

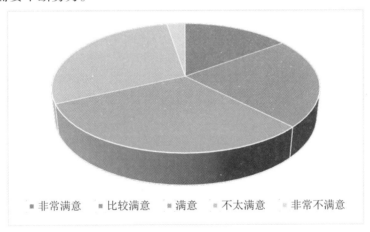

■ 非常满意　■ 比较满意　■ 满意　■ 不太满意　■ 非常不满意

图 4-8　教师对校本培训整体效果的评价

第四节　高职"双师型"人才队伍校本培训的实施策略

一、理性定位校本培训,明确培训目标

校本培训是教师发展的一种途径,而不是"唯一"的;校本培训有诸多的优势,但也不是"全能"的。因此,必须在高职教师培训的整个框架下分

析与讨论高职"双师型"校本培训问题，必须树立校本培训是高职"双师型"教师培训中一个有机组成部分的理念，由此而建立校本培训的框架。这样的构建，才可能是科学的、合理的和可行的。在高职"双师型"教师校本培训实施过程中，每个教师，尤其中青年教师必须了解自身的实际，结合学校工作的需要，先进行自我目标定位，这样培训就有了共同的具体目标，培训工作就有了明确的方向。

（一）科学合理地确定校本培训在高职"双师型"教师培训中的地位

高职"双师型"教师培训主要局限于脱产学习，其形式主要有三种：高校脱产培训、培训基地培训、企业挂职锻炼。高校脱产培训外在于学校、外在于课堂、脱离教师工作情境、远离教学生活，在一定程度上容易造成理论与实践的分离。另外，高职院校更多的是利用假期和节假日等业余时间，派教师到重点职业教育师资培训基地进修，进行补偿性教育。但是现在师资培训基地多为中小学校和传统高校而设立，教学缺乏针对性，很少联系高职院校和教师的需要，教师在培训中学到的知识和技能难以运用到教学中去。派教师到企业挂职锻炼，需要校企互动，往往企业不能积极配合，受客观条件限制较大，难以达到预期效果。近几年提出的"产学研"结合教育模式还未形成。高职院校的"产学研"结合与高等学校相比有所不同，高等学校的"产学研"侧重于教学与生产、高新技术的研究和开发的结合，而高职院校的"产学研"则侧重于教学与生产、新科学、新技术、新工艺的嫁接、转化、推广和应用。许多高职院校对这种教育模式还处在探索之中，还没有成熟的经验，使"双师型"教师培训的步伐减缓。校本培训正是在克服这些不足的基础上应运而生的，其突出价值就在于：重估任职学校之于教师发展的价值，强调教师立足于任教学校，在教—学—研一体化中主动参与，不断解决教育、教学实践中的问题。

诚然，校本培训是高职"双师型"教师培训中极有价值、值得提倡与推广的一种培训方式。但其合理性并不意味着其唯一性，其优越性并不意味着其至上性，它并不能否定大学或其他师资培训途径的作用，而是从另一种视角上探寻高职"双师型"教师培训的方向，扩大师资培训的职能，挖掘高职师资培训的内在资源，促使高职师资培训更加科学、有效。事实上，校本培训因为其培训时间的全程性、对象的全员性和开展的日常性，已经得到教育研究者的肯定、受到众多学校和广大教师的欢迎，是我们应该坚持开展和逐步完善的。高等院校和其他培训机构由于信息资源和师资优势而能满足不同教师不同水平的培训或深造需求，则是我们不能随意放弃或刻意排斥的。对此，我们不能走极端，在校本培训和其他培训途径之间做出非此即彼的简单化处理，那种顽强固守院校培训为"高层次"的正规培训，而贬斥校本培训的观念是僵化守旧的；坚持只有通过产—学—研形式才能培训"双师型"教师的想法则是不切合实际的；而那种摒弃其他培训途径，一味夸大校本培训价值、对其实施效果想当然的乐观主义态度，则是轻率和盲目肤浅的。总之，高职"双师型"教师校本培训与其他培训途径在不同的时空都有其自身的优势与价值，而且可以共存并举，优势互补。尤其是我国各地高职教育发展水平和程度不同，教师培训模式存在差异性和多样性不仅是合理的而且是必需的。高职院校开展校本培训，有一定的框架要求，但其绝对不能是一种固定的、程序化的模式。不同院校之间应该有不同的要求及表现，相同学校在不同时期也要有不同的要求及表现。为体现实践要求而不断变化的多元化的校本培训，才是符合教师发展理论和实践需要的校本培训。从根本上说，校本培训应该是不断创新的和不断发展的。

（二）立足高职师资实际，确定培训目标

高职院校校本培训的总目标是：建立一支具有现代教育理念，掌握最新学科知识和现代化教学手段，具备高水平的教育教学和科研能力的"双师型"教师队伍。"双师型"教师校本培训目标是培养具有全新的教育理念、完善的知识结构和娴熟的技术能力，以及富有创造精神的"双师型"教师。教师要对自己的职业价值在信念上产生强烈的认同感，树立教育对象的生命观，了解、尊重、珍爱并解放自己的教育对象，使其成为"人文型"教师。通过校本培训让高职院校教师提高专业知识和教育教学技能，以及职业指导能力，使其成为"双师型"教师。"双师"不是终点，校本培训还要围绕培养教师创新能力的目标，将本校教师塑造成有创新思维意识和创新教学方法的"反思型"教师。

具体来说，就是要更新"三种理念"，提升"四种能力"。更新"三种理念"：其一是高职院校教师要培养职业教育的感情，视自己所从事的职业教育不仅仅是谋生的手段，更是自己孜孜以求的事业，要倾心尽力谋发展。其二是指培训过程以人为本、以能力为本、以发展为本。了解、尊重、珍爱并解放自己的教育对象，突出教师的主体地位和创造精神，注重能力培养，支持教师个性的发展，充分考虑教师的差异性。根据教师的不同需要和能力

水平，选择不同的培训内容和方法，促进教师的专业发展。其三是树立终身学习、终身培训理念。这是信息社会、知识经济的必然要求，是建立学习型社会的基础。

提升"四种能力"：一是科研能力。高职院校的一大特点是产、学、研结合，高职教师应该有将技术转化为生产力的科研能力，同时也应该具备教育科研的能力。二是专业技术能力。它包含教师对所教专业高新技术知识和操作技能的掌握，达到理论与实际的紧密结合。三是教学能力。掌握多媒体教学和与之相适应的新的教学方法，在有限的教学时间内加大新知识、新技术、新信息的量，提升教师的教学能力。四是人际沟通能力。电脑的普及、网络技术的推广应用，缩短了人际间地域和时空上的距离，扩大了人们的视野，提高了人们的思辨能力。对教师与同事、与学生、与家长之间的沟通能力和技巧，也提出了更高的要求。围绕这一目标，确立"引进人才、培养骨干、优化队伍、提高素质"的师资队伍建设的指导思路。

各高职院校还要根据自身情况建立校本培训总目标，对教师应分层次分类作分解（如图4-9所示），教师的起点不同，要求也不一样，所设计的培训目标也要与之相对应。根据"双师型"教师成长的阶段性规律和我们培训、工作的循序渐进原则，应该以学期为单位来制定"双师型"教师校本教师培训的目标，主要分为系统目标（包括思想素质、教育教学能力和知识水平三个方面）和学校分类目标，每学期开学前再概括总目标制定学校培训计划方案。

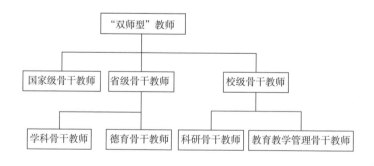

图4-9　根据培训目标对教师分层分类结构图

二、建立高职"双师型"教师校本培训的支持系统

高职"双师型"教师的校本培训是教师继续教育的一部分，它属于终身教育的范畴，是一项复杂、新兴的系统工程，其顺利、有效的运行需要在政

策、制度以及资源上予以支持。

（一）国家从政策上要高度重视，完善相应的政策法规

我国历来十分重视职业教育师资队伍建设，但由于高等职业教育是在1999年高等教育大规模扩招以后发展起来的，它具有高等教育和职业教育的双重属性。因此，关于高职教师的师资队伍建设和继续教育的法规还零星地散在关于中小学和高校教师继续教育的相关法规里，专门针对高职教师继续教育的法规体系还十分的不完善。就时代要求而言，在高职院校加强教师培训尤其是校本培训，既是社会与经济发展引起的、教育变革所提出的时代要求，也是终身教育思想、教师教育一体化，以及教师专业化理念在教师教育上的必然反映，更是我国发展高等职业教育的迫切要求和关键保障；就教师而言，近几年高职教师的需要不再是以提高学历为主，而是转移到发展自身、改进教学上来。随着教育部提出，"中小学是教育教学活动的实践基地，也是教育理论研究的实践基地，应该是中小学教师继续教育的重要基地；要完成全员培训任务，校本培训是重要途径。"从中我们可以看出，政府在政策导向上已明确了校本培训的方向，就是教师的培训要以"学校为本"。

尽管国家对高职院校教师校本培训没有作出明确的规定，但通过校本培训在培训"双师型"教师方面所具有的价值，其政策、法规的制定也将提上日程。我们不能仅仅在口头上或理论中倡导校本培训，首先应加紧出台相关的政策和法规，明确规定校本培训的地位、作用、实施原则等；确保高职院校拥有相应的自主权，能够对本校和教师的实际需要或价值作出界定；改革教师培训评价制度和经费审批使用政策，确保校本培训的成效得到制度的认可，确保其经费的来源有政策上的保障。其次从法律上对高职教师任职资格作出明确的要求，我国法律只是对高职教师的学历进行了规定，对实践技能方面并没有作出规定，这与双师型师资队伍的要求十分不符。因此，必须加强对高职教师任职资格的研究，制定合理的高职教师任职资格，并在此基础上逐步推进教师资格制度的全面实施，才能建立一支适应国际高职教育发展需要的教师队伍。最后还要完善监督、激励体制，虽然教育主管部门在近几年出台了许多激励性措施，但缺乏可操作性。就高职教师来说，他们希望看到培训能与他们的技术提升、晋级、加薪密切相关。就学校本身而言，也希望看到产生一定的经济和社会效益。因此教育主管部门应该深入调查研究，努力制定切合实际的激励政策，以促进高职院校与教师积极开展校本培训。

（二）高职院校加快"双师型"教师校本培训的制度化建设

在政府宏观政策的支持与保障下，高职院校应从校本培训的实施计划、管理体制和评价体系等方面建立健全相关制度，以保证校本培训的开展。

1. 关于高职"双师型"教师校本培训计划方面

高职"双师型"教师校本培训的运作以校长为组织领导者，校长是校本培训的第一责任人。校长需从学校发展目标出发，全面规划和领导实施本校教师的培训工作，制定"双师型"教师队伍的培训计划。按照学校总体发展计划，针对师资队伍建设的具体计划，拟定学校"双师型"队伍的近期和中长期发展目标。在制订计划时要考虑学校在各个阶段发展的规模、办学的方向、特色和质量要求。

2. 关于高职"双师型"教师校本培训评价方面

缺乏有效的评价机制是诸多国家校本培训中存在的一个最突出也最难解决的问题。目前，多数国家的校本培训评价标准、评价人员依然来自校外，评价难以真实地反映参与校本培训的教师在课堂行为或教学实践中所产生的变化，以及整个学校在此过程中得到的改进。对此，笔者的建议是尽快改革和完善传统的教师培训评价制度，将校本培训纳入其中，使高职院校及教师在培训评价方面具有更大的自主权，提高其主动性。在评价体系构建上，要按照高职教师校本培训目标来确立"双师型"教师素质标准，建立具有可操作性、发展性和过程性的评价体系。此外，校本培训要在重视领导、专家评价的同时，采用多主体评价，更多地接受教师的自我评价。对于评价结果的处理，应着眼于追因，以便及时采取有效措施改进校本培训模式。

3. 关于高职"双师型"教师校本培训管理方面

校本管理是校本培训的前提和保障，没有前者，后者很难成为学校全员共同协作的活动，也就不能满足每个教师的工作需要。与市场紧密相连的现代高职教育发展趋向是学科多样化、专业特色化、办学多元化，这决定了教师专业发展的需求具有多层次、多侧面和随时随地的特点。因此，教师校本培训的操作与管理应该适当下移，建立"校（院）统筹、系（科）运作、教研室（组）执行"的体制，学校制定规划和制度，起监督、检查、评估作用；系、科制定可行的具体实施方案，起指导、协调、控制作用；教研室、组具体组织实施培训工作。只有各层面各负其责，协作运行，才能确保整个培训工作富有成效地开展。要发挥校本培训支持系统的功能，首先要转变校长和教师的思想观念：学校不只是培养学生的场所，更是教师专业发展的基地。其次要突出校本培训对象的全员性和时间的全程性。就培训对象而言，在对教师进行培训时，还应包括教务、行政与后勤管理人员的培训。唯此，才能将思想统一到以学校与教师为本的观念上来，协调各方面的人员，调动各部门的资源顺利开展培训。

（三）校本培训重在挖掘本校资源，充分利用校内有利条件

此外，校本培训还需要得到校外资源的支持，这主要包括经费、教育资源。

1. 经费资源

在校本培训中开展行动研究。参与式培训、课题研究、经验交流之类的活动，都需以一定的经费作支持；同时，激励机制的建立、校际合作培训的开展等也要有相配套的经费开支。因此，学校应设法多渠道地筹集经费。其中，比较可行的是，政府与学校建立校本培训专项基金，以确保物质资源的供给与支持；高职学校也可通过发展"三产"来增加收入，一方面有了实训基地，另一方面筹集了资金。

2. 教育资源

在教育资源信息化、网络化、多样化的今天，我们不能单从狭义的角度来理解和认识教育资源的种类和形式，而要在更广阔、丰富的视野下来重构、重组、整合教育资源。因此，教育资源不应当仅局限于文本性的知识资源，还应包括实践资源、智力资源和网络资源。文本资源是指通过纸质介体形式大量积累、传播的一切有用的教育信息的集合（书籍、报纸、期刊、公告等）。实践资源是指广大教师在教育实践、教育改革过程中不断创造并积累下来的富有成效的实践经验和教学体会，这是源于教学一线极富生机活力、具有生成价值的教育资源。智力资源是指既懂理论，又懂实践的专家学者。他们有能力对学校面临的各类问题作出理性的认识，对本校教师予以系统的指导。网络资源由于其经济实惠、方便快捷、信息海量等特点，理应是校本培训资源建设的重要一环。

资源是高职"双师型"教师校本培训得以顺利运行的保障，因此，我们

一定要高度重视校本教师培训资源的研究探索，在资源的生成、开发、拓展等方面挖掘各种资源潜力，在多样化内涵和多元化形式的基础之上，探索和建设较为完善和成熟的教师培训教育资源的体系，彻底打通拓展制约校本教师培训发展的瓶颈，促进校本教师培训的全面持久发展。

三、转变观念，构建校本培训为主的培训网络

在"校本"成为教育改革的一个重要理念之时，它也成为一个世界性的潮流。在这种背景下，校本教师培训逐渐成为教师在职教育的一种重要途径。但是，当前在校本教师培训得到广泛实践的同时，原本承担职业教育师资在职教育任务的教师培训基地却逐渐被边缘化了。毫无疑问，原有的教师在职教育模式存在着诸多问题，长期以来所受到的诸多指责充分表明了这一点。但是高职"双师型"教师的培训完全依靠学校也是行不通的，毕竟校本培训也有其自身的不足与问题，教师校本培训不是万能的，受时间、师资、设备、场地等条件的限制。因此，教师校本培训应与参加校外短期培训、下企业挂职锻炼、到大学或科研机构进修、去国外深造等多种途径、多种渠道的培训联合，形成优势互补的多方面培训网络，为教师培训广开门路。学校在坚持校本培训的基础上，应积极创造条件送教师到校外培训。

一是与师范院校的合作培训。一方面以师范院校为培训基地，对教师进行学历补偿教育，鼓励学历未达标教师参加师范院校的学历进修，提高学历层次，同时让学历达标的非师范类教师系统学习教育理论课程，使他们获得"教育学位""师范专业本科文凭"等，以实施非师范类教师的"师范化"工程；另一方面可与师范院校进行有针对性、实用性的培训与继续教育，共同商讨非学历教育中的教师进修计划、实施过程与考核办法，从而使职校教师参加的培训专业、层次要求与学校需要相匹配。

二是可选派教师到国内外同类院校进行学习或作为访问学者进行研修、学习。

三是利用企业进行培训，主要是为更新提高专业教师的学科知识与专业技能。如通过校企联合进行科学研究、开发产品，选派教师到企业兼任技术和管理人员，带职锻炼，增强教师的实践经验。

高职院校实施校本培训，其培训网络必须要健全和畅通，培训网络包括"内与外"："内"就是培训立足本校，充分利用教研室、教研组、年级组等组织的作用，倡建学习型组织。选择思想素质高、富有教育教学经验的教师送到校外培训，然后回校担任培训工作，建立一支校内培训师资队伍。"外"

就是充分利用学校外的资源，其中包括"上、中、下"三个层面："上"就是与上级培训机构的联系。通过上级培训机构及时了解我国最新培训动态和培训要求；派出培训师资参加培训者的培训；接受上级培训机构对培训工作的指导；根据培训需要选送部分培训对象直接参加上一级培训机构的培训。"中"就是与兄弟培训机构的协作。把专业相近的专业院校、教育科研单位等请进校门，进行提高指导性培训。学校与大学的伙伴关系仍然要坚持"以校为本"，学校与大学共同制定方案目标、规划培训过程、监督评价培训效果。改善与企业合作关系，使他们参与到教师培训中来，提高教师继续教育实用性。校企的合作，可以是聘请企业技术人员利用校内实训设施对教师进行新技术、新工艺的训练，也可以是学校派教师到企业实践一线进行锻炼，以了解企业的发展情况，使企业成为教师培训的基地。"下"是与下级培训基地及教师任职学校的合作。如在下级培训基地或有条件的中等职业学校设立培训点，送教上门；或者与下级培训基地合作实施培训（详见图 4-10）。通过高职"双师型"教师校本培训网络的构建，实现资源共享。

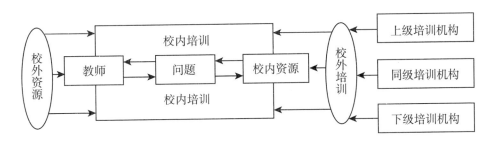

图 4-10 高职院校"双师型"教师人才校本培训网络

四、开展内容丰富、形式多样的高职"双师型"教师校本培训

高职"双师型"教师校本培训的教学内容应以教师为本、以能力为本、以发展为本。以教师的需要为本，体现以人为本的现代精神，弘扬教师的主体意识和创造精神。以往的教师在职教育偏重学科知识的系统性与完整性，忽视高职教师的综合能力培养。校本培训不应再以传授知识为导向，而应在完善知识的前提下，将技术能力培养作为校本培训的关键。"双师型"教师校本培训打破工具理性的束缚，追求职业院校教师个体的发展，充分考虑教师的差异性，根据教师的不同特点、需要和教师的能力水平，选择培训的内容与方法，促进其成长为"双师型"教师。校本培训的内容不应圈于教师所

缺少的理论和技能，应该将范围扩大化、开放化，以保证职业院校教师对教育改革和本校发展作出灵敏的反应。培训内容的确立要考虑三类相互关联的因素：

一是不同类型教师专业发展的个性需要以及相互通融的方面；

二是教师专业在不同发展阶段的需要以及发展的连续性；

三是教师专业发展的关键时期以及这个时期的优势需要。

校本培训的目的是促进教师专业发展，因此培训内容要从知识、能力、素质等几个维度进行考虑。教师的知识一般认为包含三个方面（本体性知识、条件性知识和实践性知识），本体性知识，指教师的学科知识，它是教师成长的必要条件。教师的条件性知识是指教师的教育学、心理学方面的知识。教师的实践性知识，指教师具备的课堂背景知识以及与之相关的知识，它更多地来自教学实践，具有明显的经验成分。因此，高职院校校本培训的内容应包括本体性知识的更新；教育理论、教育思想、职业道德培训；高职教育的教学方法、教学模式的培训；本校特色、区域民俗文化的培训；解决实际教学问题能力的培训；现代教育技术的培训；教师教学基本技能和能力培训；科研能力的培训。

高等职业院校应根据自身的类型和特色，结合各自的软硬件环境，采用不同的培训形式。总体来说，有以下几种培训方式：

第一，专家指导式。专家可以是学院聘请的学科理论专家或技术人员，也可以是本院校某一专业有特长的教师。这种模式是让有接受某方面教育需求的教师跟随专家学习或直接担任其助手，指导者与被指导者直接对话，在学习和协作中丰富教师知识和提高能力。

第二，互学相长式。优秀教师传帮带在各院校广泛存在，新教师到学校后与优秀教师形成"师徒"式的帮带是最常见的一种；另外可以利用职业教育师资的差异性，进行互补性培训，相互取长补短，共同学习提高。

第三，校企合作式。通过有计划地组织教师到相关行业、企业参观学习，进行社会调查、社会实践、顶岗锻炼等途径，不断更新教师的职业知识和专业技能。此外，高职院校也可以把企业中的技术能手请到学校来进行技能展示，与相关教师结成对子，达到共同提高的目的。

第四，科研治学式。通过各类课题尤其是院级课题的下达，让教研室名副其实地担负起教研与科研的职能。教师在具体研究课题的过程中，实现素质的提高和产、学、研的结合"这种方式既可体现教师的个人兴趣，也使教师自主进行学习与交流，其教研成果与教师素质同步提高。这种"校本培训"模式是一个连续的、永恒的过程，是保证学院和教师可持续发展的最佳培训方式之一。

第五，网络教学式。借助于网络教学和远程教育，让本校教师接触更多的职业教育信息，实现校际交流和个别化教学，充分体现教师的主体性和个性化。

五、营造积极的高职"双师型"教师校本培训文化

营造积极的高职教师校本培训文化，是教师校本培训有序运行的土壤。主要从以下几方面入手：

（一）转变教师专业发展靠外在支持的观念

目前实施的、主流的高职教师专业发展培训模式都是由行政、大学、科研院所这些外在力量来决定在职教师发展的次序和目标以及资源配置等。这样很难让教师获得"赋权感"，会使教师感到自己是在被"规训"，于是自觉自愿改变自我的期望也就荡然无存。因此，要将教师校本培训与其他教师专业发展模式融会贯通，为我所用，形成合力，重塑教师的自信心和自尊心，以共同促进校本教师专业健康发展。

（二）大力建设以人为本、相互关怀的学校文化

校本培训的承担者和培训对象都是本校教师，培训者和受训者的角色是不断转换的。这就要求学校是一个相互关怀的集体，教师要相互支持、相互接纳，共同商定培训课题和内容，共同设计培训程序，做到配合默契，相得益彰。学校要开展内容丰富、形式多样的集体活动，以增强教师理解、交流的机会，从而形成同事互助的校园文化。

（三）充分调动每一位教师发展专业的积极主动性

每一位高职教师都应形成自觉的发展意识和树立正确的生存信念，对自己的生存价值和意义予以认真的思索和规划，要拓展和更新自我教育的内容，从而获得自我持续生长和发展的积极主动性。教师要把专业发展的外在要求真正转变为内在自身素质提高的自觉行动。首先，教师要实现专业角色的转型，即从"经师"向"人师"发展，既要有民主意识、科学理性，又不缺乏人性化；从"传道"角色向具有艰苦创业精神、崇尚法制、信守职业伦理、个性充满活力的生命主体转变。其次，要扩充专业角色，即教师在作为

知识、技能、文化传承者的同时，还应当成为学生择业、就业、创业的研究者、指导者，将教学与学习、做事与做人、工作与生存、实践与反思、教人与教己高度地统一起来，形成一种专业生活方式。再次，要强化专业角色，即增强专业意识、专业精神、信守专业情操，实现专业自律，加强专业修养，实现自我的专业发展和不断创新，努力提高专业实践水平和教育服务的质量。

第五章　激发"行动力"：高职院校"双师型"人才队伍培养之激励体系

第一节　激励相关概念界定及其理论基础的综述

一、概念界定

（一）激励

激励从字面理解，激是激发，励是鼓励，是管理过程中必不可少的。激励可以激发个人动力，为组织发展提供保障，继而实现组织目标。它有自己的特性，它以组织成员的需要为基点，以需求理论为指导；激励可以分为物质激励和精神激励，也可以分为外在激励和内在激励。

中国管理学家苏东水先生定义："激励是可以波及人类的动机，使人产生内在动机，是一个心理转变过程，逐步接近人类想要的目标。"美国管理学家斯坦尼尔（Steiner）和贝雷尔森（Berelson）给激励作了定义："一切内心要争取的希望、条件、愿望、动力构成了对个体的激励。——这是个体活动的一种内心状态。"个体的所有行为都是由特定动机引发的。动机对个体的行动有着激发、推动并加强的作用，动机属于精神范畴。在经济发展的过程中，个体的劳动分工与劳动交易的出现带来了激励问题。激励理论是行为科学，是人类用来处理需要、动机、行为、目的四者关系的核心理论。行为科学认为，个体的动机来自个体需求，由个体需求确定个体行为。

组织使用激励的目的是要激发组织成员充分发挥其潜能。激励是"需要—动机—行为—满意"的连续过程。激励一般涉及三方面，即：个体动力、个体行为导向、个体行动的持续性。作为学校,需要为教师群体塑造出产学研的良好环境和激励机制:一是创造出能鼓励教师开拓创新的宽松环境以及思想活跃和勇于探索的氛围;二是建立正确的评价体系和教师激励机制,重奖重用获得卓越成果的教师;三是强化学校内部的竞争机制,激励教师研究新动向、新问题,并明确规定适应时代要求的产学研目标;四是学校要引领教师不断学习,并引导他们研究专业领域的新动向。同时要让教师明确,他们的个体行为将会产生的实际效果,达到教师高效工作、高满意度的结果。

(二)机制

在西方,"机制"这个单词源于物理学,指整台机器的内部构造和工作原理,即机器在运行过程中每个零部件联系在一起相互作用,相互牵制。机制是一种各个因素间结构的关系和运行方式。在我国,"机制"最早出自清朝丘逢甲所作的《汕头海关歌寄伯瑶》:"西人嗜糖嗜其白,贱买赤砂改机制"。《辞海》在解读"机制"的释义时提到,机制主要有四种不同的意义:一是机器制造;二是机械设备运作原理;三是有机体创建,即将有机体不同器官、不同功能相互衔接起来的方式;四是自然现象发展应依循的规律。

综合以上,我们可以得出如下结论。第一,机制是一种有机结构。其内部构件存在相互作用、相互牵制等不同的联接方式。第二,机制是一种运行规则。它对有机体起着激发、鼓励激发的作用,以此保障有机体运行的顺畅性和有序性。第三,机制是一种运行程序。有机体的运行过程有先后、主次之分,不允许破坏既定的运行规则。第四,机制运行过程中伴随有信息交换。有机体的运转过程中不断地有信息交换,这种信息交换一定是有效的,以确保有机体运行的有效性。

(三)激励机制

激励机制(Incentive Mechanism),是组织体通过总结操作经验,逐步形成的反映组织体与个体间相互作用的相对理性、相对成熟的一种管理模式,是组织体系统运用多种激励手段并使之规范化、合理化,趋向相对固定化,是组织体与个体相互影响、相互制约的方式、关系以及演变规律的总和。激励机制对组织体有正、负两方面的影响,对组织体能产生正、负两极的能量作用。当激励机制同时满足个体需求和组织体的预期,个体行为会表现出不断增强的特征,反之会对个体的积极性起到消极或弱化作用。通过激励和机制的分析，可以解释：激励机制指各因素间互相激发、相互牵制来给事物创造出行为的动力。

（四）教师激励机制

教师的激励机制是各部分的功能之间互相激发作用的方式与过程，同时各因素之间的关系构成的动力供给了高校教师的教学活动。

教师激励机制发挥作用的三大要素为：内在动力，外在压力，目标吸力。其中，内在动力是决定性因素，也是维持教师积极性的重要因素。激发教师的内在动力要依靠教师的精神力量和工作动力。精神力量来自教师的人生观、价值观和世界观；工作动力来自教师为了实现自己既定的目标和愿望。如果教师清晰地意识到教育的重要性，加之教师的能力及喜好，我们就可以成功地运用激励机制。如此，在教育过程中，教师获得成功的感觉，心里就会觉得满足，使得教育本身成为一种精神上的享受，成为激励自己强有力的力量。外在压力是让教师承担重任，所以要使用如制度约束、评价、职称评聘等方法让教师产生精神压力，敦促教师把外在压力转化为内在动力。目标的吸引力是指建立学校的集体目标，并使用各种方法如奖励、奖状、现金、物品等外在的激励，激发教师的积极性，创造出良好趋向的反馈信息，让教师激励机制是综合各种激励手段、激励因素，使学校与教师间相互作用，相互影响，从而达到一定目标和产能。教师的心态或思想有所改变，从此产生出集体愿望的一些反应行为。

教师激励机制的研究、设计与监管的核心内容是通过激励手段，提高教师工作积极性和工作效率的同时对教师群体产生一定的约束作用。建设教师激励机制将有利于提高学校管理的效率，形成有效的管理办法，降低管理成本，减少随意性，从"人治的"逐渐转变成"法治的"，这样做才能使各院校处于良性竞争的环境中。

二、理论基础

根据需要和动机的关系，激励对效果的影响，激励对行为改造的影响，提出了相应的激励理论。激励理论划分为内容型激励理论、过程型激励理论和行为改造型激励理论三类。

（一）内容型激励理论

内容型激励理论将人的需要分成不同的层次，认为需要是人类动机和行为的原动力。主要有马斯洛（Abraham Harold Maslow）的需求层次理论、赫茨伯格（Fredrick Herzberg）的双因素理论等。

1. 需求层次理论

马斯洛的需求层次理论（如图 5-1）将需求分成生理需求、安全需求、社交需求、尊重需求、自我实现需求的五个层次。马斯洛认为，人的需求是分层级的，由低级至高级层层递进，当一种需求得到实质的满足时，这种需求的激励作用也会随之终止。

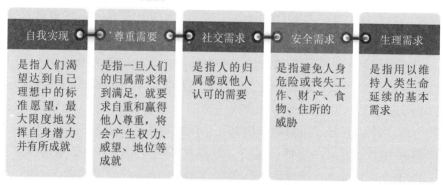

图 5-1　马斯洛的需求层次理论

2. 双因素理论

赫茨伯格提出双因素理论，又称激励—保健理论。他认为个人与工作的关系是一个最基本的方面，而个人对工作的态度决定了任务的成败。为此，他调查了这样一个问题："人们希望从工作中得到什么？"赫茨伯格得出的结论是："要想真正激励员工努力工作，必须注重激励因素，这些因素才会增加员工的工作满意感。"

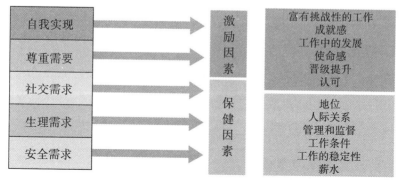

图 5-2　马斯洛与赫茨伯格的激励理论对比图

（二）过程型激励理论

过程型激励理论的研究重点是人们的工作过程中的激励措施及其效果。它的主要任务是找出对行为起决定作用的某些关键因素，弄清它们之间的相互关系，以预测和控制人的行为。主要理论有弗鲁姆（V.H.Vroom）的期望理论、亚当斯（J.S.Adams）的公平理论、埃德温·洛克（E.A.Loke）的目标设置理论等。

1. 期望理论

弗鲁姆认为，"人们认为他们所追求的目标是有价值的，并且付出所有的努力有助于目标的实现，那么他们将会受到这个目标的激励。"这与马丁·路德（Martin Luther）所讲到的"在这个世界上所做的每一件事都是抱着希望而做的"的观点是一致的，即激励 = 效价 × 期望，"激励"（force）是个体受到的激励程度，"效价"（valence）是指对结果的偏好大小，"期望"（expectancy）是指特定的行为能够导致结果的可能性大小。弗鲁姆的期望理论的四个步骤如图 5-3 所示。

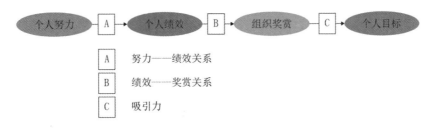

图 5-3　弗鲁姆的期望理论的四个步骤

弗鲁姆的期望理论回答了以下几个问题：

·我必须付出多大的努力以实现某一工作绩效水平？

·我真的能达到这一绩效水平吗？

·我达到这一绩效水平后会得到什么奖赏？这种奖赏对我有多大吸引力？

·它是否有助于我实现自己的目标？

2. 公平理论

公平理论（图 5-4）是美国行为科学家亚当斯提出的一种激励理论，这一理论认为员工首先思考自己收入与付出的比率，然后将自己的收入/付出的比率与相关他人的相比较。

察觉到的比率比较   员工的评价

$$\frac{所得A}{付出A} < \frac{所得B}{付出B}$$ 不公平（报酬过低）

$$\frac{所得A}{付出A} = \frac{所得B}{付出B}$$ 公平

$$\frac{所得A}{付出A} > \frac{所得B}{付出B}$$ 不评价（报酬过高）

A员工，B参照对象

图5-4 公平理论对比分析

根据公平理论的观点，当人们感到不公平时，他们可能会采取以下几种做法：

· 改变自己或他人的付出或所得；

· 采取某种行为使他人的付出或所得发生改变；

· 选择另外一个参照对象进行比较；

· 辞去他们的工作。

3. 目标设置理论

美国管理学和心理学教授埃德温·洛克在20世纪60年代提出了目标设置理论，即对于具有一定难度且具体的目标，一旦被接受，将会比容易的目标更能激发高水平的工作绩效。使工作指向目标的主要原因来自工作动机，有一定难度的目标比容易达到的目标更能激发人的行为，取得更好的工作绩效，适中的难度目标才能对员工的行为起激励作用。

（三）行为改造型激励理论

行为改造型理论重点研究激励对人的行为的修正作用，主要包括：强化理论。强化理论是美国的心理学家和行为科学家斯金纳（B.F.Skinner）提出的，又称行为矫正理论。此理论强调人的行为与影响行为的环境刺激之间的关系，认为管理者可以通过不断改变环境的刺激来控制人的行为，控制行为的因素称为强化物。按照斯金纳的观点，当人们采取某种行为时，能从他人那里得到某种令其感到愉快的结果，这种结果反过来又成为推进人们趋向或重复此种行为的力量；而当某种行为否定那些不符合要求的行为时，令人不愉快的行为就会减少或消除，从而增大符合要求的行为重复出现的可能性；若某种行为在一定时间内未得到强化，此行为将自然下降并逐渐消退。

第二节　高职“双师型”人才队伍激励机制的现状

一、学院“双师型”教师激励现状

以杭州职业技术学院为例在它经历了多次“双师型”教师主动辞职后，为了吸引和留住这些优秀人才，从根本上提升学院的核心竞争力，对教师的激励机制进行了初步的探索与实践。总结起来，主要有以下几种：

（一）物质激励现状

杭州职业技术学院在薪酬体系设计上重新制定了一套能够发挥优秀教师主观能动性的激励举措。首先，学院通过保证“双师型”教师在行业内具有一定竞争力的基本工资，提高其工作积极性。这项激励措施的出台主要以具备“双师素质”的在职在岗专任教师为主，根据高等职业院校教育教学工作特点，引导教师加强教学与研究，提高专业技能，促进产学研结合，提高“双师”素质的目的，造就素质较高、结构合理的“双师型”教师队伍的目的而产生的。杭州职业技术学院先后出台了《专业带头人评聘办法》《课程带头人评聘办法》《骨干教师评聘办法》等多项制度，在薪酬分配上采取能上能下、不论资排辈，对专任教师，尤其是具备“双师素质”的教学骨干和学术权威或具备丰富的教学和实践经验的带头人进行岗位公开评聘，对符合要求的教师实行年薪制，这在一定程度上激励了在职在岗的“双师型”教师，改善了他们的待遇，提高了他们的工作积极性和主动性。

当然，除了基本工资外，杭州职业技术学院的物质激励还包括有年终奖、专项奖、岗位津贴、科研津贴等项目。其中，专项奖会根据所获得的各类奖项决定，科研津贴会根据科研成果情况界定，岗位津贴则以所承担的职务为依据。杭州职业技术学院的福利主要包括有经济性福利的额外收入，比如节假日的奖金或分配实物等方式、住房性福利、交通补贴、生育补贴等。保险方面则主要有养老保险、医疗保险、住房公积金等。

（二）非物质激励现状

杭州职业技术学院认识到专任教师的继续学习、深造和培训的需求，也是杭州职业技术学院发展的需要。目前，学院对教师在职学习及深造实行补贴，对获取研究生学历的教师补贴金额 1.5 万元。同时，为了提升学院教职工整体学历，与多所院校合作，开展学历教育培训工作。对所有专任教师也要求实施岗前培训、专业研讨、学术交流、课程评比、专业技能培训等。

2012 年杭州职业技术学院绩效考核办法中规定教师的课时量对公共课教师和专业教师分别制定，将课时量与绩效工资挂钩，课时标准依据教师职称决定，对"双师型"教师的课时标准高于一般专任教师。其绩效工资均为满出勤且完成相应工作量的状态下可全额获得相应收入[①]。

对专任教师在学期末采取 360 度考核，在教学期间进行教学全方位检查，对其考评包括有教师自评打分、同事互评、学生评教、教研室教务部考核、专业系考核、教改等项目。这些举措在一定程度上规范了教师的上课行为，确保了课堂教学质量，注重教师在教学、实践、研究等方面的积极性，促进了学院教学改革，推动了杭州职业技术学院教师队伍的整体发展。

二、学院"双师型"教师激励存在问题

为了更好地了解学院"双师型"教师队伍及对于学院的满意度和心理需求，发现学院激励机制方面存在的问题，本人对杭州职业技术学院 6 个专业系的 15 位具备"双师素质"教师进行了访谈，访谈对象选择不同年龄段、不同学历、不同职称的教师，其中有的兼任系主任或教研室主任等职务。由于样本量较小，不适合采用调查问卷的形式，其结果是对前期各项现状分析的验证和补充。

（一）薪酬满意度较低

高等职业院校教师的薪酬水平是当前收入和分配情况的重要指标之一。公平理论说明个人会将收入与产出进行对比，即将自己获得的"补偿"（比如金钱、工作安排及获得赏识等）与自己的"投入"（包括教育程度、努力程度、花费时间、精力等）的比值与组织内部的其他人进行比较，只有相等

---

① 陈玉玺.高职院校"双师型"教师激励机制问题研究[J].江苏经贸职业技术学院学报，2016（4）：71-73.

时，才会认为是公平的。在访谈过程中，有 9 人认为目前的整体薪酬偏低，占到访谈人数的 65% 以上。

首先，对于"双师型"教师的薪酬分配时的考虑与专任教师没有太大区别，主要会考虑其学历、职称、工作经历及获奖情况等方面，但是在对于"双师型"教师深入一线进行行业内实践或继续深造进修，杭州职业技术学院没有相应的政策来提高他们的薪酬待遇，以达到激励教师继续学习的效果。这一问题反映了杭州职业技术学院对教师继续教育和提升专业技能方面没有采取相应的配套激励制度，导致了教师，尤其是青年教师的负面情绪，有部分教师甚至将继续学习或职称评级看成是自己未来跳槽的跳板。显然，这种情况将影响"双师型"教师队伍的建设，继而影响到学院长期的稳定发展。

其次，按照杭州职业技术学院的规定，对于教师的薪酬主要由固定工资和绩效工资决定。绩效工资可以包括很多子项目，但对于教师来说，最为基本也是最为主要的是课时费，它是按照教师实际完成的教学工作量核算出来的。根据杭州职业技术学院课时费计算标准，课时费＝额定课时费标准×额定课时量×教学质量系数＋超额课时费标准×超额课时量＋课头费。

从以上课时费的计算公式我们可以得出，课时费主要考虑的是教学的"质"与"量"，同时也希望兼顾教学的难度系数。因此，课时费主要与课时标准、课时量和课头数密切相关。但是，在实际操作过程中，课时费计算公式中的教学质量系数通常情况下选择为 1。因为，其概念本身就较为模糊，而且没有明确指出教学质量是指依据学生评教的评分，还是教学管理部门的监督评分，又或是教学研究督导室、各系部根据教学质量做出的评分。在教务部负责核算课时费的过程中，通常人为忽略对于教学质量系数的赋值，仅仅当出现较大教学事故或获得优质课程时才会有所考虑。因此，这样的课时费计算方法，很容易让教师们一味地追求课时量的大小和专业技术职务的高低，忽略了课堂教学质量的自我把控。

（二）行政职能部门对教学缺乏服务意识

杭州职业技术学院的教师与管理职能部门、院领导缺少直接沟通，"双师型"教师尤为明显，基本上很少参与学院管理活动，对学院行政工作更是知之甚少。杭州职业技术学院有至少 20% 的教师在其他院校兼课，使得教师与行政管理人员容易产生不信任感或矛盾。根据了解，杭州职业技术学院部分行政人员确实存在认为"双师型"教师课时费高，工作轻松等错误的思想。虽然，学院倡导行政职能部门是为教师和学生服务的，但是"官本位"的思想仍然存在，行政职能部门的很多工作仍然影响到教师们的日常教学。比如：提供教学信息化支持的部门有延误或没有处理设备的情况，导致课程无法达到预期的教学目的和质量；需要"双师型"教师帮助参与创排演出活动时，却没有为教师们协调好课程安排，等等。各系部的教学工作安排受到教务部的影响较大，教师的许多好的建议和意见容易被忽视，这样的管理方式极大地扼杀了教师们的工作积极性和创造力。

（三）"双师型"教师工作量偏大，负激励机制管理不规范

随着高等职业院校规模的不断发展，杭州职业技术学院在以往的优势专业基础上，陆续开设了数个新型专业及专业方向，虽然近几年聘请了不少青年教师，但是由于他们大多是本科或研究生毕业，专业实践能力上和本校内的"双师型"教师存在差距，在核心课程上仍然要以"双师型"教师为主，其工作量必然大幅度增加。同时，双师型教师比例偏小也增加了他们的负担，影响到教学质量和教师的创新精神。

根据斯金纳1956年提出的强化理论，激励除了正向的，还有负向的。负激励指的是组织成员行为不符合组织目标时，将给予惩罚或批评，以此削弱或抑制这样的行为发生，朝着有利于组织目标实现的方向发展。批评和惩罚是负激励的主要表现形式。杭州职业技术学院教学检查活动是一项常规性工作，可以说，每学期都会发现一些问题。比如，有教师占用学院的资源私下授课，相关监管部门发现情况，但也仅仅是口头警告而未采取及时有效的惩罚措施，导致有些教师漠视学院制度，让暴露的问题屡次发生。教学相关部门存在"老好人"的心理，只要不出现较大教学事故，都不愿追究教师的责任，这也导致了那些受罚教师的心理不平衡，负激励缺乏公平性。

（四）实践培训力度欠缺，职称评定制度与职业发展定位不一致

杭州职业技术学院采取的仍然是通过职前教育和在职学校培训，然而这无法满足作为艺术类高职院校教师们的专业技术能力提升的需求和教学实践的需要。学院也并没有专门对于艺术教师实践舞台和专业技能培训的专项经费，而仅仅是对获奖教师采取"事后"奖励的形式，而不是"事先"对骨干教师进行培训或者给予类似于舞台锻炼的机会。这也致使许多教师在教学能力随着教学年限提高的同时，专业技能往往在不断退化，舞台经验更是不如以前，和行业内同一阶段同一水平的演员相比较，杭州职业技术学院的许多

教师已经无法达到与行业内的相关人员的专业水准相一致，这样的情况在各个专业都普遍存在，这也充分说明学院在实践培训上的力度欠缺。

职称评定工作一直是作为提高教师专业技能水平的有效激励手段，但对于高职院校的"双师型"教师而言，则显得有些尴尬。因为高职院校由于培养目标的特殊性，对教师的要求与一般普通高等院校不同，简单来讲，不仅要求老师"德高""学高"，也特别强调"技高"，但是教师的职称评定却无法将技术能力的高低作为职称考评的标准，这显然对于"双师型"教师不利，也因此导致教师教学实践积极性不高。

三、学院"双师型"教师激励的必要性

人们常常说教师是"人类灵魂的工程师"，并认为这个群体无须激励。虽然教师是高知识、高素质和高专业技能的职业工作者，但归根结底，教师仍然是一个人，也需要根据其不同需求，采取不同激励手段，满足其合理要求，才能较大程度发挥其工作积极性。调查表明高职教师的平均投入高于一般科研人员（详见表5-1），根据人力资本投资的概念，当教师所得与投入不成正比的时候，必然会影响其积极性，进而影响到其教学质量。高职"双师型"教师作为高职院校师资队伍的重要组成部分，自然也不例外，甚至在某些方面更需要激励。本书认为，高职"双师型"教师队伍的激励不但有必要，而且非常重要，它直接影响了高等职业教育的健康发展，对于"双师型"教师队伍的激励研究，不仅将有利于"双师型"教师自身的发展，也有利于提高高职院校的办学质量。

表5-1 不同职业的人力资本投入比较

学历	代表性职业	所需人力资本
高中／技校	技工	1.5
大专	文员	10
本科	软件开发	13
硕士	科研人员	24
硕士／博士	高职／高校教师	36

（一）是贯彻落实国家教育改革和高等职业发展的客观要求

我国高等职业教育一直深受国家和社会的高度重视，全国职业教育工作会议上多次提到职业教育在社会主义现代化建设中的重要地位，并先后

出台一系列政策和措施，强调在深化教育体制改革的同时，要继续坚持大力发展职业教育，加强"双师型"教师队伍建设。教育部在《关于深化教育改革全面推进素质教育的决定》提出"加快建设兼有教师资格和其他专业资格的'双师型'教师队伍，'双师型'教师队伍建设是提高专高职教育教学质量的关键"。然而，由于我国高职教育起步较晚，对于"双师型"教师队伍的研究还不够深入，许多相关研究仅仅针对普通高职教师，虽然带有一定普遍性，但对其针对性研究还远远不够。随着社会经济的高速发展和科技水平的迅猛提高，现有的教师激励模式并不一定适用于现有的"双师型"教师队伍，而这也必将影响到高职教育的可持续发展。另一方面，如前所述，高职教师的人力资本前期投入较大，"双师型"教师则更甚，不仅是个人的，而且需要组织的前期投入，如果缺少激励方面的考虑，必然挫伤其工作的积极性，为避免这方面的消极影响，也必须建立针对性强的激励机制。对于"双师型"教师的激励问题研究是探索未来高职教育发展的关键课题，是教育教学质量和办学效益的关键，也是贯彻落实国家中长期教育改革和高等职业教育发展的客观要求。

（二）是知识经济社会发展的必然要求

众所周知，我国已正式加入"世界贸易组织"，随着经济实力和综合国力的日益增强，我国已经快速步入经济全球化和教育国际化的进程。但不管是经济实力还是综合国力的竞争，核心一定是对于人才的竞争。在新的理论、新的学科和新的课题面前，知识更新的周期越来越短，创新的频率越来越快，对人的素质的要求也越来越高。职业教育的诞生正是为经济社会培养高技能的实用型、应用型人才，这样的人才必须体现职业性、专业性和应用性的特点，这便要求高职院校的教师们必须在精通专业理论知识的前提下，具有较强的动手实操能力和技术能力。"双师型"教师队伍的发展已经成为社会经济发展的需要，成为制约高等职业教育发展的最大障碍。对其激励的研究将成为高等职业院校对教师质量和数量把控的重要依据和衡量标准。只有从经济发展的高度认识"双师型"教师激励的重要性，从提高人口科学素质的建设高度看待培养高技能人才的必要性，实施人才兴国战略，重视"双师型"教师这一特殊资源，对其深入研究和探索，才能在经济高速发展的人才竞争中保持延续性。

（三）是实现应用型人才培养目标的有效途径

高等职业教育有高等教育的普遍性，但更重要的是其特殊性，这也决定了其人才培养目标的特殊性。高职教育培养的目标是适应生产、建设、管理、服务等第一线需要的高等技术应用型人才。要达到这样的培养目标，必须建立一支"能讲"且"会做"的"双师型"教师队伍。实际过程中，许多高等职业院校将目光过多的投向应用型人才的实践场所、教学环境以及"教学研"相结合的教学手段和方法上，却忽略了最重要的主体，教师本身的个人因素研究。缺少对其激励性的研究，导致了大批具备"双师型"素质的教师教学积极性不高，更有甚者，直接离开了教师岗位，导致出现高职院校师资队伍最为核心的"双师型教师"队伍比例严重不足的现象，严重影响到对培养应用型人才目标的达成。

（四）是高等职业院校办学质量的根本保证

20 世纪 30 年代的"委托代理理论"是建立在非对称信息博弈论的基础上，研究委托代理关系。其概念指一个或多个行为主体，根据一种明示或隐含的契约，指定、雇佣另一些行为主体为其服务。事实上，生活中时刻都发生着信息不对称的问题，这是因为契约的某一方有着"私有信息"。而私有信息会导致 2 种行为产生，即"道德风险"和"逆向选择"。据此，我们可以将高等职业院校中学校和"双师型"教师群体的关系看成委托与代理关系，学校是委托方，"双师型"教师是代理方，教师来源包括社会和学校。当教师一方存在私有信息时，"双师型"教师未得到激励，便会出现不认真授课或考虑其他发展的可能，这偏离了作为委托方——高等职业院校的预期目标，损害了学生利益。长此以往，将严重影响高等职业院校的办学质量。中国职业教育学会副会长周稽裘曾说过"质量是职业教育的生命"，"双师型"教师激励研究不仅仅对于教师自身发展具有意义，也影响着高等职业院校未来的办学方向，是高等职业院校办学质量的根本保证。

第三节　国外教师队伍激励机制及其对我国的启示

我国高职院校教师激励机制的制度改进可以借鉴国外高校教师激励机制的成功经验，本节将会对澳大利亚、德国、美国、日本四国的高校教师激励机制进行介绍，从中得到给我国高职院校教师激励机制建设的启示：开发适合高职教师特点的在职培训体系；给予青年教师更多展示自我的机会；物质激励与精神激励齐头并进，注重权利和责任的统一；物质补贴除了考虑教师的职位、职称，也可以以教师的家庭压力为参考。

一、澳大利亚高校教师激励机制

澳大利亚良好的教师激励机制主要体现在其合理的高校教师培训课程方面，高校师资课程培训注重学以致用，平衡了教学与科研之间的关系。澳大利亚高校教师培训课程大多数由专门负责学术的部门，如教学发展中心和社科院等相关院部联合开发。剖析其课程的总体框架可以先从学分入手，澳大利亚各个大学所开设的大学师资培训课程总学分分数各不相同，大多数学校提供四个单元的课程，每个单元课程的学分从 2 到 12.5 学分不等；参训者可以以学生的身份进行学习，每个单元的学习通常需要一学期的时间，大概一至两年的时间才可以完成四个单元的学习。在课程内容方面，大多数高校的师资培训课程内容主要包括：课程与教学设计、高等教育理论、教学方法等，有些高校还将学术指导与管理能力培养课程也纳入其中。澳大利亚师资培训计划旨在提高教师的教学能力，除理论知识外还要提高教师的实践能力，将培训对象明确确定为从事教学科研任务的教师或担任管理职责的人员，教学方法高效多样包括论坛、小组讨论、专题研究、教学观摩等。同时澳大利亚高校师资培训课程的评价很少采用在整个培训过程结束时进行终结性评价，而是更加注重形成性评价，通常是对每个单元的学习情况进行评价，包括书面报告、发表的论文、教学档案、专题报告、课程设计、教学观察等，其中书面报告、教学档案和专题报告是大多数学校会采用的评价方法。总体而言，澳大利亚师资培训课程非常强调实用性，注重培训教师将所学的知识应用于实践的能力。

二、德国高校教师激励机制

德国高校教师激励机制的优良措施主要体现在：物质激励与精神激励并重，既给予了教师丰厚的物质薪酬，同时教师的社会地位也很高；缩短了优秀青年教师申请教授职称的时间，为他们搭建了更好的展示自我的平台。

（一）物质激励与精神激励并重

德国大学的教师薪酬制度是以人力资源管理结构为基准的，将高校的教学人员分为教师和管理人员，将教师又分为教授和学术中层两个群体。一方面根据德国现行的法律：大学教授是国家终身制公务员，他们的薪酬构成包括基本工资、依家庭人数而定的津贴、与教龄相关的工资，物质待遇十分丰厚；另一方面教授不仅具有很高的学术权威而且是享有特权的阶层。从以上两个方面表明，德国大学的教授不仅在物质上享有丰厚的回报，在精神上也受到了优待。

（二）灵活的青年教师晋升制度

德国拥有博士学位的青年教师可以直接申请教授职位，与其他国家相比较，在正常情况下促使30出头的青年学科带头人可以早十年评选为教授。这是因为德国的《高等教育总法》中关于"青年教授席位"的方案将青年科学家提高职位的程序简化了许多，这类政策体现了德国高校教师激励机制不拘一格提拔人才、激励优秀青年教师的特点，为国家吸引了大量的优秀青年。

三、美国高校教师激励机制

权利和责任具有一致性是美国高校教师激励机制最大的特点，虽然对于教师工作绩效的考核非常严格，但是提供给教师的物质和精神方面的待遇也是非常优厚的，可以说既是一种压力，也是一种动力。

（一）丰厚的薪酬福利待遇

美国的高等教育院校有很独立的薪酬自主权，尤其是私立大学。私立大学由于出资人不同，因而没有统一的薪酬制度，其薪酬制度是由校董事会决定；州立大学是由国家资助开办，所以国家对州立大学教师的工资有一定的调控。总体来看美国所有高等教育学府很少有名目繁多的津贴或者补助，教师的主要收入是工资，一般而言美国高校教师的工资每年都会有一定幅度的增长，且足以超过通货膨胀的速度，高校可以灵活地调整薪酬。除了丰厚的薪水外，美国高校还为教师提供各种生活福利，包括身体状况检查、交通补贴、饮食补助、休假等，让教师的工作尽可能没有后顾之忧[①]。美国高校大多实施教授治校，所以学术权力与行政权力分离，教授对于学校的管理有一定话语权。

（二）严格的考核机制

虽然美国高校在很多方面给予教师优待，但他们也有很严格的考核制度，除了少数终身教授外其他教师都有一定的聘期，通过学期结束前严格的考核评估，学校才会与教师续签工作协议或者将其转为终身教授。对美国高校教师而言评为终身教授是非常大的动力也是压力，为了通过终身教授的审查，他们必须全力以赴提升教学水平。教师终身教授的考核对美国高校教师来说非常重要，所以学校在这方面制定了严格的程序和制度，主要有两个原则：一是做到了公平合理；二是引入了校外评价机制以避免引起争议，学校的管理人员、同事、各领域的专家、学生，以及教师本人都可以参与评价，这样评价主体就呈现了多元化的特质，有利于评估作用的发挥。因为美国大学实行学分制，学生通过自主选课获得学分、有选择教师的权利，所以学生对于教师的评价也是非常重要的一个环节，一些教师的课如果不能吸引学生或上课人数太少，这种情况连续两年教师将会面临被解雇的局面。

四、日本高校教师激励机制

与我国高校参照教师职位、职称确定薪酬的制度不同，日本高校教师薪酬制度充分体现了一种人文关怀，为使教师能专注于教学，学校以教师的家庭压力为参照来确定津贴；同时也给予了高校教师很高的地位和充分的休息时间。

（一）人性化的薪酬制度

根据投资者的差异，日本大学可分为三类，国立大学是由国家投资的大学、公立大学由政府投资、私立大学由私人出资，对应的日本高校教师的薪酬制度也分为三类。日本国立大学的教师是国家公务员，教师的薪资由政府部门制定；公立和私立大学的薪酬制度会依据国立大学的标准来制定，再依据各自高校的具体状况进行细微的调整，所以总体而言差别不大。日本大

---

① 张孟，王荣俊，李二军.校企合作模式下高职院校"双师型"教师团队共建培养模式探讨[J].教育现代化，2020，7（38）：69-72.

学教师的薪酬包括工资、福利、奖励和养老金四部分，原始工资是指每月的固定薪水，根据教师的教龄、年龄、职务等来确定，原始工资占教师薪酬来源的比例最大，按教员、助教、讲师、副教授、教授、院级领导六个级别确定基本工资水平，越往后基本工资越高。此外日本高校的补助非常全面，不仅体现了对教师工作的认可，还涵盖了对教师家庭生活各个方面的照顾，与我国按教师职称进行补贴的制度不同，日本的高校教师补贴是按照教师家庭具体情况来进行确定的，家庭负担越重补贴越高。例如家人有重度残疾的高校教师可为家人申请家庭津贴；单身教师在参加婚礼、交通、亲属去世等方面也会得到补助。在 6 月初和 12 月发放的奖金已成为日本大学的一项传统，相当于教师一个月或多个月的工资，对教师起到非常好的激励作用。

（二）完善的地位与休息保障

深受我国儒家尊师重道思想的影响，日本高校教师是公认的最让人羡慕的职业，教师社会地位很高。除了对教师有财政方面的保障外政府对教师的精神方面提供的保障也较为全面，他们有专门的工会致力于帮扶高校教师的事业。教师每年会有一段时间的带薪旅游假期，每人都享有这样的权利，只是因为职位的不同在时间上有所差别，这样的假期可以让教师从繁忙的工作中解脱出来，激发他们的思想活力。日本大学教师每年还会获得一定的科研差旅经费，这对于需要去往国内外进行调研工作的高校教师而言，有利于他们开展科学研究。长期从事科研工作且具有强烈奉献精神的高校教师，学校将提供良好稳定的福利待遇。例如在一所大学连续工作 20 年以上的具有特殊贡献的校长或教授，可以授予其该所学校名誉教授的职位。日本的职称考核制度坚持三大原则：一是严格的考核标准和公开考核结果；二是教师之间相互评价；三是达到身边人和本人都满意的程度，在绩效和能力两方面进行考核。绩效评价方式是将多种评价方式进行混合，绝对评价、相对评价及目标的完成度都是重要的评价方式，薪酬水平和职称的评定都受到考核结果的影响。

五、对我国的启示

我们从澳大利亚、德国、美国、日本等四个国家对高校教师的激励中可以看到，其对教师权利的保护是非常完善的，当然这也与他们所承担的责任有关。教师的权利不仅包括经济收入，还包括人格尊严、社会地位和休息权利等，有些经验是非常值得我们借鉴的。

澳大利亚高校教师培训体系，给我国提供了一个很好的完善教师培训方案的模板，具体在培训的内容、教学方式、考核的培训体系等方面都有可取之处；德国许多高校的历史都很久远，不可避免地形成了学术特权阶级，教授聘任的终身制近些年引发了学术界的探讨，可是我们也应该看到德国对于优秀的青年教师提供了很大的晋升空间；美国高校的教师激励机制给我们的启示是权利和责任高度统一，学校给予教师很大的权利的同时，教师也需要承担相应的责任。美国高校制定了严格的考核制度，虽然普遍认为越是严格的考核机制似乎就越打击教师的积极性，但在另一个层面这何尝不是给了真正高水平人才脱颖而出的机会，其实只要评价机制公平合理，权责一致，严格的考核机制也是一种有效的激励方式；日本高校教师拥有较高的社会地位，其薪酬制度和休假制度也相对完善，特别是薪酬制度不仅保证了教师的物质收入，也体现了对教师家庭人员的补贴和照顾，充满人文关怀，这为改进我国高职院校教师激励机制的薪酬制度提供了新思路。

第四节 "双师型"人才队伍激励机制的优化设计

一、学院"双师型"教师队伍激励机制设计构建原则

（一）物质激励与精神激励相结合的原则

激励机制构建的最终目的是让被激励者的努力方向能够与组织的目标相一致，其手段可以通过物质激励，也可以通过精神激励。物质激励往往指的是资金或奖品。马克思唯物主义指出，物质决定意识，而意识反作用于物质。可以看到，两者之间，并不矛盾。通过调查了解到，有的人力资源经理通过实践判断得出物质激励的效用更为持久，亦有持相反意见者。按照马斯洛需求层次理论可以看出，不同需求层次阶段的人的需求不一样，导致了其激励的方向不能完全相同。因此，对于不同的组织激励的侧重点显然不应相同。但可以得到共识的是，对于不同的人或相同人在不同阶段所采取的激励方式都应该不同。现实生活中，更应将物质激励与精神激励相结合，两者相辅相成，都非常重要。随着市场经济的快速发展，以前片面强调教师无私奉献、不求回报的时期已经过去了，取而代之的是教师越来越重视物质层面，而相对精神层面的需求匮乏。这样的结果导致本来以为仅以薪酬为杠杆就可

以调动教师工作积极性和主动性，却使部分教师过分追求物质，干工作讲条件，搞科研提分成，造成了教师精神需求的缺失。赫茨伯格的双因素理论认为受认可、被承认、取得成就等因素也与激励相关，这类因素的改善同样激发工作者的热情，能提高他们的生产效率，是满足人追求、尊重、自我实现的高层次需要。所以，在激励机制的设计过程中必须考虑物质激励与精神激励的结合。

（二）公平激励与倾斜激励相结合的原则

公平理论又称社会比较理论是美国心理学家亚当斯于 1965 年提出的。该理论是研究人的动机和知觉关系的一种激励理论，认为人的工作动机在受到报酬影响的同时，也受到报酬的相对影响。因此，这里更多地强调相对的概念，即一般来讲，人们都会通过了解别人的收入和付出与自己进行比较。公平理论在教师激励过程中，体现在工作安排、绩效考核、薪酬分配等方面。激励机制的公正性将严重影响激励的效度，在前面的杭州职业技术学院负激励机制问题上，就是制度执行上存在不公平的情况。与此同时，公平也是相对的，不会有绝对的公平，在特定的情况下，需要对某一方面有部分的倾斜，这也是高职院校对于薄弱或重点环节建设的重要手段之一。例如，对于杭州职业技术学院应在学生实践环节加强激励力度，给予教师一定的经费和实践平台，鼓励教师培养实用型人才，这种政策带有一定导向性和倾向性，有利于学院的特色发展。

（三）组织目标与个人目标相结合的原则

洛克的目标设置理论认为目标本身具有激励作用，能将人的需求转变为动机，自行将行为结果与既定目标进行对照，及时进行自我调整和修正，从而实现自我目标与组织目标。每个人在自身工作与学习过程中，均存在着自我肯定和自我约束的本能。在工作上，希望自身的努力能够得到认可，获得期望的结果，这就是自我激励的体现。每一个组织中，都需要管理者对不同的个体采取不同的激励手段，这就要求组织必须能够发掘每一个个体所存在的激励因素，满足其心理需求，达到最终组织目标与个体期望相一致的最佳状态，实现组织激励与自我激励的有效结合。例如，杭州职业技术学院在其前身为中专时不可能有相关的培训和科研等方面的激励措施，但是随着学院建校规模的发展，必然考虑这些因素。在不同时期采取不同的目标设置，并分解到个人，将让学院的教师更加清楚自己应该努力的方向。

（四）正激励与负激励相结合的原则

在组织中，普遍存在正激励、负激励与零激励的情况，但是根据很多学者的研究表明，正激励的适用性更大。首先，正激励更符合人的本性追求，任何人都希望得到他人的尊重、承认与认可。其次，正激励更多是给予被激励者工作的动力与热情，而不是负激励所产生的压力，这能起到调动工作者积极性与主动性的效用。最后，如果将正激励比喻为"有所为"，负激励就是"有所不为"，零激励则是"无所为，无所不为"，"有所不为"体现的是人行为的基本性，是组织制定规则的约束行为的表象，而"有所为"则是人行为的发展性，是组织发展所需要的个体行为。"有所不为"固然必要，但"有所为"的正激励将更具有持续性，是所有激励机制的研究重点。

（五）保健因素与激励因素相结合的原则

前面的激励理论提到赫茨伯格的双因素理论中，人的行为因素有两类，分别为保健因素和激励因素。两者构成的激励效用缺一不可，保健因素如果是保障，那么激励因素则是基础，当两者都存在时才能发挥激励的最大功能。社会转型期间，教师激励一方面要解决保健因素中对教师影响最大的工资水平、住房条件和人际关系方面等问题，另一方面也要通过激励来加强教师的主观能动性，最大程度的调动教师积极性。除了以上的激励原则以外，激励还具有时效性和差异性。激励的时效性不仅仅指激励效果时效，也指激励过程的时效。管理者往往在工作者绩效优秀的结果产生后，才予以奖励，其实际效果远不如在过程中的激励效用来的更佳。激励要有差异性，麦克利兰的成就需要理论认为，对待不同的项目和不同的目标群体要采取不同的激励措施。例如：对待高成就需要者的激励应该多采取表扬和工作支持的方式，对待权力需要者的激励可以考虑在职务上对被激励者赋予一定管理权的办法。

二、学院"双师型"教师激励机制模型设计

一套较为完整的激励机制设计应该是从整个过程的各个环节入手，包括有目标的制定，激励制度的执行，效果的反馈意见，以及完善和改进机制体系的全过程。研究通过对各类型激励理论的研究，找到对于"双师型"教师激励过程中各环节的理论支持，结合目前案例中的杭州职业技术学院出现的"双师型"教师队伍的问题和激励机制的不足之处，参考前面对激励现状的

分析思路，重新对杭州职业技术学院的激励机制进行了梳理，大致地构建了激励机制优化后的模型，如图5-5所示。

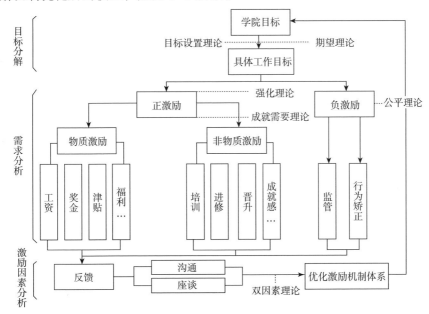

图5-5　杭州职业技术学院双师型人才队伍机制模型

（一）目标分解

学院的长远发展目标应结合当前形势，根据目标设置理论，将抽象性的长远办学方向和目标转化成具体可行的工作目标，并将各个工作目标分解到各专业系部，由系部对各专业进行针对性的任务分解。根据期望理论，结合各位教师的个人需要和意愿，制定出符合学院与教师个人目标的任务方案。这既让学院的发展有了具体可执行的工作目标，也让教师们感受到个人努力的价值和职业发展的前景。

（二）需求分析

学院具体的工作目标必须由激励机制来保障。简单来讲，可以将激励机制分为正向激励机制和负向激励机制。正激励机制的制定原则理论依据来源于成就需要理论，可具体分为物质与非物质激励，其激励结果产生正强化效用，理论依据来源于强化理论。同样，负激励机制主要以学院监管部门的具体工作要求为主，目的是监督教师的行为规范。其制定原则要求公正、客观，理论依据为公平理论。其激励结果产生负强化效用。

（三）激励因素

建立健全有效的反馈渠道，也是激励机制建设的关键之一。通过与教师的沟通和座谈等形式，了解他们对于激励现状的态度和感受，完善现有激励机制。可结合双因素理论，进行激励因素的分析，确定学院教师的保健因素与激励因素。最终，还要再次确定整套激励机制体系的建立是否真正地促进了学院的长远发展。

三、学院"双师型"教师激励机制的优化建议

（一）运用目标设置理论、期望理论进行目标激励

彼得·德鲁克（Peter F. Drucker）根据目标设置理论提出了目标激励的方法，其基础是洛克的目标设置理论。目标管理或成果管理制度现在已经广泛应用于企事业单位的员工的绩效考核和激励机制中。将目标管理的理念运用于杭州职业技术学院，对解决"双师型"教师的激励方面的问题很有必要。目前，杭州职业技术学院对"双师型"教师的工作目标设定普遍偏低，不具备可操作性和考核性，这说明在衡量和制定学院目标与"双师型"教师目标的过程中存在问题，要将"中部领先、全国一流的高标准办学目标切实地落实到每一个部门"，以服务为宗旨、以就业为导向、走产学结合的道路的办学思想应该融入每一位教职员工的身上，仍然需要做大量细致的工作①。我们会发现杭州职业技术学院的目标价值很大，但是有可能由于学院发展目标离教师过远，甚至让教师们觉得高不可攀，那么这样的目标设置的效价就会很低。同样，杭州职业技术学院的目标具有挑战性，但是在具体设置激励目标的过程中，也要注意可行性，既要考虑到目标的价值，也要考虑实现的可能性。因此，学院有必要让新入职的教师明确办学定位和发展目标，将自己的授课任务分阶段、分层次地安排到日常工作中去，一方面会让目标更为清晰、明确、具体；另一方面也让教师对于长远目标、短期目标及自我发展目标有了更为深刻的理解，使其产生较强的认同感、责任感，真正地让每一位教师成为学院的主人翁。

---

① 郑睿，高丽洁.高职双师型教师激励机制实践研究——以A高职学院为例[J].辽宁高职学报，2016，18（8）：66-70.

（二）运用需求层次理论进行物质激励和精神激励

在前文的激励现状分析中，我们分"物质激励"与"非物质激励"对杭州职业技术学院的激励情况进行了介绍。可以看到，在物质激励上，杭州职业技术学院有必要突出教师激励的差异性以体现公平，要开发以业绩为核心的薪酬激励模式。物质激励当中，对于大多数人来讲，首要的是薪酬，薪酬有两大功能，一方面是对于现有工作的回报，另一方面是对于未来工作行为和绩效的引导、激励。首先，在对"双师型"教师的薪酬分配上，和多数专任教师一样，主要考虑的是其职称、学历、获奖情况等因素。对教师工作履历和继续学习、深造的需求，杭州职业技术学院并没有将其挂钩，也并没有在上岗教师获得学历、技能资格后提高相应的薪酬待遇。所以，杭州职业技术学院仍需要完善配套制度，对青年"双师型"教师继续学习、深造予以经济上的鼓励，并对在职教师获取学历、职称、获奖等情况上的薪酬调整制度进行完善。其次，学院的薪酬体系还要和教师的绩效挂钩。众所周知，我国高职院校教师的基本工资差别很小，不同教师待遇高低的主要区别来源于职务或职称部分，这样的绩效工资体系虽然有其科学性，但也有其片面性。比如，有不少教师为了获取高职称不得不过多考虑在核心期刊发表论文，而忽略了在专业技能的培训和授课质量的要求，这种过度追求职务、职称的心理行为将影响到"双师型"教师对于自身发展的定位和造成重学术轻实践的教育导向。同时，在基本工资水平稳定的前提下，对"双师型"教师可考虑采取宽带薪酬，真正量化教学、实训和科研的工作，体现薪酬制度的公平性，一定的薪酬幅度可能带来教师工作的积极性和主动性。最后，考虑到杭州职业技术学院的办学宗旨是以培养舞台艺术表演人才为主，因此在对"双师型"教师的考评上，要对培养学生获奖的教师首先考虑，在每年的薪酬调整过程中重点关注。同时，在薪酬的涨幅上更要避免"平均主义"，即体现激励的差异性，这样无疑将提高他们的工作积极性和主动性，同时也传递了学院的办学宗旨。同样的，在杭州职业技术学院有近两成的"双师型"教师兼任其他工作，这些长期承担了多个任务的教师理应在加薪时享受更多优惠。

对于课时费的激励效用，在前文中我们指出了课时费在实际核算过程中，并没有关注到教学质量，为此在教学质量系数的设置上随意性较大，其激励效果必然达不到预期。考虑到教学质量是与学生、教研室、专业系和教务处四个方面相关，同时保证学院总体课时经费的稳定，对于教学质量系数可以采取比例性的控制，比如 1.2 占到 20%，1 占到 50%，0.8 占到 20%，0.5 占到 10%，其比例不能一概而论，需要经过教研室、专业系和教务处多方讨论，对于不同专业系的不同课程，其比例也不应完全相同。

杭州职业技术学院也应该整合校内资源对教师进行培训，比如人文部的英语教师可以给其余专业系的教师进行英语强化培训，负责计算机的教师也可以辅导日常教学所常用的计算机技能等。这样不仅对教师今后的授课大有帮助，也可以节约成本培养"双师型"教师队伍，既满足了年轻教师继续培训的需求，也对教师们的知识能力上的短板进行了弥补。同样，学院也应该定期进行校级的学术交流，目前校内实训基地超过 20 个，校外实训基地超过 40 个，这从某种方面上促进了学院"双师型"教师队伍的培养，也有利于教师在行业内的专业交流。杭州职业技术学院应该发挥行业办学的优势，加强行业内专家与教师之间的交流。教师的培训和学术交流应该是长期和系统的，应该将其作为来年的工作计划，由专门的部门负责统筹安排和管理，建立健全"双师型"教师培训的长效机制。

除了以上激励措施以外，杭州职业技术学院在精神激励方面也有欠缺。精神激励的方法有很多，比如双因素理论中的激励因素所提到的行为认可、感情激励、参与激励、职业发展、晋升，等等。其中，杭州职业技术学院更要加强参与激励，这对于确定"双师型"教师在学院中的地位有着重要的作用。通过建立类似于教师监督委员会的组织，纳入部分优秀的"双师型"教师，对前文提到的行政职能部门故意刁难、拖延各项经费的审批和发放等情况予以监督，对与教学密切相关的部门，如教务部、教学研究督导室等部门进行日常监督，真正地让教师承担起部分教学以外的职务，让他们成为学院的主人翁，同时也能加强教师与其他相关部门的沟通和了解，便于开展相应教学活动。这样做的好处在于既让"双师型"教师实现了知情、管理等权利的自我保障，又将学院的发展和"双师型"教师的自身发展紧密联系起来，符合马斯洛需求层次理论中提到的自尊需要，也增加了教师们的自我成就感。

（三）运用公平理论进行考评激励和聘任激励

在教育部和人事部出台的《关于深化高等学校人事制度改革实施意见》中明确强调高等院校需要加强校内的竞争，改变原来单一的用人制度，在各学校中全面推行教师聘用或聘任制度。虽然，在医疗、养老等方面的社会保障上，还无法完全按照改革的思路实行教师的聘任制，但是这样的改革想法无疑对教师队伍的建设起到巨大的推动作用。前文提到杭州职业技术学院对"双师型"进行了岗位评聘，可以说这样的岗位聘任制是将教师的目标设置与学院的目标相结合，也将教师的绩效与教学成果挂钩，同时也是对"双师型"教师的薪酬合理分配的重要依据和手段。本书认为这是激励机制构建的关键，是杭州职业技术学院尚需完善的重点和难点。

但是，我们在教师评聘过程也需要注意一些问题。对于岗位的设置，需要依据目标设置理论和期望理论，让目标的激励效价最大化。对于聘任的过程，需要加强监管，保证考核结果的公平和公正，明确聘任双方的职责和义务。首先，由于教师的岗位是三角结构，越到上面的教师往往越少，"双师型"教师本身就属于专业技能和理论知识兼备的专家型教师，对于这一类的考核或评判则需要选择学术水平高、实践经验丰富的专家或教授作为评审委员。其次，为了保证评聘过程的公开性，要让教师公开展示自己的教学、科研、实践成果，避免出现人际关系或是权力的介入影响评聘结果。最后，评聘过程不可避免会有倾斜性，有的教师学术能力突出，有的教师实践经验丰富，因此评聘标准的制定就显得特别关键，对于"双师型"教师常见的评聘标准要考虑的因素有：本专业实际工作技术职务，行业或企业一线实际工作经历，应用技术研究成果等，或者是具备"双师"资格（必要条件），从事实践教学和教研工作（充分条件）等。

对于工资调整、岗位晋升、薪酬奖励等方面，高职管理人员更要在分配过程中做到公平公正，增加教师职称评定、职务评聘等过程的公开和透明。当教师存在不公平感的情况下，上级领导要主动创造良好的人际关系和环境，通过别的途径弱化教师的这种感受，通过关怀激励等手段让教师得以保持工作的积极性。

（四）运用强化理论进行正激励和负激励

激励机制的构建除了正向激励以外，也需要通过负激励来约束和管理。正是由于负激励对于教师在感受上更能够引起强烈的反应，往往比正激励的效果来得更为明显，所以实行负激励需要注重激励的方式和方法。首先，无论是正激励还是负激励都要能够始终贯彻执行。在杭州职业技术学院负激励的实施过程中，我们会发现，有些教师在课堂上暴露出来的问题被教务部发现，但没有及时得到相应处罚，导致这样的教师认为错误的教学行为并不影响工作质量的评判，从而越来越轻视学院制定的各项管理制度。其次，负激励更需要一视同仁。杭州职业技术学院在教学检查过程中发现问题，存在对资格老的教师网开一面的情况，对于新入职的年轻教师却非常严苛，这难免引起年轻教师的不满，产生学校内部的不和谐，甚至可能导致对立局面的出现。最后，负激励只是手段，教育才是目的，学校一定要让教师们认识到，并不是通过这样的激励机制去打压教师，而是通过修正教师行为来传达学院统一的管理制度，维护学院教学的正常秩序。

（五）其他激励

除了以上提到的激励措施以外，杭州职业技术学院仍然需要通过健全教师培训制度，来达到教师资源的增值和可开发性。教师对于专业技能培训和实践机会的诉求，可以通过多种方式进行，让教师真正走进企业、行业。对于舞台表演艺术类的教师，一方面，可以通过聘请行业内的专家作为艺术指导来提升教师们的专业水平，采用座谈、授课、排演等多种形式以达到专业学习和交流的目的，对于如民乐团、合唱团或实验艺术团等独立团体，可以长期聘用专家作为客座指导或指挥，以提升学院教师的舞台综合技能。另一方面，杭州职业技术学院必须对培养出优秀学生的教师予以重奖，以鼓励教师为行业培养优秀人才，通过物质激励以提高他们的工作积极性和主动性；对于专业技术类的教师，需要得到政府和学院的支持，现有的校外实践基地不仅可以为学生提供知识向能力转化的场所，也可以提供给教师作为培训基地，学院应定期派教师到企业中进行专业技能的学习和交流。

第六章 练就"真本领"：高职院校 "双师型"人才队伍培养之校企合作

"校企合作"是一个包含了"学校、企业、教育、合作"这几个关键词的大概念。从广义上讲，可以理解为：以高校、企业、研究机构为主体，遵循一定的规则或原则，从而形成某种联盟，通过对知识的消化、再生产传递和转移，最终实现人才培养、技术创新、社会服务等功能。从狭义方面来理解，职业教育的校企合作可表述为："一种以培养学生的全面素质、综合能力和就业竞争力为重点，利用学校和企业两种不同的教育环境和教育资源，通过课堂教学与学生参加实际工作的有机结合，培养适合不同用人单位需要的应用型人才的教育模式。"

在本书中"校企合作"与"校企合作教育"可以通用。所谓校企合作指充分发挥职业院校和企业二者在人才培养方面的优势作用，把知识传授与技能培养相结合，培养出适应社会、市场需求的人才。职业教育的本质决定了校企合作的必然性，职业教育是以能力为本位的教育。因此，技术型、技能型人才的培养，不仅需要职业院校，也需要企业的参与，实现职业院校与企业的合作。

第一节 "双师型"人才队伍校企合作培养的必要性与可行性

一、"双师型"人才队伍校企合作培养的必要性

（一）推动校企互利互惠实现双赢

高职院校与企业合作培养"双师型"教师，促进校企合作深层次发展，是与行业企业携手谋求发展，实现互利共赢的有效举措。将高职院校和企业的资源有效整合，充分利用两者的教育资源和教育环境，通过教师培养和生产活动齐头并进，不断提高教师将理论与实践互相结合的能力，从而提升其理论教学能力和实践操作能力。"双师型"教师可作为校企之间的资源纽带，一方面，校企合作培养的教师从源头上改善了人才培养的养料，相当于企业的员工为学生传授知识和技能，在这种条件下培养出来的学生，综合素质与企业的匹配程度高，缩短企业培养人才的周期，降低企业培养人才的成本，同时也提高了高职院校培养出来的人才受企业的青睐程度，提升就业率和学生对自身就业情况的满意程度，形成企业和高职院校共赢的局面；另一方面，校企合作培养"双师型"教师，为教师和企业的技术骨干、管理精英等创造了更多的交流机会，两种类型的人才在合作培养的平台中互相促进，共同成长，促进科研和技术的结合，为科研增添了催化剂，创造出更多有利于孵化科研成果的条件，推动高职院校和企业的科研水平和企业的技术水平更上一层楼，实现共赢。

（二）促进高职院校师资专业化发展

"双师型"是在探讨职业教育教师专业化的过程产生的，对其进行讨论是推进职教师资专业化的探索。促进教师专业化是世界各国的共同趋势。教师专业化，主要包括社会职业专业化与从事教育教学服务人员的专业化两个层面的含义，前者体现在专业地位与权利，以及职业往更高层次发展；后者包括专业知识的丰富，技能的提高，以及教育教学水平的整体提升。各国政府都在努力确认教师职业的专业性并推进教师专业化进程，这是公认的提高教师质量的最佳途径。在我国，高职教育的办学目标定位为培养出符合区

域经济需求的高技能、应用型人才，培养学生的专业技能和动手能力，这意味着高职教育要突破原有的粗发展方式，进入内涵发展阶段。实现高职教育的内涵发展需要一支理论知识扎实，专业技能过硬，研发能力充沛的师资队伍，即越来越明确"双师型"教师作为高职师资专业化的发展目标，要求其知识、技能和态度都符合行业职业的要求。校企合作培养"双师型"教师，可以为教师提供生产实践的机会和平台，弥补青年教师在专业实践技能上的缺失，在教师入职后应充分考虑到教师所在岗位的能力需求，合理提供培训，注重实践性培训的同时，也不忽略知识与态度方面的培训。这样的培养方式突出了高等职业教育的特色，促进了高职教育教师专业建设。

（三）保障应用型人才培养的质量

随着经济环境的变化，近年来政府一直努力推动产业转移和产业升级，对工业制造进行新一轮的升级改造，逐渐将以前粗放式的生产模式转向内涵式发展。这种转变造成了毕业生就业困难，企业招不到合适人才两种极端。究其原因是大多数的学生在学校学习的理论知识难以与实际结合，真正到工作岗位上，应用技能较差，适应高速发展的现代技术比较吃力，从而产生了应用技能紧缺的窘境[①]。教师是培养人才的关键因素，在人才培养过程中需要教师能够将学科知识和应用技能有效结合，达到更好的培养效果。而高职院校的教师大都缺乏企业实践经验，在应用技能方面相对薄弱，无法为学生提供高质量的实践教学，从而导致培养出来的应用型人才大打折扣。顺应技术的发展趋势，紧跟时代的发展步伐，通过校企合作培养"双师型"教师的方式，助力教师掌握相应的专业技术技能，从根本上提高教师的应用实践技能，从而为应用型人才的培养打下牢固的基础，保障应用型人才的培养质量。

二、"双师型"人才队伍校企合作培养的必要性

（一）技术可行性：校企合作工作流程和内容明确

"双师型"教师属于复合型人才，其知识和能力结构具有一定的特殊性，其素质特性决定了培养的手段和措施不同，必须突出职业性、技能性和适应性。培养一支数量充足、质量合格、结构合理的"双师型"教师队伍，校企

---

① 邓巧玲.高职院校"双师型"教师校企合作培养模式研究[J].黑龙江人力资源和社会保障，2021（10）：129-130.

合作是有效的举措。校企合作培养，主要指专业教师到企业顶岗和企业技术人员到院校兼任教师。除此以外，还可以采用校企科技服务与开发合作的形式培养"双师型"教师。明确校企合作的工作流程和工作内容，才能畅通培养"双师型"教师的途径，搭建更好的平台。首先，应该成立专门的办公室和形成领导小组，工作小组成员要涵盖各相关部门。除此以外，还要设置专门负责联络工作的岗位。其次，整合高职院校和企业的人才资源，将其纳入人才资源库中进行管理和培养，建立考核体系记录表现与成绩，作为年度考核的参考依据。最后，拟定校企合作工作计划，结合高职院校的教学任务和企业的生产实际情况，校企双方要协商制定工作计划。

（二）经济可行性：校企合作双方存在资源依赖关系

日本著名学者青木昌彦把校企合作定义为"通过分属不同领域的两个参与者——大学与产业的相互作用所产生的协同效应，来提高大学与产业的各自潜能过程"。高职院校与企业是两个独立的社会组织形式，高职院校所扮演的角色是资源依赖型组织，其发展所需要的资源大部分都需要从环境中得到，对资源的外部提供者有很强的依赖性。企业是为高职院校提供资源的外部提供者之一，而企业也不是一个能够独自运作的组织，也需要从外部获得发展所需要的资源，从而提高自身的生存能力和竞争优势。根据唐国华、曾艳英、罗捷凌等的研究实证，企业对技术资源的依赖最大，表现为期待借助高职院校的技术力量开发科技成果，提高企业的技术能力和开发新产品。另外对于人才资源的依赖也表现在聘请院校教授到企业做技术咨询、授课和让企业人才到高职院校进修，而不是与高职院校共同培养高技能型人才。就当前的情况而言，校企合作培养"双师型"教师是一种链式的战略联盟，校企双方在合作的过程中各取所需，在资源配置上具有很强的互补性。首先，校企间实现资源互补，企业为高职院校提供企业师资、实践进修的场地、合作项目、行业技术、工艺的最新趋势等，高职院校为企业提供技术服务、继续教育服务的师资力量，向企业输送科研成果、专家支持等资源；其次，以高职院校的教师为中间体，教师作为校企资源依赖关系的核心，以及资源吸收转换的载体，双方共同培养"双师型"教师，提升高职教师在教学岗位上的胜任力，使之成为符合高技能型人才培养要求的教师。教师作为校企合作培养的对象，能够及时地反馈培养环节出现的问题，从而及时地修正。"双师型"教师与企业培训、科研成果、专家支持成为高职院校向企业输送资源的一部分，可实现资源依赖关系的动态平衡。

（三）社会可行性：校企合作有政策和资金保障

培养双师型教师需要各个部门及行业通力合作，教育、劳动、人事、财政等部门都需要参与其中。为了能够顺利开展培养工作，政府要认清自己的角色定位与职责，充分发挥其协调控制能力。政府在校企合作培养"双师型"教师中扮演的角色是提供政策和资金保障，政策的引领和资金的保障可以促进企业和高职院校的深度合作，避免校企合作停留在协议层面或合作中途搁浅，"双师型"教师的培养才可以健康持续地开展下去，加快高职教育师资队伍的建设步伐。从实际情况来看，在"双师型"教师的概念提出来之后，围绕其队伍建设的法律法规在教育立法中得到了重视，伴随着高职教育的发展相关法律法规也在逐渐优化与完善。除此之外，福利政策也不断出台，专项经费、各项补贴、奖励性福利等，为"双师型"教师队伍的技能提高以及专业化，提供了政策保障。但是相比于发达国家的政策保障，我国的相关政策法规仍然要进一步完善，才能为"双师型"教师的培养提供更好的立法和资金保障。

第二节 校企合作对高职"双师型"人才队伍培养的支持

在校企合作中，校企合作所谓对"双师型"教师的支持，由企业、学校、教师三方互为促进构成，企业为学校教师提供技能岗位，学校聘请行业专业技术人员为兼职教师；学校向企业提供智力和人力的支持；企业以齐全的生产设备、先进的制造工艺和实践经验丰富的高级技术人才，为学校提供更前沿的技术，达到互利互支持模式。

参与并受益于校企合作的主体至少有学校、企业、教师。"教师"身份特殊性表现为：在校时为教师，到合作企业就业后即为员工。教师身份的特殊性导致校企合作形成约定俗成的思路：在特定条件下，学校代表教师利益与企业合作。三个直接参与主体"简化"为两个主体。但被简化的那个主体却客观而且重要地存在着。实际合作中，丝毫不能忽视其重要性。这既是多方受益性特点与互利双赢原则并不矛盾之所在，也是校企合作必须强调的基本要求的内在因素。

一、校企合作对高职"双师型"人才队伍培养的支持功能及成因

（一）校企合作对高职"双师型"人才队伍培养的支持功能

1. 校企合作支持学校与企业之间的双向互动

学校促使教师与合作企业之间进行有效的结合，让教师通过企业掌握当前最前沿的生产技术；企业的优秀技术人员与学校优秀教师可开展人才交流互动活动，促使双方的理论知识与实践知识的有机结合，学校与企业双向合作，促进校企双方共同发展。

2. 校企合作支持优化学校师资结构

校企合作"双师型"师资队伍建设促使师资结构优化重组，推动"双师型"教师队伍建设，优化高职学校专业结构、教师的年龄结构和职称结构等不合理局面。

3. 校企合支持教师多方适应性

高职学校属于地方性职业技术学校，其办学方向与宗旨是服务于当地经济和社会发展的需要。高等职业学校以立足地方，服务地方为目的，面向社会经济建设，并以校企合作的可行性模式，融入当地经济发展需要的大局，充分结合自身学校的实际，积极培养能够服务于当地经济的"双师型"教师队伍，以适应发展。

4. 校企合作支持以学生就业为导向

校企合作"双师型"师资队伍建设要突出教师职业能力。作为目前高职学校教师，如果只具有丰富的专业技术知识，而不具备实际的操作技术，不知道当前企业的需求情况，或者只具有过硬的实践技术，不具备教育的基本素质，也不能胜任教师的重任[①]。校企合作对教师成为"双师型"的支持，正是这两者融合在一起的具体体现，只有达到这样要求的教师，才可以培养出适应现代社会发展的人才。

---

① 王俊.高职院校"双师型"教师队伍建设的反思与重构[J].九江职业技术学院学报，2017（4）：45-47+37.

（二）校企合作对高职"双师型"人才队伍培养的支持功能的成因

1. 企业因素

（1）满足企业培养人才要求

企业对人才的需求直接来源于职业学校，企业参与到职业学校合作办理职业教育，其本质的目的就是企业对技术型人才的要求。培养具有企业自身特点的技术型人才，满足企业发展需要，是企业战略核心。企业通过校企合作的模式参与职业学校共建"双师型"教师队伍，对培养具有企业特色的技术型人才具有决定性的作用，也成为企业与职业学校合作支持"双师型"教师建设的动因之一，企业与职业学校的合作模式，随着企业的发展越来越强烈，也会有越来越多的企业参与。

（2）高技能人才培养周期缩短

随着高职教育的不断改革，企业参与教育，与学校签订订单教育，人才培养的方向性和针对性更强，在保证人才培养质量的情况下，大大缩短了人才培养周期。

（3）企业员工技术能力增强

企业借助高职学校理论师资力量集中，人才培养系统化的优势，对已具备丰富实践经验和较高操作技能水平的骨干员工重点补充专业理论，在培训上充分考虑企业生产和产品特点，结合国家职业标准对高技能人才的要求，增加新技术、新工艺、新设备、新材料在生产实践中的应用知识，拓宽高级技工知识面，努力提高技能人才创新能力。

2. 学校因素

（1）校企合作符合高职学校"双师型"教师发展

所调查的高职学校中，在校企合作"双师型"教师队伍建设中以"提升'双师'素质、优化'双师'结构"为建设重点，以校企合作为契机，实施专业带头人培养计划、骨干教师培育计划、"双师"素质提升计划、兼职教师团队建设计划。专业建设实施"双带头人"机制，课程建设团队中实行"双骨干教师"机制，在高级职称教师中培育教学名师，在中级职称教师中培育优秀教师，在青年教师中培育教坛新秀。聘请企业高级技术人员、管理骨干和能工巧匠为兼职教师，打造"双师"结构教学团队。

（2）校企合作促进各专业教师培养模式创新

高职学校各专业教师在国家教育人才培养模式框架体系下，结合专业实际，灵活采用校企合作不同模式，形成各具特色的专业教师培养模式。

（3）校企合作建立实践教学体系

高职学校在校企合作中建立起综合实训基地、校外实习基地等，构建通用能力、专项能力和综合应用能力三个开放式训练平台，体现由综合技能训练到顶岗实习的阶段递进规律，形成融教学、培训、职业技能鉴定和技术研发功能于一体的技能训练系统。

二、校企合作对高职"双师型"人才队伍培养的支持途径

（一）搭建"双师型"人才发展平台

高职学校建设"双师型"师资队伍，是当前高职学校发展的根本保障，应采取强有力的措施，积极为"双师型"教师队伍建设创造条件，为建设"双师型"教师队伍中要积极搭建发展平台，并将教师的相关学历、技能水平、实践经验和教育教学等要求融入平台建设之中。加强教师相关职业教育培训，并能对职业教育进行正确分析、评价、设计和实施。积极为教师教学水平的提高与学历层次的提升提供条件，建立培养和聘请的方式建立本校名牌"双师型"师资队伍。同时通过校企合作之路，促进教师理论与技能水平的提升。在科研中，提倡科研与课堂及企业生产相结合，鼓励教师带着科研题目深入企业一线调研，促使教师向"双师型"教师转变。

（二）建设"双师型"人才队伍培训基地

高职学校的部分教师存在理论教师实践力差，指导实习教师理论不足的情况，对于高职学校建设"双师型"师资队伍是很不利的。而建立高职"双师型"教师培训基地，对理论教师和实习指导教师进行再培训，促使他们在理论与技能操作上得到锻炼，积累教育教学所需要的技能和经验，提高他们教育能力和实践操作水平。在"双师型"师资队伍培训基地建设上，以校企合作为依托，发挥合作企业场地、先进设备和前沿的技术资源的优势作用，建设适应高职教育的专兼职"双师型"教师队伍。

（三）完善"双师型"人才队伍建设制度

高职学校"双师型"教师与其他普通教师的考核应采用不同方法与标

准。由于目前高职学校教师评聘标准仍采用普通中学的教师评聘标准，这对"双师型"教师的成长和建设是很不利的。也将影响"双师型"师资队伍的建设。而制定完善高职学校"双师型"教师的职称评审标准。针对高职学校的"双师型"教师特点，应制定相应的优惠和鼓励政策，创造"双师型"教师的发展环境，鼓励和带动其他教师向"双师型"教师方向发展。对于当前"双师型"教师的标准不一的情况，设立"双师型"教师认证中心。使"双师型"教师的认证具有权威性、统一性，从整体上提高"双师型"教师的素质。

三、校企合作对高职"双师型"人才队伍培养的支持形式

（一）强化现代职业教育观

高职学校要建设成一流的职业学校，就必须具备优秀师资力量，而优秀的教师需要有高效率的培养。从目前形势观察，高职教育需要转变以往的观念，强化教师的技能性与实践性，营造校企合作支持"双师型"教师队伍建设良好的社会氛围。由于当前社会上存在着某些因素，导致对职业教育和从事职业教育工作的教师都存在着不同程度的偏见，不看好职业教育，从而制约着高职学校职业教育的进一步发展。但是随着目前社会经济的发展，企业进行转型升级，企业对技术型人才的需求变得更加迫切，而高职学校通过校企合作的模式，建设"双师型"教师队伍，培养企业所需要的技能型人才，将企业的需求与高职学校培养目标有机地结合起来，形成校企合作现代职业教育观，形成良好的社会风尚。

联合国教科文组织 1997 年颁布的《国家教育标准分类法》指出：中等职业教育是一种特殊类型的中等教育，这种特殊性不仅取决于它的定性，还取决于它的定位，中等职业教育是伴随着当地经济发展而产生和发展的，具有很强的区域性特点。由此可知高职学校在发展方向上，就直接与本地经济建设相联系在一起。随着本地经济的发展、企业的转型调整、岗位的时代性，学校就应该合理地调整专业结构、专业内容以及师资结构，从而培养出适应当前经济发展，企业需求的人才。作为教师就必须具有现代职业教育的理念。企业通过转型升级参与市场竞争，就必须要具备拥有扎实理论功底，过硬技术的人才。这样的人才就得依靠教师的教育，高职学校的教师队伍建设关系到学校的发展，而加强校企合作将成为高职学校"双师型"教师队伍建设的主要途径之一，成为中等职业教育培养企业所需的技能型人才的保障。

（二）支持兼职教师队伍建设

1. 以校外兼职教师为纽带，促进教学的社会化

作为兼职教师，他们对于企业生产一线的技术、工艺都非常清楚，在教学中能融入企业的新信息、新动态，对于兼职教师对教育教学的方法不太熟悉的情况，学校可以经过一定时间的教育教学训练，就可很快适应教学要求，成为学校"双师型"教师。同时，他们与本校专职教师共同进行教学活动，可以促进专业教师向"双师型"转化。对现场技能水平要求较高的、专业性非常强的课程，聘请现场技术人员做兼职教师，能够保证学生得到"双师型"的教育，使教学更接近于社会现实，适应社会经济的发展。

同时也有利于加强校企之间，学校与企业之间的沟通与联系，这对于改善教师的学缘结构，促进学校的专业建设，专业改造和课程调整，拓宽专职教师的视野，提高专职教师的实践技能，活跃学术思想，促进技术交流，最终达到教学质量的提高，是大有裨益的。兼职教师来自不同行业，他们既有新的思想和观念，又有丰富的教学经验和实践经验，吸收他们参与学校的教学改革，如直接参与专业设置和教学计划的制订，以培养技术应用能力为主线，设计学生的知识、能力、素质结构的培养方案，更有利于培养目标的社会化和体现高职教育的办学活力和办学特色。

2. 以校内兼职教师为纽带，促进科研社会化

正确引导教师进入企业兼职，专业教师在完成好本职工作的基础上到校外兼职，可以学到最新的理论和提高自身的实践能力。他们在实践中积累的素材无疑会带到课堂上，丰富课堂教学的内容，他们的教学肯定会受到学生欢迎。

教师进入企业兼职，提高自身的能力，也是促进"双师型"教师队伍建设的最佳途径之一。学校应该鼓励教师在完成科研和教学任务的前提下到企业兼职，主动为企业提供相关技术咨询，承担产品研发项目，让他们在企业兼职中得到进一步的锻炼和提高，促使企业在取得经济效益。同时，学校也获得较好的社会效益。

（三）支持学科带头人建设

在校企合作中，教师参加相关企业进行培训与进修，有力地促进了"双

师型"教师的成长，成为专业学科带头人，成为"双师型"教师队伍中的骨干和核心，所以充分发挥他们的作用至关重要。校企合作使教师能够走出学校，直接面向企业，参与企业的生产和技术攻关，让教师在实际生产中使实践能力得到锻炼和提高，科研能力得到提升，同时也大大提高了企业参与高职学校学科带头人培养的积极性，促进高等职业教育教学水平的提高，促进高职学校"双师型"教师建设。

（四）支持教师培训

高职学校开展校企合作的过程中，学校可以组织教师进入合作企业相应的专业岗位进行实践锻炼，通过在合作企业的实践锻炼，提升自身专业的发展以及相依的技术，融入课堂教学时，能有效提高教师的教学水平，优化教师的知识能力结构。

1. 顶岗培训

高等职业学校的学生就业能力，在很大程度上受教师影响。如果高职学校教师对行业了解不深，教出的学生很难具有高水平专业技术，要让教师了解行业发展，教师到企业进行实践锻炼是解决这一问题的重要形式，是提高教师专业技术水平和实践教学能力的有效方法。学校有组织、有计划、有针对性地让教师深入企业实践锻炼，掌握行业中的新技术知识、新工艺方法，对提升教师自身的综合业务素质，建设具有高水平的"双师型"教师队伍，对促进职业教育教学改革和提高人才培养质量具有重要意义。

2. 参与科研项目能力培训

学校是集教学和科研为一体的，学校的大部分教师经过多年的从教经历，已经有大量的专业理论知识和相应的生产经验，并具有相应的科研开发能力。学校与企业合作，学校可以根据企业的情况派遣相应教师深入企业，主动参与企业技术攻关服务，共同承担企业研发项目。教师在参与企业科研项目时，通过技术咨询、科技研发的形式，促使教师得到进一步的锻炼和各项能力的提升。对教师素质也不可忽视，不能轻视科研工作。作为学校没有相关科研活动，那么学校的教育教学就只能停留在初级层面上，在校企合作中就难以与企业进行较高层次的相互合作，企业与学校的合作也不会长久，不利于学校的持续发展，社会效应也难以扩大。校企合作中通过企业与学校科研合作，有利于教师处于行业先锋，有利于教师科研能力的提升，有利于学校培养"双师型"教师，同时学校通过与企业的合作进行科研工作，能促进知识与生产力之间的转化，也为企业在技术攻关和占领市场起到推动作用，通过合作也为企业提供高质量的服务，学校自身的知名度也得到提升，从而进一步加深校企之间的合作。因此参与企业科研项目，成为提高高等职业学校教师专业技能水平和实践教学能力的有效途径，成为"双师型"教师队伍建设的主要形式，成为校企合作的具体体现。

第三节　校企合作支持高职"双师型"人才队伍培养的考验

一、教师方面

教师是联系学生与所学知识的桥梁。教师自身教育教学水平的高低直接关系到学生的培养质量。"双师型"教师是职业教育对从教教师的要求，为教师的专业化发展指明了方向。当前受各种因素的影响，学校对"双师型"教师队伍建设重视程度不高。"双师型"教师建设缺乏足够的认识。集中表现为：

（一）观念落后

当前我国很多职业院校是在"三改一补"的基础上建立起来的。再加上"重文轻武"等传统思想观念的影响，很多教师在职业教育教学中比较重视理论知识的传授，普遍存在"重理论、轻实践""重知识的传授、轻技能的培养"的现象。这就导致教师对专业技能、实践能力等提高的积极性不高。

（二）态度不积极

职业教育是与经济社会紧密联系的教育，它有着鲜明的实践性、针对性、实用性。因此，教师传授给学生的知识、技能必须紧跟时代的步伐，教给学生某一岗位（岗位群）的新知识、新技能、新方法等。很多教师却以教学任务重，没有时间、太忙等为借口，在职业技能上缺乏不断进步、主动适应和精益求精的态度，最终导致教师专业技能不适应专业要求，影响了学生培养质量，阻碍了向"双师型"人才队伍的发展。

"双师型"人才队伍的培养最终需落实于教师个体。只有充分调动广大教师的积极性、主动性，重视向"双师型"教师发展，才能加快"双师型"教师队伍建设的步伐，实现"双师型"教师队伍建设的目标。

二、院校方面

在当前校企合作促进职业教育内涵发展的进程中，普遍存在着学校一方"热"，而企业的积极性不高的现象。建立一种稳定的校企合作关系，要求职业院校不断提高各方面的综合素质，尤其是服务企业的基础能力，才能保证校企合作畅通无阻。

就企业来讲，校企合作成功的要素，要求职业院校有一支高素质的师资队伍，符合行业及企业要求的专业、课程和教学；还要保证向社会输出的毕业生能够顺利适应企业岗位。在校企合作中职业院校和企业的地位是平等的。如果一方实力太弱，则这种合作关系就无法维持。

企业与学校的合作，希望借助职业院校的优势资源解决经济技术难题、对企业内部员工实施培训。但职业院校为企业提供相应帮助的基础能力太差。表现在：一方面大多数职业院校实习、实验条件差，教师科研能力不高，学校在校企合作项目中难以给企业带来直接的、有用的帮助。另一方面当前职业院校教师数量少，教学任务重，压力大，没有时间，也没有精力深入企业实习、锻炼，更没有机会参与企业的生产、经营，为企业提供相关支持和服务。

在当前劳动力供过于求，企业在劳动力市场上处于绝对优势的情况下，企业能够轻而易举地招聘到所需人才。而职业院校所输送的毕业生却不能满足企业需求，这必然影响企业参与职业教育的积极性。职业教育由于自身服务能力差，对企业帮助不大，使得企业难以在这种合作中获益，因而对于校企之间的合作不够积极。

三、企业方面

与职业教育发达国家相比，我国职业教育起步较晚。在其发展之初，就存在着种种先天不足。我国职业教育可以说是一种"内生设计型"职业教育，即主要依靠政府的力量实现自身飞速发展。企业在职业教育中的作用依旧没有充分的实现。然而，职业教育的发展却离不开企业的支持，职业教育教师队伍的建设亦离不开企业的参与。

纵观我国职业教育，企业在当前师资建设中作用并不明显。企业作为一种营利性经济组织,以追求利益为首要目的。而职业教育的本质在于其准公共性质物品,以培养人才为其目标。当企业与职业学校合作时,首先考虑的是:这种合作能否给自己带来利益,这种利益是直接的还是间接的。参与职业教育等于把钱花在公共利益上,这必然会影响企业利润目标的实现。一旦校企之间的这种合作对企业的生产运营带来威胁,企业则毫不犹豫地终止这种合作。企业仅仅把眼光放在短期、近期利益上,缺乏长远眼光。有的企业甚至把教师、学生的实习看作解决自身"用工荒"的一种手段。校企双方在利益追逐上的分歧,使得企业参与合作的积极性不高,企业参与职业教育成为可有可无的自愿行为。企业承担具有公益性质的校企合作责任与企业自身利益最大化的理性"经济人"目标存在冲突,这种冲突有时很难调和,甚至不可调和。除此之外,企业在校企合作中的贡献得不到社会认可,企业在这种合作中的付出得不到相应的利益补偿,这也成为企业参与性不强的原因之一。

四、政府方面

校企合作共建"双师型"教师是经济发展对职业教育提出的客观要求。这种合作是企业、职业院校两种不同的利益主体,在各自不同利益的基础上进行的合作。学校和企业处于这一矛盾统一体中的两端,不可避免地存在着矛盾,仅依靠双方的自由合作,无法保证其长期性、稳定性。因此,政府必须以强有力的第三方介入这种合作,并对其进行统筹、指导、协调和监督,为合作提供最基本的保障。

在学校与企业的合作关系中,双方是相互合作、相互服务的关系。这种合作的持久、稳定需要双方均获利。如果某一方利益受损,合作就会中断。尤其是企业作为对市场适应比较敏感的一方,其生产技术、生产方式会随着市场的需求不断调整。而学校在人才培养方面的周期性较长,适应市场能力较弱。一旦学校不能为企业提供适应的人才,企业为自身利益考虑则会终止与职业院校的合作。因此,为保证合作的顺利进行,需要政府在合作中进行统筹协调。由校企之间的合作,变成政府、职业学校、企业三方的互动,政府在这种合作中为学校、企业提供一切可能的服务、支持,保证校企合作的稳定性。

政府在校企合作中发挥着不可替代的作用。当前我国政府在合作中职能的缺失则成了合作不稳定、不深入的主要原因。

首先,政策法律的不健全,使校企合作缺少良好的合作环境。校企合作双方主体利益的不同，要实现合作，协调矛盾冲突，需要政府制定明确的政策法律，明确各方的责任、义务、权利等。德国"双元制"校企合作成功的主要原因，就在于政府完善的法律约束与协调。在德国，政府制定了整套完善的职业教育法律体系用以规范职业教育，并对企业、学校、学生三者的义务、责任做了明确的规定，如《职业教育法》《青年劳动保护法》《劳动促进法》《手工业条例》。我国制定的法律不仅不完善，即使已经制定出的法律、法规，大都停留在文字层面，可操作性不强。绝大多数地方政府对校企合作重视不够，法律、法规的制定比较滞后，更没有对违反合作的行为制定切实可行的处罚性规定。法律的约束与激励作用效果不强，对校企合作的影响不大。

其次，在校企合作中，各级政府职能部门的宏观调控能力有待加强。政府尚未建立专门的校企合作协调机构，负责设计、监督、考核和推行校企合作。这就极易造成"很多项目难以获得企业主管单位、劳动部门的充分协调。校企合作主要靠'关系和信用'建立，缺乏合作办学的内在动力，难以形成长效的合作机制"。各级政府在制定技能型人才发展规划等方面也没有发挥应有的作用，导致人才培养出现"瞎子摸象"的现象。因此，职业教育的发展需要政府建立、健全校企合作的长效机制。

第四节　校企合作支持高职"双师型"人才队伍培养的实现

一、教师方面：教师要不断朝自我方向发展

"双师型"教师队伍的建设，不仅是职业院校、企业和政府的事，更需要教师自身的重视。只有教师个人有自我提高的愿望和要求，积极主动地参与"双师型"教师队伍建设，才能尽快成长为优秀的"双师型"教师，"双师型"教师队伍的建设才能成为可能。

（一）更新观念，坚信"双师型"人才队伍成长依靠自身努力

任何外部的激励只能保证教师达到一般的要求。"双师型"教师稳定、持续的生长，关键在于从内部激励教师意识到该问题的重要性。任何外因都

是通过内因起作用，当教师从自身专业发展的角度，意识到成长为优秀的"双师型"教师，不仅是职业教育内涵发展的需要，同时是自身教师专业发展的要求时，才能为"双师型"教师队伍发展注入持续的动力。

（二）主动抓住成长为"双师型"教师的任何机会

个体专门技术的获得需要经历五个阶段：

第一阶段，个体在完成任务的过程中只是盲目地接受有限的规则；

第二阶段，个体对特定任务情境中的规则能够保持相对敏感性，并能够更加灵活地使用规则；

第三阶段，个体能够有意识地应用目标和策略，形成所谓的能力；

第四阶段，个体已经积累了足够的经验，不再需要事先计划就可以解决问题；

第五阶段就是专门技术的形成阶段。此时个体已能自然地将事情做好。根据该专门技术形成阶段的认识，当自身的专业实践能力差时，就应该积极争取机会或创造机会进入企业实践，真正地体验生产过程中技术的操作应用，向企业中有丰富经验的能工巧匠请教。甚至下企业实践，甘愿成为一名学徒，跟随企业技术人员学习求教相关问题。

（三）教师自身应该结合自己的实际情况，学会自我评价

"双师型"教师的成长，需要教师掌握自我评价的方法。教师到企业定岗实习，在企业一线的实践，要结合企业员工的评价标准对自己的实习进行评价。企业实习结束并不意味着实践锻炼的结束，教师必须不断进行反思评价，制定符合自身实际的评价标准。如对自己实习的满意程度、在企业学到的知识、技能等，一一列举出来，通过自我评价，不断激励自己向"双师型"教师发展。

二、职业院校：创设"双师型"教师队伍建设良好的环境

（一）立足培养，积极引进，逐渐完善教师引进制度

近年来，职业教育取得显著成就的同时，也存在着教师数量短缺、教师结构不合理等现象。

教师数量的短缺成为职业院校发展亟待解决的问题之一。为解决这一问题，职业院校必须做好教师引进工作，从源头上保证所聘用的教师质量。对

新教师的引进、任用不仅可解决教师数量不足的问题，在一定程度上也能实现教师队伍的梯队化建设。因此，这就要求通过制定合理的人才引进制度，吸引高素质优秀人才从事职业教育教学工作，缓解当前教师数量不足、结构不合理等现状。

对于新教师的引用，应坚持"立足培养、积极引进"的方针，并且要本着因校制宜、因人制宜的原则，充分利用各种条件资源、挖掘教师的潜力，采用"外聘内训"的方式促进新教师向"双师型"教师的转化。

在引进新教师时，普通高校毕业生成为当前教师的主要来源渠道。这一方面给职业院校带来了机遇，借此优中选优，选择大批素质较高的毕业生，使其成为"双师型"教师的储备人才。另一方面，这部分教师直接由普通学校学生过渡成为职业教育教师，缺乏一定的专业工作经历，其专业技能较差。针对这种状况，职业院校应明确：教师招聘工作的结束并不等于他们胜任职教教师这一角色，对其管理除了制定优惠政策，满足其需求外，一定要严格要求他们，认真贯彻并落实新教师入企业实习锻炼制度。新教师首先应到企业一线进行一定时间的实习锻炼，提升其职业能力，掌握最新的操作技能，并应尽快考取相应的专业技术等级证，把"获证与实际技能的锻炼有机结合起来"。为向"双师型"教师转化奠定基础。

与此同时，职业院校也应制定优惠政策，吸引企事业单位的技术人才、业务骨干、管理精英等到学校任教。对于这部分教师，应重视岗前培训，为其提供一段时间的师范教育，提升其教育教学能力。当然，对于兼职教师的聘任可根据实际情况变通。如对于紧缺、急需专业的教师可适当降低要求。职业院校要舍得投资，吸引企业技术人才到学校兼职担任实习、实训指导教师，既有利于学生技能的学习，也在一定程度上优化了师资结构。

制定科学、合理的教师引进制度，加强教师入口管理。为新教师和兼职教师都能达到"双师素质"标准，开拓出有效途径，为其向"双师型"教师的转化奠定良好的基础。

（二）建立完善的教师激励、评价制度

1. 建立有效的激励制度

人的行为具有动机性，激励的关键在于激发人做事的动机。"水激则石鸣，人激则志宏。"激励制度的建立，是"通过一套理性化的制度来反映激励主体与客体围绕行为动机相互作用，进而鼓励客体行为沿着既定行为导

向持续增进的方式"。公平理论则认为：一个人在自己因工作成绩而取得报酬后，不但关心所得到报酬的绝对量，而且会比较所得报酬与付出劳动之间的比率，同其他人进行横向比较，根据对比的结果决定今后的行动。因此，制定公平合理的激励制度是加快"双师型"教师成长的关键。

据调查，目前绝大多数职业院校都制定了一些激励措施，但是制定针对"双师型"教师的专门化的激励制度的职业院校却不多。即使有效果也不明显，存在许多问题：制度激励柔性不足，按需激励亟待确立；制度激励不当，精神激励不够；过分考虑结果激励、忽视过程激励等。激励措施的不科学、不合理制约着教师向"双师型"教师成长发展的积极性，不利于"双师型"教师队伍的建设。因此，改变传统的激励机制，建立一套针对"双师型"教师的专门的激励制度迫在眉睫。

在完善"双师型"教师激励制度中，应把握以下几点。首先，必须明确激励导向。"双师型"教师是不同于普通教师的特殊群体，在激励机制的建设中必须明确"双师型"教师的"成就认同"和"身份认定"，为教师向"双师型"教师发展指明方向。其次，激励制度一经确立，就应保证该制度能稳定、严格和长期地执行下去。在"双师型"教师这一目标的指导下，保证制度的执行力度，并根据发展需要适时地完善和修正激励制度，真正实现激励制度的正确导向作用。

在激励制度的具体实施方面，可采用以下有效的手段：第一，物质激励与精神激励的结合。物质激励作为最基础、最直接、最有效的方式，在满足教师基本需求方面是最有效的。但当教师需求不断提升时，这种物质激励的效用也会逐步降低，这时应用精神激励。如对"双师型"教师的评优树先、晋升、培训等方面的照顾倾斜。第二，短期激励与长期激励的结合。短期类型的激励能够直接起作用，却不能为教师持续、长久的职业生涯发展注入活力。因此，对教师进行短期激励的同时，还需要配合使用长期类型的激励。第三，以人为本。激励政策应有层次、针对性，满足不同教师的不同需求，采用效用最大化的激励方式为主，其他激励方式为辅的综合激励方案，做到以人为本的差异化管理。

2.建立发展性评价制度

考核评价是对教师工作现实或潜在价值的判断。对于"双师型"教师的培养培训是建设"双师型"教师的源泉，而高效、公正的教师评价则是"双师型"教师队伍建设的永恒动力。"双师型"教师队伍的建设，基点在于培养，可持续发展则取决于对教师的评价。

职业教育强调的是理论与实践的结合，突出能力培养这一核心。普通教育则着重于理论的系统性、学术性。对"双师型"教师的评价沿袭普通教育评价则有失偏颇。对于"双师型"教师的评价必须从职业教育的实际情况出发，突出教师的实践能力，体现技术性和应用性。然而，当前对"双师型"教师的评价暴露出严重的问题：对"双师型"教师的评价过于笼统、简单，并常常沿袭传统的考核方式方法。这种评价大多为奖惩性评价，是一种以奖惩为目的的评价制度。这种评价存在诸多弊端，亟待形成发展性评价。即以"双师型"教师的发展为目的的教师评价制度。

在"双师型"教师的评价中，最核心的是依据"双师型"教师的特点建立相应的评价指标体系。将考评的重点放在涉及专业性、技术性的实践操作能力方面，淡化教师的学术科研标准，具体的评价指标体系应突破"德、能、勤、绩"的传统藩篱，制定包含教师自身教学水平（将教师的理论教学水平和实践教学水平分开考核）、工程技术水平及教师的政治思想、工作能力、工作态度、工作成绩等在内的细化指标，形成可操作和持续变更的教师评价指标体系。例如，2009年，浙江省在《关于进一步加强中等职业学校教师队伍建设的若干意见》中指出"把教师到企业实践锻炼作为专业课教师和实习指导教师专业机制资格评审的必备条件。教师参与企业技术创新和发明等所获成果作为专业技术资格评审的重要依据之一"。对于教师科研水平的考核，应鼓励教师开展与职业技术教育密切联系的科研，以科研促教。但并不是人人搞科研、个个搞课题，并且不以教师发表论文的数量、质量作为其科研水平的依据。

除此之外，"双师型"教师的评价指标在保持相对稳定性的同时，要体现动态性。引导"双师型"教师定期或不定期地参加各种技能鉴定考试，推动教师对所取得的证书进行"年审"或"升级换代"，使教师各方面素质能够满足社会发展需求。

建立"绩效管理"的评价标准。对"双师型"教师的考核参照其职务和岗位职责，结合其在该岗位的培养结果和所作贡献来综合评价。依据教师绩效评价结果，作为教师晋升、加薪、培训等方面的有效凭证。"双师型"教师的评价应实现多种方式结合、定性与定量结合、多评价主体结合，注重评价结果的及时反馈，建立完善、合理的"双师型"教师发展性评价体系。

总之，"双师型"教师的评价实施，应贯彻"全面性、评价互主体性、过程性和效益"方针，使评价结果既是"双师型"教师队伍建设的终点，也是"双师型"教师队伍建设的起点。

（三）教师到企业挂职锻炼制度化

企业生产一线除了具有最新的技术、工艺、设备外，还有着丰富的实践案例，这些都是理论的来源，也能够有效检验理论，是提升教师专业技能最好的场所和课堂。教师到企业挂职锻炼也得到了国家、政府的重视和认可，国务院《关于大力发展职业教育的决定》、教育部《关于全面提高高等职业教育教学质量的若干意见》以及《国家中长期教育改革和发展规划纲要（2010-2020年）》等文件中都明确要求"安排专业教师到企业顶岗实践，积累实际工作经历，提高实践教学能力""完善教师定期到企业实践制度"。各职业院校大部分教师都是直接来源于普通学校，缺乏社会经验和专业实践经历。另外，还有一部分教师有一定的专业技能，但是所具有的技能却与企业技术相脱离。解决这些问题，需要教师到企业挂职锻炼制度化的建立。

教师挂职锻炼是一种不收工资、不转关系、不占被挂单位编制、职数的任职方式。当前由于学校、企业教师观念上的差别，相关机制的不完善、管理方面欠缺等原因，导致企业不愿接受教师实习，教师实习流于形式。为了打破教师下企业的"瓶颈"，提高其实效性，在建立该制度时，学校必须坚持一定的原则，即教师到企业实习锻炼，原则上要为企业带来一定的收益。如教师可以为其提供员工培训或帮助企业解决技术难题，而企业则应主动为教师提供用于教学和技术提升方面的支持。可遵循以下的思路：选择什么样的企业 → 挂什么职务 → 实际做什么工作 → 教师将收获什么 → 如何检验教师所学。

1. 挂职形式的选择

（1）顶岗挂职式

教师在所挂企业安排一个职位，以企业员工身份进行独立工作，教师与企业员工一样需承担一定的工作量，具有明确的责任和义务。时间一般在半年以上，这种参与式挂职锻炼方式最容易深入了解企业一线实际工作情况，也是最有效地获得企业实践经验的方式。这种锻炼方式层次较高，适合学校里优秀的教师。

（2）兼职挂职式

教师在不放弃学校教学工作的同时，以旁观者或助理的方式，跟随企业中某职位工作人员一起工作，观察他们的工作情况，熟悉工作日程与安排，了解某岗位所需要的知识和技能，做好笔记、整理记录，并反映到教学中。

（3）带班实习式

教师在学生企业实习的同时，一边负责管理学生的实习，一边在企业承担一定的工作。在实践的过程中了解工作内容和对技能的要求，并学习行业里的最新技术，接受行业文化的熏陶。

2. 教师到企业挂职应做好以下的工作

（1）充分做好教师进入挂职单位的前期准备工作

学校应"立足两个角度，注意三个层面"，从专业发展的最新动态和教师队伍中存在的现实问题出发，分别对学校层面、企业层面、个人层面进行深入调研，获得挂职培训需求信息。也就是选择合适的教师和企业。在确定人选过程中，可以由教师个人根据自己的时间需要选择落实实践的企业；也可由学校出面选择与专业相关的或有代表性的企业。合理的选择和组织，既要保证教师的积极性，也要保证专业对口，从而确立教师顶岗实习的方向和目标。

（2）挂职锻炼时间上应是灵活多样的

顶岗实习时间安排的适当与否也会影响实习效果。因此，需要结合挂职岗位的特点、专业、学校教师的实际情况，确定合适的时间，灵活安排。不应仅仅局限于寒暑假或教师教学任务较轻的时间派教师下企业。最理想的应是学校根据企业的生产计划和生产任务，在不影响企业正常运行的情况下，或集中或分散地安排实习，以保证教师在企业能完整地参加一个生产项目或一个生产周期的工作，以此保证教师在合适的时间、在合适的企业、在合适的岗位上顶岗实习。

（3）兼顾差异

新进专业教师和有多年教学经验的专业教师，有实践经验的教师和没有实践经验的教师，在实践目标和实践水平上都存在着差异。因此，在教师进入企业锻炼时不能搞"一刀切"，而应针对其差异性，分层次推进教师入企实习。同时也可对参与企业实践实习的教师实行差异化分配，优先考虑有企业实习经历的教师，以此提高教师的积极性和主动性。

（4）先上岗，后上课

对于刚引进的大学毕业生，针对其专业操作性和技术性差、实践经验缺乏这一弊端，优先安排到企业实习锻炼3～6个月，等熟悉了工作岗位，掌握了过硬的生产技术，具有一定的实践经验后，才安排其进入学校授课。

（5）做好教师入企实践的保障

首先，建立组织保障机制，成立专门的校企合作办公室，统筹管理教师进入企业实践的所有事务。其次，建立经费保障机制，对进入企业的教师给予一定的"吃住行"补助，教师津贴补助可以按照学校教师课时任务的最低标准发放课时补助，解决教师后顾之忧。再次，建立有效的奖惩激励和评价机制。对入企实践成绩突出者给予表彰奖励，并将教师企业挂职情况记入业务档案，作为教师岗位聘任、职务晋升的重要依据，充分调动教师到企业挂职锻炼的积极性。

生产、实践一线是培养"双师型"教师专业技能的主阵地。因为实践能力是在具体的动手操作中形成的。只有教师身临其境地实践，面向企业、面向岗位，才能掌握产品生产的真正要领。通过向企业一线技术工人的学习、请教，对于技能的掌握能够取得事半功倍的效果。教师进入企业参加与企业有关的顶岗实习，应成为"双师型"教师培养的有效措施。

（四）完善兼职教师队伍建设

教育部高教司司长张尧学曾经指出："我们只有不断减少专职教师比例，加大兼职教师的成分，才能使我们的教师队伍始终保持在一个比较前沿的、先进的水平上。"兼职教师是职业院校教师队伍的重要组成部分。从 2007 年开始，教育部对高职院校评估的规定要求其专任教师与兼职教师的比例大约为 1：1。《教育部财政部关于进一步推进"挂职示范性高等职业院校建设计划"实施工作的通知》对国家骨干高职院校建设单位提出了"3 年建设期内，使兼职教师承担的专业课时比例达到 50%"的要求，兼职教师呈现灵活性、实践性、职业性等特点，是"双师型"教师队伍的有益组成部分。

兼职教师是指能够独立承担某一门专业课教学或实践教学任务，有较强教学水平的专家。他们一般是企事业单位的专家、技术人员或能工巧匠。他们来自生产一线，有丰富的实践经验，较强的实践技能和解决实际问题的能力。这种专业性技能恰恰是"双师型"教师所必需的。在"双师型"教师建设中，兼职教师扮演着重要的角色。

兼职教师的优势：兼职教师一般都有着多年的行业、企业从业经验，掌握先进的生产技术，这些都是学生最迫切的学习内容。他们能成为学生进入生产岗位的领路人，在促进学生"零距离"上岗、就业能力提高和职业教育就业导向功能上起到显著作用；兼职教师能够将最先进的技术引入教学内容，保证职业教育与技术进步相挂钩；增强职业院校与市场、企业的有效联系和交流，实现校企双赢；兼职教师的任用有利于学校掌握企业对人才的素质要求和需求状况；兼职教师全面参与教学，参与专业设置、培养目标、教学计划、教学大纲的编写等工作，促进学校教学内容的调整和改革，增强职业院校人才培养的针对性。因此，职业院校兼职教师队伍的建设不应是弥补专任教师数量不足的临时性措施，而应成为"双师型"教师队伍建设的长期性策略。把兼职教师队伍的建设当成真心的工作，制定相应的规章制度，纳入教师队伍建设的长远规划，充分发挥兼职教师的作用。

1. 兼职教师队伍建设应把握的原则

（1）坚持"引进来，能用上"的用人原则

兼职教师最大的优势在于其专业技术性强。因此学校应以选用行业、企业中一线技术人员为主。兼职教师的主要职责在于承担实践性教学课程。因此，要保证把他们安排到他们最熟悉或实力最强的课程上，充分发挥兼职教师的作用，宁缺毋滥。由于受诸多因素的制约，有时合适的兼职教师的聘任比较困难，这时很多学校都会降低标准或随便选择一人承担兼职教师的教学，影响学校教学质量。对于兼职教师的任用一定要遵循"引进来，能用上"的原则。

（2）坚持"公平竞争，优胜劣汰"的原则

兼职教师与学校是一种雇佣与被雇佣的关系。其本职在企业工作，因此很多学校对其管理比较随意，在兼职教师的聘任、考核评价等方面与专职教师存在着二元标准。与专职教师相比，对兼职教师的约束较少、管理较松。这既不利于兼职教师队伍的长期建设，也不利于兼职教师优势的充分发挥。因此，在对其管理上，应该与专职教师一样，要求他们遵守学校的规章制度，加强对其教学等各方面的考核评价。以此作为学校与兼职教师解聘、续聘的依据，实现兼职教师的优胜劣汰、公平竞争。

（3）坚持"适度培训"的原则

来源于企业的兼职教师虽然实践经验较丰富、实践技能较强，但是却缺乏必要的教育学、心理学等教育理论知识。教学方法、教学技能、教学手段等教学基本功底较差，使得教师不能很好地把自己的知识、经验融入课堂教学中。教师的教学能力成为制约兼职教师优势作用发挥的障碍。为了提高教师的教学质量，必须对引入的兼职教师进行教育教学等方面的培训，使其掌握职业教育教育学、心理学等方面的知识，熟悉职业教育发展规律，把握职业院校学生的特点，树立正确的职业教育学生观、人才观和质量观。

2. 兼职教师队伍的建设措施

（1）校企合作实现人才互通，保证兼职教师来源渠道的畅通

兼职教师师资队伍建设受益的不仅仅是学校，企业也是受益者。因此，兼职教师的培养要争取企业的支持，使得企业技术人员到学校兼职不再仅仅是个人行为，而是上升为企业组织行为。在兼职教师的选择使用上，由学校与企业共同协调而定。企业对于在职业院校兼职的员工，在工作时间上进行适当调整，在对企业的生产经营影响降低到最低的同时，保证兼职教师在学校的教学，主动参与兼职教师队伍建设。

（2）制定长期规划，完善兼职教师制度建设

职业院校应改变"重即招使用，轻长期规划"的弊端，结合院校、专业的特点进行兼职教师队伍建设。制定详细的、长远的具体操作方案。可根据《教师法》和《高等教育法》以及教师资格准入制度等，建立一套包括兼职教师聘任、工资、福利、考核、教学、奖惩等在内的行之有效且可操作的兼职教师管理制度。以便于对兼职教师的管理有章可依。这些制度包括：

① 兼职教师聘任制度，严把"入口关"，严格聘任程序，保证兼职教师的素质。

② 兼职教师工资福利制度，保证教师的合法权利。

③ 兼职教师评价考核制度，强化对兼职教师教学工作的监督考核，保证教学质量。

④ 兼职教师教学质量评价制度，规范教学管理秩序。

⑤ 兼职教师奖惩制度，调动兼职教师工作的积极性和主动性。

⑥ 兼职教师专业发展制度，保证兼职教师教学水平和能力的持续提高。

（3）加强与兼职教师的沟通、交流，增加人文关怀

职业院校应做到：改变对兼职教师"临工""简单雇佣"的想法，除了高薪聘用兼职教师，实行经济留人外，更应该加强与兼职教师的沟通，关心每一位兼职教师，帮助他们协调好本职工作与兼职工作的关系，为其解除后顾之忧，让他们安心教学；听取兼职教师对学校管理工作、教学、专业等各方面的意见和建议，让他们切身感受到自己是学校的一分子，增强其归属感和对学校的认同感，做到感情留人。兼职教师与学校管理者之间能相互理解，彼此尊重、信任，营造一种和谐、融洽的气氛，提高兼职教师工作的积极性、主动性。

三、企业方面：参与"双师型"教师队伍的建设

（一）转变观念，提高认识，树立校企合作"双师型"人才培养的价值观导向

校企合作是职业院校、企业生存发展的必然选择，为保证双方在未来激烈的市场竞争中"不被淘汰"，双方的精诚合作是不可或缺的。对于职业院校来说，职业教育培养的人才合格与否，企业是主要的检验场所，而企业主要从职业院校选择适合自己的劳动力，以最大限度地降低人力资源成本。于是，为了实现企业所招聘的人才正是企业需要的人才，企业必须积极参与职业教育、参与职业教育"双师型"教师队伍建设，以保证培养出适应企业、行业需求的人才。然而事实是企业参与校企合作的积极性不高，企业不愿意、不想参与职业教育。

思想是行动的向导。在企业中普遍存在着一种落后的观念、想法，它们紧紧地束缚着企业的行为，影响校企合作的积极性。一是众多企业受传统文化影响，"重理论、学术，轻技能、应用"把职业教育看作"次等教育"，认为职业院校的学生是被淘汰的、不合格的学生。对于职业教育、职业院校学生的低认同度，影响了企业对于校企合作重要性的认识。二是企业受传统观念的影响，认为培养社会所需的人才是学校的事，企业已经按规定缴纳了必需的教育资金，所以企业没有责任和义务直接参与到学校教育事业中。三是企业普遍认为参与职业教育是一种负担、麻烦，他们在合作中更倾向于把师资智力引入企业，而非把企业优秀的人力资源输出到学校师资建设、人才培养中。这种希望智力输入而非输出的认识，直接导致了企业参与合作的积极性不高。为了破除这种落后思想的束缚，企业必须转变观念，树立正确的价值观导向，充分认识到校企合作的必要性，积极参与到校企合作中来。

首先，企业不再固守对职业教育的传统认识，不仅看到职业教育的公益性，也要看到其生产性。也就是说，职业教育具有经济效益和价值，企业是职业教育的服务对象，也是职业教育的受益者。校企合作能够实现企业节约人力资源成本的最大化。其次，企业应自觉树立"教育成本分担意识"。遵循"受益获得"原则是我国教育成本分担的原则之一。企业作为职业教育的受益主体之一，"虽然企业通过税款缴纳了教育成本，但企业仍然承担着师资培训、提供实践教学基地等便利的教育资源的社会责任"。最后，企业要树立长远的发展战略和高层次的价值观，妥善处理、协调企业近期投入与

长期收益之间的矛盾。企业要充分认识参与职业教育是一种"有回报"的行为。国外成功职业教育的经验一再表明：校企合作，企业的积极参与是重要的。如美国大学与企业联合创办了"美国高校大学—企业关系委员会"，积极引入企业精英入校，按企业需求来培养人才；澳大利亚 TAFE 学院，行业、企业是职业教育的重要主体之一；德国"双元制"是以企业为主的职业教育模式。这些国家校企合作的顺利展开，得益于"企业公民意识"的形成，主动参与职业教育人才培养。所以，对于我国企业来说，也应逐渐树立起这种"企业公民意识"，把承担职业教育看成是自己的义务、责任，并逐渐上升为企业的自主、自觉行为。

（二）建立校企合作共赢机制，促进校企合作的健康持续发展

职业教育的发展需要确立企业、行业引领职业教育发展的主体地位。同样地，"双师型"教师队伍的建设亦需要发挥企业、行业的引领作用。纵观世界职业教育，教师队伍建设呈现多样模式，但其共同点在于：企业、行业主导作用的相互融合。但是在我国，企业在职业教育师资队伍建设中存在着明显的缺失。对于学校与企业的合作，一般都停留在鼓励或倡导层面，存在职业学校"一头热"的现象。为了更好地实现校企之间的合作，企业需要在以下方面予以重视。

1.建立保障机制，促进合作健康发展

为了使校企合作运行高效、持久，企业可成立专门的机构予以保障。首先成立企业参与的校企合作教育理事会。该理事会负责校企合作的统筹协作规划和重大事宜的决策。在人才培养、教学管理、教师建设等方面深度参与，实现校企紧密合作。其次，成立校企合作的职能部门——校企合作办公室，主要负责诸如划拨专项经费，配备专职人员，校企合作内通外联等具体事务。

2.建立校企合作共享机制，促进合作效益最大化

校企合作是建立在"资源共享、优势互补"基础之上的。对于企业来说。在新技术、新设备上具有优势。而对于职业学校来说，则在师资智力方面拥有天然的优势。企业的劣势可以由职业学校来弥补。一方面，企业主动承担职校教师、学生企业实习、实践训练的责任，为学校提供最新的技术咨询、技术服务等，帮助学校提高学生、教师的专业实践操作能力；另一方

面，企业可以充分利用学校的师资、各类教学资源等进行员工技能培训，或者在生产认为繁重、时间紧张时，从学校获得劳动力。企业可以通过各种资源的共享，提高资源利用率，提升企业竞争力。

（三）发挥行业企业协会的协调作用

职业学校与行业企业各自属于不同的部门。因此校企合作很难像一般企业合作那样，通过直接达成契约或实施某一项目进行合作。为保证校企合作的顺利实现，搭建校企合作的桥梁，发挥行业协会的居中协调作用必不可少。

行业协会是同一行业中众多企业的联合体。包括手工业协会、工商业协会、农业协会、律师协会、经济审计协会、医生协会等。它一方面能了解企业的需求，代表企业的利益。另一方面，它又不局限于眼前的、短期的利益。而是能够着眼于企业的长期利益，看到了企业与职业教育的必然联系。因此，行业协会能够在校企双方沟通中发挥积极作用，成为联系企业和职业学校的重要桥梁。

在发挥行业协会的作用时，为了实现其功能的最大化，更好地协调企业、职业学校双方的行为，可以在各行业协会的主管机构中设立专门的校企合作委员会。这个委员会的成员包括六名雇主代表、六名学校代表及六名教师代表组成。其主要负责对企业参与职业教育的行为进行管理，发挥以下作用。一是向职业学校推荐愿意参与校企合作的企业，二是参与校企合作中问题、矛盾的调节，三是向学校反映企业对技能型人才的需求。

行业协会是同一行业不同企业的联合体。集中代表了本行业的共同利益，对行业企业有着天然的约束力。应将行业协会打造成双方交流的平台，发挥其协调作用。

四、政府方面：提供良好的政策和经济保障

我国现阶段的校企合作还处于不成熟阶段，表现为合作的层次较浅、合作不稳定、短期合作行为普遍。在这种合作中，学校、企业是合作的主要参与者。但是学校与企业归属于不同的部门，在价值取向和行为方式上存在着天然的冲突。校企之间的博弈往往影响着校企合作的持续发展，这种冲突有时是学校和企业解决不了的，急需政府这一强势的、具有独立功能的第三方的介入。

政府介入校企合作，并不是作为合作主体，即政府的功能并不在于直

接参与校企合作的过程，而是发挥宏观调控功能，为校企合作创造有利的环境。政府在推动校企合作中的主要职责：一是对校企合作进行宏观领导，制定相关法律政策，为校企合作提供适宜的社会环境。二是明确校企合作双方的权利、义务，约束与激励相结合，规范合作行为，为校企合作的长效发展提供保障。三是在市场条件下，统一协调政府各部门的利益和行动，为校企合作提供来自政府的"推动力"。为了保证政府功能的顺利实现，政府可以从制定和完善法律、提供经济支持的角度入手，强化自己的角色，明确自己的职能，最大限度发挥其影响力。

（一）建立健全相应的法律法规，保障校企合作师资队伍的建设

立法具有强制性和权威性，是政府干预职业教育最直接、最有效的方法。校企合作以其特有的社会作用，逐渐吸引了我国各级政府的目光，得到了极大的重视。各级政府和教育主管部门积极鼓励企业、行业参与职业教育，为校企合作创造条件，并颁布了一系列法律作为保障。如《职业教育法》《国务院关于大力发展职业教育的决定》《关于全国提高高等职业教育教学质量的若干意见》《国家中长期教育改革规划纲要（2010—2020年）》等。这些法令条例均指明了校企合作的重要性，并且大力鼓励、提倡校企合作，但大都停留在一般性、号召性的层面上。缺乏对企业奖励性措施和强制性义务的明确规定，缺乏对企业利益的保护和对企业的监督。如《企业法》《税收法》中并没有明确指出对违反者的处罚性措施。为此国家应加大力度，制定内容更为详尽、针对性更强的法律法规。通过政府立法的形式，保障校企合作的顺利实现，形成职业教育校企合作师资建设的良好格局。在法律制定层面，浙江省宁波市的做法给了我们更大的启示。宁波市制定了《宁波市职业教育校企合作促进条例》，这是我国第一部由地方政府出台的关于校企合作的专门法案。"该方案对校企合作的诸多问题作出了细致的规定，如明确建立校企合作长效机制，明确了政府、学校、企业在合作中的权利、责任和义务。该条例结合地方实际，从地方需要出发，使校企合作进一步细化，具有很强的操作性。"

（二）提供"双师型"教师队伍建设经济方面的支持

"双师型"教师的建设需要较高的经费投入。没有足够的经费，师资建设则将成为空话。资金缺乏制约着"双师型"教师建设的步伐。

1. 增强"双师型"教师队伍建设的资金投入

（1）安排职业教育师资培训专项经费，并专款专用，重点支持"双师型"教师队伍建设。

（2）对于校企合作师资建设所需经费可按"政府经费补贴一点，定向企业支出一点，院校学费承担一点"的原则加以解决，多渠道筹集经费，并通过立法予以保障。

（3）对规划建设的校企合作师资建设等项目确保经费的及时到位，政府必须切实加强对职业教育经费的投入力度，务必保证投入的增长跟上职业教育发展的需要，跟上"双师型"教师队伍建设的需要。唯其如此，才能切实解决校企合作共建"双师型"师资的后顾之忧。

2. 给予参与校企合作的企业金融、税收的优惠

对积极参与校企合作的企业，可参照其年接受教师实习的人数和时间，给予相应的税收减免；企业在合作中为教师顶岗实践按提供经费可以纳入企业生产经营成本，给予税前列支；企业与职业学校教师研究新技术、新产品等的技术开发费用，予以税前扣除；企业与职业院校教师开发的技术取得的收入可免征营业税、企业所得税。

主管部门重视校企合作，为校企合作营造一个良好的环境。通过运用经济手段，向参与校企合作的企业提供资金补助或减免一定的税费，对企业在合作中的利益作出适当的补偿。充分调动企业参与合作的积极性，把参与校企合作变成企业的内生行为，实现企业参与合作的行为由"要我做"变成"我要做"。

第七章 严把"质量关"：高职院校"双师型"人才队伍培养之评价体系

第一节 高职院校"双师型"人才队伍专业技能测评的研究

一、"双师型"人才队伍专业技能评价的内容架构

有关学者在"三位一体"的视角下提出了双师型教师专业技能评价的内容架构。这里的"三位"指的是包括"专业伦理与专业信念""专业知识"及"专业能力"的"双师型"教师专业标准的静态三维结构；"一体"指的是专业实践这一"双师型"教师专业标准的动态立体结构。"三位一体"的"双师型"教师专业技能评价内容架构的设计见表7-1。

表7-1 "双师型"人才队伍专业技能评价的内容架构

		对学生的专业伦理
专业伦理与专业信念	专业伦理	对同事的专业伦理
		对行业从业人员的专业伦理
		对家长及社区的专业伦理
		对教师职业的专业伦理
	专业信念	专业认识
		专业情意
		专业坚持性

续表

专业知识	学科知识	深厚的学科专业知识
		职业和技术学科专业知识
		基于情境的实践性知识
	教育教学知识	学科教学法知识
		学生发展知识
		学生如何学习的相关知识
	专业伦理知识	教师专业伦理规范
专业能力	教学能力	教学规划能力
		教学实施能力
		教学评价能力
	职业能力	行业／企业沟通与合作能力
		行业／企业实践能力
		行业／企业服务能力
	社会能力	人际交往能力
		合作能力
	专业发展能力	反思能力
		学习能力
		研究能力
专业实践	创造并维持安全的、支持性的学习环境	创设支持性的学生参与环境
		有效组织和引导教学活动
		管理具有挑战性的行为
		创建心理和身体安全的学习环境
		建立有挑战性的学习目标
	有效地计划并实施教学、有效地评估、反馈自己的教学和学生学习	运用有效的教学策略
		选择和利用教学资源
		使用有效的教学交流技能
		完善教学程序
		评估学生的学习
		反馈学生的学习结果
		评估自己的教学
		反思自己的教学
		帮助学生进行职业生涯规划

续表

专业实践	帮助学生实现向工作和成人角色的转换	发展学生的就业能力
		帮助学生理解工作场所的文化
		帮助学生平衡工作世界的多重角色

二、"双师型"人才队伍专业技能评价的主要内容

"双师型"教师横跨职业院校和行业企业，同时是学校的老师和企业的员工。因此对上面"双师型"教师专业技能评价的内容架构主要分两个方面来分析。

（一）"双师型"教师作为职业院校专职教师的评价

1. 专业伦理

（1）对学生的专业伦理

① 关爱学生，关注学生身心健康的全面发展，保护学生生命安全。

② 尊重学生的独立人格，维护学生的合法权益，公平对待每位学生。不讽刺、挖苦、歧视学生，不体罚或变相体罚学生。

③ 尊重学生的个体差异，主动了解和满足学生的不同发展需要。

④ 信任学生，积极创造条件，促进学生的独立、自主发展。

（2）对家长及社区的专业伦理

① 与家长和社区合作，形成对学生共同一致的教育目标和教育合力。

② 积极建立与家长和社区交流和沟通的机制。

③ 在与家长交流和沟通过程中尊重家长的教育理念。

（3）对教师职业的专业伦理

① 了解、理解教师职业的专业规范和准则。

② 认同教师职业的专业规范和准则。

③ 遵守教师职业的专业规范和准则。

2. 专业信念

（1）专业认识

① 认识、理解职业院校教育工作的意义。

② 认识、理解学生的独特性和心理特征。

③ 认识、理解学生学习的独特性。

④ 认识、理解职业院校教学的本质和独特性。

（2）专业情意

① 喜欢、热爱职业院校教育工作。

② 认同职业院校教师的专业性和独特性。

③ 理解职业院校学生的独特性，热爱学生。

④ 具有职业理想和敬业精神。

（3）专业坚持性

① 即使存在职业倦怠，仍热爱自己从事的工作。

② 即使遇到困难和挫折，也会坚守自己的职业选择。

3. 专业知识

（1）所教专业知识

① 理解所教专业的知识体系、基本思想与方法[1]。

② 掌握所教专业内容的基本知识、基本原理与基本技能。

③ 了解所教专业与其他相关学科的联系。

④ 了解所教专业知识国内外发展的最新动态。

（2）教育教学知识

① 掌握所教专业课程资源的搜集、拓展、开发的主要方法和策略。

② 掌握所教专业校本课程开发的方法、技术、工具与程序。

③ 掌握教学的常用方法。

④ 掌握所教专业实施项目教学、一体化教学、能力本位教学的方法与策略。

⑤ 了解学生心理发展，特别是人格发展的一般性知识。

⑥ 掌握学生智力发展的一般规律与特征。

⑦ 了解学生世界观、人生观、价值观形成的一般规律性知识。

⑧ 掌握学生技术、技能发展的规律性知识。

（3）专业伦理知识

① 了解国家教育方针政策及教育法律法规。

② 掌握教师职业的道德规范和准则。

③ 了解、掌握教师职业对待同事、学生、家长和社区的一般性伦理

---

① 于华梅 . 高等职业教育"双师型"教师校本培训研究 [D]. 兰州：兰州大学，2007.

知识。

④ 了解教师个人修养的一般性知识。

4. 专业能力

（1）教学规划能力

① 具有对任教学科进行学科、学年、学期教学规划和设计的能力。

② 具有分析学生情况、选择和使用教材、设计教学方法、撰写教学方案等设计教学方案的能力。

③ 具有引导和帮助学生规划和设计个性化学习计划的能力。

（2）教学实施能力

① 具有按照教学方案设计进行教学的能力。

② 具有建立安全的、支持性的教学环境及组织教学的能力。

③ 具有建立有挑战性的学习目标的能力。

④ 具有选择和运用有效的教学策略的能力。

⑤ 具有选择、利用和丰富教学资源的能力。

⑥ 具有使用有效的教学交流技能的能力。

⑦ 具有完善教学程序的能力。

（3）教学评价能力

① 具有从多种渠道系统收集信息、评价自己教学效果的能力。

② 具有从不同视角、立场，利用多样化信息评价学生学习的能力。

③ 具有全面分析、评价其他教师教学的能力。

（4）人际交往能力

① 具有与学生、同事、家长和社区进行沟通、交流的能力。

② 具有发现并解决与他人沟通、交流中存在问题的能力。

③ 具有与他人建立良好人际沟通、交流关系的能力。

（5）合作能力

① 具有与学生、同事、家长和社区进行合作的意识。

② 具有与他人分享资源、相互支持和帮助等基本合作能力。

③ 具有与学生、同事、家长和社区建立合作关系的能力。

④ 具有发现并处理与他人合作过程中存在问题的能力。

（6）反思能力

① 具有主动反思自己的教育教学的意识。

② 具有分析、总结、评判自己教育教学实践的能力。

③ 具有通过学习和自我更新、持续不断地完善自己教学实践的能力。

（7）学习能力

① 具有不断学习和创新的终身学习意识。

② 具有不断学习先进教育理论的意识和能力，了解国内外职业院校教育改革与发展的经验和做法。

③ 掌握教师学习的特点和方法。

（8）研究能力

① 具有搜集、整理、分析国际国内职教研究信息的能力。

② 具有发现、提出职教实践中存在问题的能力。

③ 具有从事职教教育教学改革研究的能力。

5. 专业实践

（1）创建符合职业院校特色及职业院校学生年龄、心理特征、学习特色的学习环境

① 为学生营造信任、支持、安全的学习环境。

② 创建有利于学生技术技能学习的"一体化"学习环境。

③ 创建符合学生特点的情境化学习环境。

④ 创建具有特定行业／企业文化特征的学习环境。

⑤ 倡导热爱学习、发明创新、勇于实践的学习精神。

⑥ 鼓励学生主动学习、参与教学的学习氛围。

⑦ 采用适当方法管理教学中具有挑战性的行为。

⑧ 关注学生的幸福感和学习心理安全。

（2）有效地计划和实施教学

① 根据学生特点、课程内容等计划和安排教学活动。

② 建立对学生具有挑战性的教学和学习目标。

③ 运用适合学生特点的教学策略，提高学生学习质量。

④ 选择、利用、拓展适合学生需求的教学和学习资源。

⑤ 实施"一体化"教学、"项目"教学、"工作过程导向"教学。

（3）有效评估、反馈自己的教学和学生学习

① 从不同视角、立场，利用多样化信息评价学生的学习。

② 利用多样化途径及时反馈学生学习的结果。

③ 从多种渠道系统收集信息、客观评价自己的教学。

④ 反思自己的教学，并通过学习和自我更新、持续不断地完善教学实践。

（4）帮助学生进行职业生涯规划

① 帮助学生明确自己未来的职业目标、职业需求和职业期望。

② 教会学生进行职业生涯规划的基本知识和技能。

③ 帮助学生进行职业决策。

（5）帮助学生实现向工作和成人角色的转换

① 发展学生就业技能。

② 帮助学生为进入到工作场所的职业和生活做准备。

③ 帮助学生理解工作场所的文化和期望。

④ 帮助学生平衡工作世界的多重角色。

⑤ 培养学生的创业意识和创业能力。

（6）促进学生社会性的发展

① 促进职业院校学生自我意识、自信心的发展。

② 发展学生的团队合作能力。

③ 促进学生社会、个人和公民道德的发展。

（二）"双师型"教师作为企业员工的评价

1. 专业伦理

（1）尊重同事。

（2）具有团队合作精神，积极开展与同事间的交流与合作。

（3）与同事分享经验和资源，共同发展。

（4）妥善处理个人和同事间的利益关系。

（5）积极主动地与行业或企业人员建立相互沟通、合作关系。

2. 专业知识

（1）基于情境的实践性知识

① 具备行业或企业实践的经验、解决行业或企业实践问题的实践性知识。

② 具备将专业知识、技术知识与解决实践问题联系起来的情境性知识。

（2）职业和技术知识

① 了解一般的行业或企业的知识。

② 掌握本职业／产业／行业的技术核心知识。

③ 理解劳动力市场和工作场所变化本质。

3. 职业能力

（1）行业／企业沟通与合作能力

① 具有收集、分析、调研行业／企业需求、发展等方面信息的能力。

② 具备与客户进行信息沟通的能力。

③ 具备与行业／企业进行项目／课题／培训等方面合作的能力。

（2）行业／企业实践能力

① 具有走访，联络行业并与行业建立联系网络的能力。

② 具有计划、参加和评价自己行业／企业实践的能力。

③ 具有职场安全教育能力。

（3）行业／企业服务能力

① 具有为行业／企业提供人才培养信息、行业发展信息、技术发展信息等信息咨询能力。

② 具有与行业／企业合作进行人才培养实践的能力。

③ 具有与行业／企业合作进行项目开发、技术支持、课题研究等工作的能力。

（4）个人专业发展规划能力

① 具有制定个人专业发展目标的能力。

② 具有提出个人专业发展任务和具体措施的能力。

4. 专业实践

（1）与行业／企业建立联系网络和信息沟通机制

① 积极建立，保持与客户的联系网络。

② 为行业／企业提供人才培养信息、行业发展信息、技术发展信息等信息咨询。

③ 收集、分析、调研行业／企业需求、发展等方面信息。

（2）建立与行业／企业合作的机制

① 与行业／企业合作进行人才培养实践。

② 与行业／企业合作进行项目开发、技术支持、课题研究等工作。

③ 为行业／企业提供人员培训服务。

第二节 高职院校"双师型"人才队伍职称评审与聘任制度

一、"双师型"人才队伍职称评定制度

首先，在"双师型"教师职称的评定中应将教师的综合素质作为主要参考指标。除了要严格执行基本素质评定，如学历、普通话水平、外语水平、计算机应用能力等，将论文、论著、科研成果的参考比重适当减少外，还应适当增加教学能力、教学业绩的参考比重，甚至将此作为职称评定的首要考虑因素。

其次，要重视考核教师的专业技术操作与技能相关素质，对其指导学生实践的实际能力和熟练程度进行鉴定，注重对学生知识和技能的迁移能力的考查，以此来间接了解"双师型"教师的教学能力。

在"双师型"教师职称评定中，不仅要把教学工作和专业技术操作技能作为重要标准，同时还要积极引导与鼓励那些确有学术特质，能从实际工作中发现问题、解决问题，既善于实际教学，又能从事理论研究的教师，以避免对"双师型"教师的职称评定工作从一个极端走向入另一个极端。

作为评价教师行业专业技术人才的主要方式，教师职称评定工作具有很强的政策性和较高的敏感度，与每位教师的切身利益直接挂钩，并具有一定的导向功能。而作为职业教育教师队伍中坚力量的"双师型"教师，又对职业教育的办学水平和办学质量有直接的影响。所以要不断促进职业教育"双师型"教师的积极性和创造性的提升，建立稳定的、优秀的职业院校教师队伍，使其将在各自岗位上的作用充分发挥出来。这关键在于以职业教育特点和"双师型"教师的特征为依据，将"双师型"教师的职称评定工作切实做到位，从而使职业教育发展的需要、我国经济社会发展对职业教育人才的需要，得到最大限度的满足，这也是我国职业教育教师专业发展的重要保证。

二、"双师型"人才队伍聘任制度

教师这一职业一直以来都被认为是"铁饭碗"，旱涝保收。事实上，在当今，教师职业终身制已经不符合社会发展需求，也不能满足社会发展的需要了，而且教师职业终身制对教师队伍的优化配置及教师个体的成长和发展都是不利的。《教师法》等法律要求推进教师聘任制，这与我国事业单位人事制度改革的方向相符，是实施"人才强校"战略、加强职业院校教师队伍

建设的重要措施，也是对职业院校改革和发展战略全局有重大影响的关键问题。

"双师型"教师聘任制度的设计需从以下几方面着手：

（一）按需设岗、科学设岗

1.按需设岗

（1）明确用人原则。按需设岗要"因事设岗"，不能"因人设岗"。以学校未来发展规划和现实需要为依据对人才进行合理配置，制定人才需求规划，严格贯彻"按需设岗、公开招聘、平等竞争、择优聘用、严格考核、合同管理"的聘任制原则，做好相关组织工作。

（2）聘任过程要公开、公正，对专业之间、专业发展与教师个体发展之间的相互关系充分考虑，择优聘任，宁缺毋滥，不搞关系聘任、感情聘任、权力聘任。

（3）对政治权力、行政权力、学术权力和民主权利的关系正确处理好，依法治校，管理、强化"合约本位"，淡化"官本位"。

（4）确立科学的人才流动观及重视绩效的观念。学校要将竞争机制和优胜劣汰机制适当引入管理中，实现职业院校教师队伍的合理流动，提升教师队伍的活力。职业院校还应重视加强对"双师型"教师的绩效管理，改革传统单一的考核方式，参考岗位职责、贡献度、业绩等指标对教师工作绩效进行综合考核。

2.科学设岗

科学设岗是实施"双师型"教师职务聘任制度的前提基础。科学设岗要求职业院校以学校内外部环境及学校发展战略为依据，科学预测学校未来人力资源供求，准确把握学校专业设置、教学任务量，对科学合理而又与"双师型"教师发展需求相符的定编定岗制度加以确立与实施[①]。

（二）实行全员聘任制，设置合理的聘期

《教师法》规定："国家实行教师聘任制度。"这为我国教师聘任制度提

---

① 黄丽霞.高职院校"双师型"教师绩效评价体系的构建与实施路径[J].湖北工业职业技术学院学报，2021，34（05）：1-5.

供了重要的法律依据。职业院校推行全员聘任制，要求上到校长、董事等领导层，下到教师等教学层，对竞聘上岗制、校长竞争机制予以全面实施，教师不再是"铁饭碗"，每个岗位都能上能下，不是一潭死水。

职业教育与社会经济有密切的联系，市场经济对职业教育的发展有较大的影响，职教教师首先必须是学习型教师，掌握丰富的理论知识和先进的新技能，对国内外专业发展动态和前沿信息都能及时了解，能够做到与时俱进。在职业院校中也只有将聘任制引入领导层的管理中，才能使教师聘任制度的功能与辐射作用切实发挥出来。实行竞争上岗，应在领导层绩效考核中将学校形象、师资队伍建设、校园文化建设、学校教学水平等作为关键指标进行考核。上级教育主管部门应大力支持在校领导中推行聘任制，并进行工作指导。作为实行教师聘任制的主管部门、监督部门和执行部门，政府部门要坚持公开、公正的原则，做到聘任程序公开化、考评方法科学化，允许全体教师、社会，特别是舆论媒体来监督整个聘任流程。

需要注意的是，"双师型"教师聘任制度必须落实到位，起到优胜劣汰的作用，不能流于形式，否则会打击称职教师的工作积极性，让不称职的教师存在侥幸心理。只有激发了教师的竞争意识，才能不断优化教师队伍。目前，我国对"双师型"教师聘任制度的建立和实施还处在试验和摸索阶段，还没有健全各项规章制度，这也难免会出现各种问题，还需要职业院校教育工作者、各级教育行政部门共同努力。

职业院校要合理设置"双师型"教师的聘期，对"双师型"教师最大限度地保留和激励。一般来讲，要在对国家法律法规、学校的定位与规划、教师工作特性、工作任务周期、原有教师贡献及师资队伍建设中的梯队结构等因素加以充分考虑的基础上确定聘期。目前，我国职业院校实行的聘任制主要是长期聘任和短期聘任相结合，以教师的工作岗位和工作实际情况为依据与其签订聘任合同，实行合同管理。职业院校实行的长期聘用制主要针对的是对学校发展有重大贡献的专业带头人、教学骨干、"双师型"教师。对于不同职务的"双师型"教师的聘任期限需根据每个学校的实际情况而定，关键在激励与保留优秀的"双师型"教师，否则就失去了实施该制度的真正意义。

职业院校要严格按照相关法律法规的规定实施教师聘任制度，综合考评"双师型"教师在任期内的工作表现、教学情况、专业知识和技术研究情况等指标，继续聘用考评合格者尤其是优秀者。要以教师在上届聘期内的业绩为依据，重新确定继续聘用教师时承担的职务。学校有权在不称职教师聘期结束后对其不再继续聘用，这样就给教师带来了危机感，增强了教师的竞争意识，而且也真正实现了公平的选拔与淘汰制度。

（三）新教师与在职教师聘任

"双师型"教师申请者取得"双师型"教师任职资格后，可到职业院校应聘。职业院校要对应聘的新教师严格把关，从教师入口确保"双师型"教师队伍的质量，对教师的招募、录用两个环节必须充分重视起来。在"双师型"教师的招聘过程中，应由教育部门负责招募工作，以地区经济和职业院校教师的需求情况为依据，对辖区内职业院校的"双师型"教师招聘数量和专业设置情况进行统筹，并以事业单位招聘考试内容和流程为参考，将有关空缺职位的信息如校名、专业、任职资格、报酬待遇、职业发展及申请程序等公开到报刊、网络等媒体资源上。教育主管部门发布招聘信息一方面可以宣传职业院校，吸引优秀人才报考，从而优中选优；另一方面可以使招聘过程的公开化和透明化得到保证，提升职业院校的良好形象。应聘者将申请表及毕业证和学位证、"双师型"教师资格证、职业技能等级证书、健康证明等相关材料递交给申请的职业院校，等待考核。在"双师型"教师的录用方面，要对应聘者的综合素质和"双师"素质着重考核。职业院校成立"双师型"教师工作领导小组，主持教师录用工作，通过笔试、面试、专业技能考核等各种有效的方式，对应聘者的教育观念、知识技能水平、职业道德和心理品质、教育教学能力等素质进行全面考查，然后向校长或学校董事会递交候选人名单。

职业院校对"双师型"教师的续聘、解聘、返聘等聘任工作，应采取阶段性评价与总结性评价相结合的方式。组织"双师型"教师工作领导小组中的专家成员，重点评价在职"双师型"教师教学任务完成情况、专业知识和技能的传授情况及教学态度等，对其已有的知识和能力结构、教学水平进行考核，并采取个别访谈、同事评价、学生评教等形式全面综合地进行评价，力求真实反映"双师型"教师的综合素质和能力，为聘任决策提供可靠依据。

总之，在职业院校中实行"双师型"教师聘任制，需要各级政府部门分工明确、协调配合、通力合作，为职业院校自主用人、自主招聘搭建平台，并提供相关法律、法规及社会保障制度，完善相应的人事管理规章，使职业院校在遵守法律法规的前提下，从学校的发展定位和自身条件出发，对"双师型"教师的聘用自主决定。职业院校实施"双师型"教师聘任制度，最终是为了将学校现有的人力资源激活，对教师的潜力充分挖掘，以优化配置教师，提高教学水平。因此，在"双师型"教师聘任制度的设计中，要对基本的人力资源规律予以遵循，在使教师的基本生活有所保障的基础上，将竞争机制和合同管理形式引入其中，形成科学的"激励—约束"机制，从而充分发挥聘任制度的作用与实效。

第三节　高职院校"双师型"人才队伍管理考核机制的研究

一、建立科学完善的人事管理制度

（一）坚持以人为本，创建人本校园环境

职业院校要实现人才培养目标，必须实施"人才强校"战略，"双师型"教师作为职业院校人才的主体，是职业院校开展人事管理的重要部分。现代人力资源管理要求以人为中心，强调"人本"管理，即将主要管理对象及管理资源定位到人身上。因此职业院校应通过激励机制将教师的积极性和创造性充分激发出来，引导教师实现预定目标。作为一个有组织的教育系统，职业院校正是以人为本的实体，院校管理者与教师相互沟通和交流，共同完成工作规划与指定目标，从而形成同舟共济、共同完成学校发展目标的管理机制。

为了职业院校的长远利益，必须树立以教师为本的理念，对教师的发展和利益追求给予极大的关注，使教师的主观能动性和创造性得到最大限度的发挥，并对教师的个性化差异给予充分的尊重。职业院校要以尊重教师、激励教师、关爱教师为前提，为教师发挥才能创造良好的条件。对教师遇到的工作、学习、生活等方面的难题，都要积极帮助解决；要创建平等友爱、和谐融洽的人文环境，浓厚的专业研究氛围和凝聚力极强的学校文化，给教师提供充分的发展、创新及创业空间，促进教师归属感和责任心的增强；要坚定不移地将教师的根本利益作为职业院校工作的出发点和落脚点，以教师关心的热点、难点问题为中心，对优质、高效的工作机制及公正、透明的管理

机制进行建立健全，从而推动职业院校的健康与持续发展[1]。

（二）探究激励机制，开发教师能力

马斯洛的需求层次理论认为，人有五个层次的需求，从低到高分别是生理需求、安全需求、爱与归属需求、尊重需求与自我实现需求，对于这些不同层次的需求，应采取不同的激励方式来满足教师的各种需求。激励员工，建立有效的激励机制，激发和调动"双师型"教师的积极性是职业院校对"双师型"教师进行人事管理的重要任务。对激励机制的建立和完善有利于提高"双师型"教师队伍的整体水平。

二、建立公平公正的绩效考核机制

职业院校在"双师型"教师的绩效考评中要从两方面展开，一是教师工作的行为，二是教师工作的结果。考核中要系统描述教师在工作中的优缺点，这是一个复杂的过程，涉及很多方面的因素，如观察、判断、反馈、度量、组织介入及人的感情等，因此需要投入较多的资源与较大的精力。为了有效实施绩效考评，达到预期目的和效果，职业院校在具体实施中应注意对以下问题的解决。

（一）完善教师评价制度

1. 完善教学工作督导制度

职业院校的核心竞争力主要是教学质量，教育教学质量的高低对学生的学习质量有直接的影响。职业院校必须重视"双师型"教师的教学工作，建立专门的教学督导组对"双师型"教师的教学工作进行定期或不定期的考查，采用听课、指导等多种沟通方式将教师的教学进度掌握好，以教学大纲和教学目标为依据，对"双师型"教师的教学工作质量进行考核，严格实施教学评估和督导，维护正常教学秩序，同时加强对青年教师的指导，提高教学质量。

---

[1] 李丽坤，陈丙坤.高职院校创新创业教育"双师型"教师队伍建设的困境与出路[J].机械职业教育，2021（3）：54-57.

2. 充分发挥学生评教的作用

教师是学生获取知识和技能的主要源泉，学生是考查教师教学质量的主要对象。对于"双师型"教师教学工作的表现，学生最有发言权，应对学生的主体能动作用给予充分的尊重，将学生的评教积极性激发出来，让学生真正参与到教学管理中，通过制定量化指标来保证评价的客观与公正，让学生真正对教学活动表示关心，并监督教师的教学工作，从而推动"双师型"教师不断学习新知识、掌握新技能，以满足学生不断增长的学习需求。

（二）科学构建教师绩效考评指标体系

职业院校需对"双师型"教师进行全方位考评，包括教学工作实绩、组织纪律、思想政治表现、职业道德、业务知识水平、团结协作精神和创新意识等。要科学合理地开展考评工作，关键是设置好考评指标。考评指标体系不仅要能够将教师工作的性质和特点充分反映出来，而且要具有可测性和可操作性。主要包括以下两点：

首先，综合考虑能够反映"双师型"教师工作成果的多项指标，从多个侧面对教师的工作进行评定，通过考评不仅要将教师素质高低、能力强弱、贡献大小区分出来，还要体现出"双师型"教师这一考评对象的主要特点。

其次，不仅要考评可以定量的、易考评的部分，还要考评难以定量的定性部分。虽然定性部分的考评比较难，但只要对考评指标和考评方法进行准确选择和设计，就能获得公正的考评结果，在此基础上，结合定性考评与定量考评方法，从质和量两方面综合考评"双师型"教师。

参考文献

[1] 崔静静，龙娜娜，房敏，等.新时代地方本科院校"双师型"教师队伍建设研究 [M].北京：冶金工业出版社，2020.

[2] 方莹，于尔东，陈晶濮.职业院校"双师型"教师培养研究 [M].燕山大学出版社，2019.

[3] 黄莺，贾雪涛.双师型教师的专业发展研究 [M].北京：中国书籍出版社，2019.

[4] 左彦鹏.高职院校"双师型"教师专业素质研究 [M].广州：暨南大学出版社，2017.

[5] 吴炳岳.职业院校"双师型"教师专业标准及培养模式研究 [M].北京：教育科学出版社，2014.

[6] 侯荣增.高职院校"双师型"教师立体化培养体系构建与探索 [J].教育与职业，2022（6）：76-79.

[7] 王珏.高职院校"双师型"教师队伍建设研究 [J].产业与科技论坛，2022，21（6）：277-278.

[8] 郭兆松，文爱民.新时代高职"双师型"教师教学创新团队建设研究与实践 [J].汽车维护与修理，2022（6）：55-58.

[9] 陶英瑜，徐国超.高职院校"双师型"教师保障体系建设探索 [J].产业与科技论坛，2022，21（5）：285-286.

[10] 沈青竹，夏利华.校企融合下高职院校"双师型"教师教学质量现状调查与分析 [J].检验医学与临床，2022，19（4）：567-570.

[11] 马力，曹雨清.高职院校"双师型"教师立体评价研究 [J].教育与职业，2022（4）：89-95.

[12] 王蔚，金俊杰．高职院校"双师型"教师培养的重要意义及实践研究 [J]. 齐齐哈尔大学学报（哲学社会科学版），2022（1）：162-165.

[13] 吕淑芳．高职"双师型"教师的角色定位及其专业化发展——职业社会学的视角 [J]. 现代教育科学，2022（1）：84-90.

[14] 黄碧龙．产教融合背景下民办高职院校"双师型"教师团队建设路径探究 [J]. 太原城市职业技术学院学报，2021（12）：83-85.DOI：10.16227/j.cnki.tycs，2021.0741.

[15] 陈元勇．优化高职院校"双师型"教师培养模式问题的思考 [J]. 教育科学论坛，2021（33）：19-22.

[16] 黄丽霞．高职院校"双师型"教师绩效评价体系的构建与实施路径 [J]. 湖北工业职业技术学院学报，2021，34（05）：1-5.

[17] 曾赛阳，陆莎，艾巧珍．高职院校"双师型"教师评价认定政策研究 [J]. 中国高教研究，2021（10）：102-108.DOI：10.16298/j.cnki.1004-3667，2021.10.15.

[18] 林思克，徐梦漪．高职"双师型"教师资格认定标准研究 [J]. 大学，2021（34）：137-139.

[19] 魏钦．高职院校"双师型"教师分类管理的策略解析 [J]. 职业技术教育，2021，42（20）：24-27.

[20] 邓巧玲．高职院校"双师型"教师校企合作培养模式研究 [J]. 黑龙江人力资源和社会保障，2021（10）：129-130.

[21] 李红玲．高职"双师型"教师职业生涯阶段与规划探索 [J]. 陕西青年职业学院学报，2021（2）：27-30.

[22] 王宁，许衍琛．高职"双师型"教师专业能力标准的建设构想 [J]. 职业技术，2021，20（4）：30-34.

[23] 张晓宇．高职扩招背景下的"双师型"教师培养路径 [J]. 高校后勤研究，2021（3）：69-70.

[24] 黄丽霞．高职"双师型"教师资格认证标准建设的意义、问题与路径 [J]. 天津中德应用技术大学学报，2021（1）：116-120.

[25] 李冰清．基于教师发展的高职院校"双师型"教师培养培训体系建设路径探究 [J]. 高教学刊，2021（7）：173-176.

[26] 陈敏．高职院校"双师型"教师考核评价体系研究 [J]. 船舶职业教育，2020，8（6）：13-15.

[27] 周可欣，南海．高职"双师型"教师资格认定标准研究 [J]．教育与职业，2020（21）：66-71.

[28] 唐世星，柯凤琴，刘颖华，等．高职院校数学"双师型"教师队伍培养模式研究 [J]．科教导刊（中旬刊），2020（17）：59-61.

[29] 张孟，王荣俊，李二军．校企合作模式下高职院校"双师型"教师团队共建培养模式探讨 [J]．教育现代化，2020，7（38）：69-72.

[30] 赵金洪，钟维正．校企合作视域下的高职院校商务英语专业"双师型"教师职业能力现状及提升策略分析 [J]．智库时代，2019（S1）：52-53.

[31] 王艳丽，孟文，张成，等．名师工作室平台校企合作模式下高职护理院校"双师型"教师建设的初步研究 [J]．智库时代，2019（6）：110+112.

[32] 杭海荣．基于校企合作的高职院校双师型教师培养策略探析 [J]．职业，2019（4）：66-67.

[33] 王俊．高职院校双师型教师队伍建设的反思与重构 [J]．九江职业技术学院学报，2017（4）：45-47+37.

[34] 胡翠．校企合作模式下的高职院校"双师型"教师培养模式研究 [J]．时代金融，2017（8）：311+314.

[35] 左彦鹏．内涵与结构：高职院校"双师型"教师专业素质研究综述 [J]．职教通讯，2017（4）：31-35.

[36] 许馥纯．校企合作对高职双师型教师队伍建设的支持研究 [J]．才智，2016（36）：78.

[37] 郑睿，高丽洁．高职双师型教师激励机制实践研究——以 A 高职学院为例 [J]．辽宁高职学报，2016，18（8）：66-70.

[38] 陈玉玺．高职院校"双师型"教师激励机制问题研究 [J]．江苏经贸职业技术学院学报，2016（4）：71-73

[39] 唐伦，王云秋．高职院校双师型教师的评定标准及培养现状 [J]．民营科技，2016（8）：261.

[40] 李家华，陈勇平，陈政石．高职院校学生隐性职业素养培养及内化机制实践研究 [J]．现代商贸工业，2017（17）：172-173.

[41] 李丽坤，陈丙坤．高职院校创新创业教育"双师型"教师队伍建设的困境与出路 [J]．机械职业教育，2021（3）：54-57.

[42] 罗尧成，庄敏，许宇飞．高职院校"双师型"教师自主评价的问题及对策 [J].

上海教育评估研究，2020，9（6）：61-65.

[43]　魏明方，杨勇.基于ADDIE模型的高职院校"双师型"教师培养机制研究[J].
职业教育（中旬刊），2020，19（12）：24-28.

[44]　李莹莹.校企共同体视角下的高职院校双师型教师队伍建设——以黎明职业
大学为例[J].黎明职业大学学报，2020（1）：51-55.

[45]　秦自洁，侯喜军.常州高职教育园区双师型教师队伍的建设情况调研[J].武
汉冶金管理干部学院学报，2020，30（1）：59-61.

[46]　李鑫.我国高职院校"双师型"教师资格认定标准的制定与实施策略研究[D].
武汉：湖北大学，2021.

[47]　孙芳.浙江省高职院校"双师型"教师培养机制研究[D].重庆：西南大学，
2014.

[48]　何迪.以"双师型"为突破口提升高职教学质量[D].南昌：南昌大学，2012.

[49]　李丹.高职院校"双师型"师资队伍建设的改进研究[D].上海：复旦大学，
2009.

[50]　于华梅.高等职业教育"双师型"教师校本培训研究[D].兰州：兰州大学，
2007.